U0588876

高校思政教育理论与工作探索

冷 嵩 金铭钰 马艳华◎著

线装书局

图书在版编目（CIP）数据

高校思政教育理论与工作探索/冷嵩，金铭钰，马
艳华著.--北京：线装书局，2024.3
ISBN 978-7-5120-5897-2

Ⅰ.①高… Ⅱ.①冷… ②金… ③马… Ⅲ.①高等学
校-思想政治教育-研究-中国 Ⅳ.①G641

中国国家版本馆 CIP 数据核字(2024)第 040702 号

高校思政教育理论与工作探索
GAOXIAO SIZHENG JIAOYU LILUN YU GONGZUO TANSUO

作　　者：冷　嵩　金铭钰　马艳华
责任编辑：贾彩丽
出版发行：线 裝 書 局
　　　　　地　　址：北京市丰台区方庄日月天地大厦 B 座 17 层（100078）
　　　　　电　　话：010-58077126（发行部）010-58076938（总编室）
　　　　　网　　址：www.zgxzsj.com
经　　销：新华书店
印　　制：北京四海锦诚印刷技术有限公司
开　　本：787mm×1092mm　1/16
印　　张：14
字　　数：260千字
版　　次：2024年3月第1版第1次印刷
定　　价：88.00元

线装书局官方微信

前　言

随着时代的变化，高校大学生的思想观念、价值取向以及行为方式都发生了深刻的变化，高校思政教育如何适应新时代的校园环境，如何促进当今大学生的全面健康发展，是当前高校思政教育所面临的一个重要问题。

校园文化环境作为高校思政教育的一个重要内容，直接体现着一所高校的校风、教风和学风，直接影响着大学生的思想观念、价值观念和行为观念的形成，具有内在的教育导向作用和潜移默化的感染功能，对高校思政教育的过程和效果影响极大。

高校思政教育与校园文化共同存在于校园之中，它们之间既相互联系又彼此独立，既相互制约又相互渗透。因此，正确认识两者的内涵、目标、方式、作用以及处理好其辩证关系，有意识地将两者的工作内容相互融合、工作效果相互转化，会使思政教育与校园文化建设相互促进、协同发展，并对高校提高人才培养教育质量起到巨大的推动作用。

本书主要研究高校思政教育理论与工作探索，从思政教育基础理论介绍入手，针对高校思政理论课教学、高校思政混合式教学模式、全媒体在高校思政教育中的创新应用进行了分析研究；对高校思政教育与心理健康教育的融合、高校思政教育与传统文化的融合、高校思政教育与创新创业教育融合做了一定的介绍；对高校思政教育队伍建设及路径进行了分析研究；简要分析高校思政教育工作的理论与方法，并提出具体的教育教学模式，期冀有效提高高校思政教育水平和质量，促使学生身心健康发展，切实提高人才培养质量。

在本书的写作过程中，作者参考了许多专家学者的专著和论文，在此，向有关作者表示衷心的感谢。由于作者的能力和水平有限，书中存在的不足之处，敬请读者批评指正。

目　录

第一章　高校思政教育理论综述

第一节　高校思政教育概述

一、高校思政教育内涵基础

高校思政教育是指高校按照一定的社会要求，对大学生实施有目的、有计划、有组织的思想品德、政治素质和心理素质教育，把大学生培养成中国特色社会主义事业的合格建设者和接班人的一种实践活动。高校思政教育是高校意识观念工作的主渠道和主阵地。在当代中国，坚持马克思主义指导思想，关键是要坚持以马克思主义中国化最新理论成果为指导，引导青年学生不断增强道路自信、理论自信、制度自信、文化自信，把实现中华民族伟大复兴中国梦的满腔热情转化为刻苦学习、努力工作、报效祖国的实际行动。高校思政教育是我国高等教育的一个重要组成部分并且具有鲜明的中国特色，其内容是系统的而不是零散的，具有严密的科学体系。它既包括思想教育、政治教育这样的主导型教育，也包括道德教育、心理教育、法纪教育等基础性教育。

高校思政教育是一种实践活动。在高校思政教育活动中，大学生作为思政教育的主体和客体，实现了双重身份的统一，"思政课"则成为高校思政教育的工具，以实现把大学生培养成社会主义伟大事业的合格建设者和接班人为目标。坚持马克思主义在各项教学内容中的主导地位，保持思政教育的社会主义方向，用中国特色社会主义理论体系武装大学生的头脑，使大学生树立中国特色社会主义的共同理想，树立正确的世界观、人生观、价值观，促进大学生的全面发展，着力增强大学生的社会责任感、创新能力和实践能力。由此看来，大学生思政教育既是一个思想道德问题，也是一个政治问题。

我们应清楚地看到，大学生的思想政治状况主流还是积极向上的，但我们也应清醒地认识到，随着经济全球化进程的日益加深，西方各种文化思潮和价值观念冲击着大学生的思想，腐蚀着大学生的心灵。现在的一些大学生在不同程度上存在着政治信仰迷茫、理想信念模糊、价值观念扭曲、诚信意识淡薄、社会责任感缺乏等问题。为完成社会主义现代化建设的目标，实现中华民族的伟大复兴，确保中国在激烈的国际竞争中处于不败之地，我们就要加强对大学生的思政教育，这样才能培养出高素质的人才，使他们为社会做出应有的贡献。

二、高校思政教育的特征

研究和把握当代大学生思政教育的特征，是对大学生思政教育内涵的补充，也是搞好大学生思政教育的关键。接下来从以下几个方面进行深入分析和总结。

（一）时代性——跟紧时代的步伐，与时俱进

思政教育的时代性要求我们把握时代脉搏，与时俱进，不断推进思政教育的理论创新。保证思政教育内容与时代发展要求相一致成为思政教育工作者一直面临的问题。在不同时代，思政教育的目标、内容和方法是不同的。

治教育要紧跟时代步伐和社会发展的节奏，不能滞后和倒退，要有鲜明的时代特征。这一特征主要体现在对当前党的路线、方针、政策等以及这些内容的理论来源和现实依据的及时更新上。在思政教育中只有融入时代的理论内容，理论教育才更具生命力，才更容易被大学生所掌握。时代性特征体现在高校思政教育内容中，就是要做到理论联系实际，让大学生掌握先进、正确的理论知识，从而更好地指导实践活动，处理好实践中的热点与难点问题，这样的思政教育更具说服力。

（二）实效性——切实做到以学生为本

高校思政教育的实效性特征要求，高校按照大学生思政教育目标和教育内容的要求，结合大学生思政教育的特点，发挥大学生思政教育功能，对大学生开展思政教育活动，提升思政教育结果（即大学生思想政治素质、道德品质和心理素质）与思政教育结合程度的实践过程，使大学生思政教育的各项任务落到实处，真正做到以学生为本，把以学生为本的思想贯穿于高校思政教育工作的始终，秉持一切为了大学生全面发展和健康成长的理念，从大学生的个性成长和实际需求出发，有针对性地做好大学生思政教育工作。

1. 要转变观念，树立以学生为主体的理念

高校思政教育的根本目的就是促进大学生的成长成才，因此必须确立以学生为中心的思想，充分尊重学生的主体地位和个性特征：应当摒弃过去那种忽视学生个体差异的说教

式、灌输式思政教育的方法。要在贴近学生实际、深入了解学生各方面情况的基础上，找准教育引导的切入点和着力点，从大学生的个性发展和实际需求出发，有针对性地做好大学生的思想政治工作。

2. 要把大学生内在的积极性和主动性调动起来

高校思政教育工作就是将作用于大学生的外部压力转化为大学生的内部压力，而这种转化的实现不能仅仅依靠教育者的努力，更需要依靠学生的自我感悟和自我教育。所以按照教育与自我教育相结合的原则，高校思政教育工作的各项措施都要符合当代青年学生的心理需要，体现以学生全面发展为本，在发挥好学校教育引导作用的同时，培养学生积极主动的人生态度，实现学生自我学习、自我教育、自我提高的目的，促进学生的全面发展。

3. 高校思政教育要满怀关爱与责任

高校思政教育要为大学生的成长成才服务，且坚持把解决学生的思想问题和其他实际问题结合起来。高校思政教育既要教育人、引导人，又要关心人、帮助人，对学生倾注更多的关爱和支持，多些理解和尊重，积极解决学生面临的各种实际问题。要切实树立一切为了学生、为了一切学生、为了学生的一切的意识，做到急学生之所急、办学生之所盼。

4. 根据不同层次学生的实际情况，建立分层递进的思政教育目标

学生在面对没有层次性的、过高的目标要求时，很容易出现思想混乱的现象。因此，高校思政教育需分层次、有步骤地引导学生脚踏实地地从低级向高级，从基本的道德要求向较高的道德追求迈进：在大学的整个教育环节，专科一年级到三年级，本科一年级到四年级，每个年级都应该有教育重点。对刚入学的新生，学校组织的教育重点应该是遵章守纪和怎样读好书。教育学生遵守学校的各种规章制度，遵守国家的法律、法令，以此约束自己的学习、思想和生活，在学习进步的同时，逐步学会做人做事。对大二学生来说，学校教育的重点应是促使每一位青年学生集中精力学好每一门课程，无论是公共课、专业课还是选修课，都要求每一个学生认真学、不分心、不偏科，正确处理好读书与解决积极参加社会活动的关系，正确处理好读书与谈恋爱的关系，正确处理好读书与生活中遇到的问题的关系。对大三、大四的学生来说，学校教育的重点在于鼓励每一个学生在搞好学习的同时，接受就业教育；引导学生树立正确的就业观，处理好就业、择业、创业之间的关系，积极倡导学生先就业、后择业、再创业。在整个大学阶段，除了每学年对他们进行侧重教育外，理想信念教育及世界观、人生观、价值观的教育应贯穿于高校各个阶段教育的始终。

5. 努力把思政教育做到大学生的心里去，要贴近实际、贴近生活、贴近学生

第一，切实提高思政教育的吸引力和感染力，而不是空喊口号。应当进一步改进思想政治理论课的教学方法，采取灵活多样的政治理论学习方式，有效地发挥思想政治理论课的主渠道作用。第二，要将教师的言传口授与学生的能动思考有机结合起来，教学内容要贴近大学生的思想特点和思维习惯，让大学生从乐闻到信服。第三，要注重把积极的思政教育工作理念贯穿于各项主题活动中，通过一系列创新性校园与社会实践活动，使学生在实际参与中实现自我提升。第四，要把以学生为本与以教学为中心的理念统一起来，把注意力放在提高教学质量上，真正把以学生为本的教育理念落实到日常教学中，加强学风建设，提高教学质量，落实到大力加强德育工作、推进素质教育上来，从而切实提高高校思政教育工作的影响力和实效性。

（三）针对性——提倡现实和个性

新时期高校思政教育面临的一个重要课题，就是探索在复杂的社会环境中，如何引导大学生学会分辨、学会选择、健康成长，这就要求思政教育要具有针对性。对于不同的学生群体应进行分类教育，绝不搞一刀切，要在教育载体、教育内容和教育层次上有所区分和侧重，开展差异化、多样化的思政教育，其最终目的是帮助学生形成正确的立场和观点，掌握正确的方法，认清哪些是先进的、代表社会前进方向和人民根本利益的文化，哪些是陈腐的、有害的、即将衰败的文化，哪些是对社会主义制度和广大人民的利益以及个人的成长成才有害的内容。此外，要帮助学生透过社会现象来看本质，认识社会主义的强大生命力，把握社会主义社会的主流价值观，学生一旦有了辨真伪、明是非的能力，就不会惧怕复杂的社会环境，就能在复杂的社会环境中健康成长。

对于大学生来讲，除了要学习书本知识外，还应该积极参加校内各种活动和社会实践活动，参观革命纪念馆，增强对中国特色社会主义的道路自信、理论自信、制度自信、文化自信；要通过理论与实践的不断结合，逐渐丰富自己的知识，为走上社会打牢基础。对于高校来讲，要针对大学生心理和身心成长的要求，在注重课堂教学的同时，组织好各种讲座活动，邀请专家、学者深入讲授广大学生普遍关心的问题，拓宽学生的知识面。在课堂之外，学校的相关部门应多组织一些能提起学生兴趣的课外活动，使学生参与其中并培养团队精神，让学生充分发挥自己的价值。对于家长和社会来说，则要支持学校对学生开展的各种教育活动，把对学生的要求同学校的各种教育很好地联系起来，不另搞一套，也不放任不管，更不能向学生灌输不健康的思想文化和违反社会道德规范的行为准则。学校、家长、社会应相互配合，通过校内外各种有针对性的思政教育活动，使广大青年学生走好他们成长中的每一步。

（四）科学性——根本方向和出路

1. 内容要科学

内容的科学性体现在理论要彻底。马克思说过，理论只要彻底，就能说服人，而理论一经群众掌握，就能变为不可遏制的巨大物质力量。高校思想政治理论课是使青年学生树立正确的世界观、人生观、价值观的重要途径。但在现实生活中，正确的认识过程往往是很曲折的，需要在同一切谬误做斗争的过程中得以实现。思政教育工作者既要注重引导大学生形成正确的"三观"，也要注意引导他们辨别各种错误思潮，与其划清界限。马克思主义理论是高校思想政治理论教育的主要内容，是被实践证明了的科学理论。一方面，必须始终坚持马克思主义理论教育，随着当代马克思主义中国化成果的不断丰富和创新，高校思想政治理论教育的内容也必须随着实践的发展而不断完善，坚定大学生树立正确"三观"的信心；另一方面，面对国际国内的各种消极因素和错误思潮，必须用马克思主义的立场、观点和方法，通过科学的研究和分析，对其做出正确的回答和有说服力的辩驳。对一些受到不良思想影响的大学生，则应通过摆事实、讲道理的方法，引导他们追求真理，并使之成为青年学生内在的心理需求和自发的行动。

2. 方法要科学

时代在发展，应准确把握思政教育的规律性，增强其实效性。高校思政教育是在特定的环境下，在特定的群体中进行的，不同学校在培养目标、专业方向设置上是有很大的差异的。同一专业中不同年级又各有不同的特点，同一年级的不同对象的思想品德状况又不尽相同。因此，在对思政教育方法进行选择的过程中要充分考虑到这些特殊的情况。当然，从一般意义上来说，不管选择哪种教育方法，思想教育的目标都是通过群体教育和个体教育、直接教育和间接教育的形式来实现的。因此，不论最后采取什么方法都应该从高校及学生的实际出发，增强教育效果，有针对性地进行取舍。只有这样，高校思政教育才会事半功倍。

第二节　高校思政教育目标与任务

一、高校思政教育的目标

（一）以理想信念教育为核心

深入进行正确的世界观、人生观、价值观教育，使大学生明白党和人民对当代大学生抱有的希望，使大学生投入社会主义现代化建设中，为中华民族的伟大复兴而努力奋斗，青春只有在为祖国和人民的真诚奉献中才能更加绚丽多彩，人生只有融入国家和民族的伟大事业中才能闪闪发光。

（二）以爱国主义教育为重点

引导大学生增强民族自尊心、自信心、自豪感，做到以热爱祖国、贡献全部力量、建设社会主义祖国为最大光荣，以损害社会主义祖国利益、尊严和荣誉为最大耻辱。

（三）以基本道德规范教育为基础

深入进行公民道德教育，引导大学生自觉遵守爱国守法、明礼诚信、团结友善、勤俭自强、敬业奉献的基本道德规范，养成良好的道德品质和文明行为。

（四）以大学生全面发展为目标

深入进行素质教育，促进大学生思想道德素质、科学文化素质和健康素质的协调发展。执行课程新方案，加强和改进思想政治理论课的指导工作，贯彻党的教育方针，解放思想、实事求是、与时俱进，帮助大学生树立正确的世界观、人生观、价值观，深入开展马克思主义立场、观点、方法教育，开展党的基本理论、基本路线、基本纲领和基本经验教育，开展中国革命、建设和改革开放的历史教育，开展基本国情和形势与政策教育，不断增强高等学校思想政治理论课教育教学的针对性、实效性和说服力、感染力。

在思想素质目标上，树立辩证唯物主义的世界观、历史观，逐步学会运用马克思主义的立场、观点和方法分析现实生活中的政治、经济、文化和道德现象，坚定中国特色社主义共同理想，树立以社会主义、集体主义为核心的人生观和价值观。努力为人民服务，发扬对国家、人民的奉献精神和勇于自我牺牲的精神，顾全大局，正确处理国家、集体、个人的关系，反对拜金主义、享乐主义和利己主义。

在道德素质目标上，热爱集体，关心集体，以集体利益为主，依靠集体力量获得成功；明礼诚信，勤俭自强，文明消费，在生活和学习中吃苦在前，享乐在后；积极进取，以勤奋乐观的态度对待生活，对人生、事业、未来充满信心；实事求是，在现实中注重内在的真实性、客观性、有效性，反对片面的表面形式；团结友善，敬业奉献，认真对待工作、学习和生活，勇于接受各种批评意见，努力培养自己高尚的情操和完美的人格。

在政治素质目标上，了解中国的历史和国情，继承和发扬中华民族优秀文化传统和中国共产党领导下的革命斗争传统；具有强烈的民族自尊心和自信心，自觉维护祖国的利益、荣誉、独立统一和各民族的大团结；具有忠于祖国、献身人民的自觉性和责任感，做一个忠诚的爱国主义者；确立建设中国特色社会主义的共同理想，拥护党的领导，理解和坚持党的基本路线、方针、政策。

在法纪素质目标上，树立社会主义民主法治观念；自觉地学习和遵守宪法和法律，正确行使法律赋予的民主权利，自觉履行法律所规定的义务；培养大学生的民主意识和能力，让其自己管理自己，在面对问题时能做出独立的判断，减少从众心理，勇于承担困难和挫折；遵守社会公德和校规校纪，维护集体荣誉，维护学校秩序，维护国家安定团结的政治局面，大学生更应该懂法、守法，成为法治的崇尚者、遵守者、捍卫者，学会运用法律手段来解决生活中的纠纷和矛盾，用自己的实际行动推进依法治国的进程，让法治成为一种信仰，让思想转变为行动。

在心理素质目标上，大学生应具备良好的个性心理品质和自尊、自爱、自律、自强的优良品格，具有较强的心理调适能力和较高的个人修养。面对今后的困难、挫折，应当充满自信，保持良好心态。

二、高校思政教育的任务

（一）"立德树人"的迫切要求及根本

1. "立德树人"的迫切需要

当前我国的教育方针以"办什么样的教育、怎样办教育"为重点，以"培养什么样的人、如何培养人以及为谁培养人"为核心，是教育事业改革和发展的根本指针，规定了教育工作的总方向，凝聚着党和国家对教育事业的总体要求。

教育是民族振兴和社会进步的基石。要坚持教育优先发展，全面贯彻党的教育方针，坚持教育为社会主义现代化建设服务、为人民服务，把立德树人作为教育的根本任务，培养德智体美全面发展的社会主义建设者和接班人。

2. "立德树人"是社会主义事业发展的根本

中国特色社会主义事业就是在中国共产党领导下，立足基本国情，以经济建设为中心，坚持四项基本原则，坚持改革开放，解放和发展社会生产力，巩固和完善社会主义制度，建设社会主义市场经济、社会主义民主政治、社会主义先进文化、社会主义和谐社会、社会主义生态文明，建设富强民主文明和谐美丽的社会主义现代化国家。大学坚持"立德树人"，才能培养社会主义建设者，确保大学生从理论与实践的结合上深刻领会中国特色社会主义是党和人民长期实践取得的根本成就，深刻领会中国特色社会主义是由道路、理论体系、制度三位一体构成的，深刻领会建设中国特色社会主义的总依据、总布局、总任务，深刻领会夺取中国特色社会主义新胜利的基本要求，深刻领会确保党始终成为中国特色社会主义事业的领导核心。

（二）落实"立德树人"的基本要求

大学生思政教育要落实"立德树人"的根本任务，要用好思想政治理论课教学这个主渠道。思想政治理论课要坚持在改进中加强，提升思政教育亲和力和针对性，满足学生成长发展需求和期待，其他各门课都要守好一段渠、种好责任田，使各类课程与思想政治理论课同向同行，形成协同效应。

1. 改进教学方法

在认真抓好思政教育课和改进各类教育教学课堂教学方法的同时，应着力开展丰富多彩的第二课堂活动；结合时事政治的重大变化，举行讲座、讨论会、报告会、讲演会等，对大学生进行时事政治教育、爱国主义教育。

2. 鼓励学生参加实践活动

实践活动包括模拟社会实践活动和社会实践活动。模拟社会实践活动是指具有一定教育目标，在以真实情景为原型的人为情境中，学习操作的教育活动形式。模拟社会实践是在学校内开展"模拟法庭""模拟银行""模拟商店"等。学生通过模拟实践活动了解法律常识、学习法律知识、增强法律意识；了解银行的货币存取和商店的商品交换规则，学习理财知识并合理消费，从而形成正确的金钱观、消费观。社会实践活动是指在思政教育工作中，依照思政教育目标有组织、有计划地引导学生走出校门、深入社会，使其在与工人、农民、知识分子、商人等社会成员的广泛接触中，了解国情、认识社会，亲身体验、自主学习，从而提高思想觉悟、发展个性特长、培养兴趣爱好、锻炼意志品质，树立社会责任感和历史使命感。社会实践活动包括学工、学农、学商的生产劳动；植树种草，帮助孤寡老人、维护公共秩序及交通安全和环境卫生的公益劳动；参观访问、社会调查、社会考察、宣传党的方针政策及政治教育活动以及做家务和参加青年志愿者、学雷锋等社会活动。

3. 大力建设教师队伍

第一，"立德树人"，无疑要立"师德"。高校思政教育工作是一项塑造灵魂的工程，教师则是人类灵魂的工程师，承担着神圣使命。通过加强师德师风建设，提高教师的师德水平和业务能力，增强他们教书育人的荣誉感和责任感，引导他们以良好的思想政治素质和道德风范教育影响大学生，以高尚的人格魅力和渊博的学识魅力感染、激励大学生；引导广大教师以德立身、以德立学、以德施教。

第二，大学生思政教育要落实"立德树人"的根本任务，就必须坚持中国共产党的领导。高校党委要确保高校正确的办学方向，掌握高校思想政治工作主导权，保证高校始终成为培养社会主义事业建设者和接班人的坚强阵地；高校党委应对学校工作进行全面领导，制定正确的办学治校理念，把握高校发展方向，提高党的基层组织思想政治工作能力；高校要加强党员队伍教育管理工作，深入开展"两学一做"学习教育，认真做好在高校优秀青年教师、高校学生中发展党员的工作，使每个师生党员都做到在党爱党、在党言党、在党为党。

各级党委要把高校思想政治工作摆在重要位置，加强领导和指导，形成党委统一领导、各部门，各方面齐抓共管的工作格局。各地党委书记和有关部门党组书记要多到高校走走，多同师生接触，多去高校做报告，回答师生比较关注的理论和现实问题。各级党委要加强同高校知识分子的联系，多关心、多交流、多鼓励，多听他们的意见，真听他们的意见。

第三，积极培育和践行社会主义核心价值观，是大学生思政教育"立德树人"根本任务的题中应有之义和必然要求。在当代大学生思政教育过程中应注意以下几方面。①要把社会主义核心价值观的内容和要求体现到教育教学、社会实践、文化育人等各环节。落细落小、落实，求实效，教育引导学生从细处着眼，从点滴做起，不以恶小而为之，不以善小而不为。要加强高校教材和课堂讲坛等阵地管理，使学生抵制各种错误思潮和观点的影响，引导学生明辨是非，澄清模糊认识，不断增强"四个自信"。②应当充分尊重大学生的主体性，充分发挥大学生的主体作用，在深入了解和真正理解大学生的认知特点、个性差异和接受习惯的基础上，把社会主义核心价值观教育与大学生的实际生活紧密结合起来，激发他们自我教育的需要，强化他们的自我教育意识，提高他们自我教育的自觉性。③要弘扬我国古代道德教育中重视自我教育和道德修养的优良传统，努力营造民主、宽松、活跃、积极的思政教育氛围，为大学生提供自我教育的空间和平台，让他们掌握自我教育的正确方法，使他们在社会生活实践中积极践行社会主义核心价值观，同时逐步培育当代大学生的核心价值观。

第四，要落实"立德树人"的任务，高校必须坚持"育人为本、德育为先"的教育理念。高校思政教育不仅要培养大学生的科学文化素质，更要提高大学生的思想道德素质，把"育人为本、德育为先"紧密结合在一起。

第五，大学生思政教育与"立德树人"的根本任务要协调发展。大学生思政教育不能完全局限于高校，这是一项复杂的工程，需要各方面、各层次、各类型教育协调推进，促进大学生思政教育各种信息、资源和成果的整合、融通与交汇。

第六，加强大学生思政教育，提高大学生综合素质，实现大学生自由全面发展，是以习近平同志为核心的党中央从党和国家事业全局的高度，对加强高校意识观念工作所做的重要战略部署，也是新形势下加强大学生思政教育的根本要求。高校要深刻认识加强高校宣传思想工作的重要性和现实紧迫性，坚持党性原则、强化责任担当，全面落实立德树人的根本任务；要办好思想政治理论课，发挥好哲学社会科学的育人功能，加强对高校各类阵地的建设管理，加强教师队伍和思想政治工作队伍建设；要强化问题导向，弘扬改革创新精神，在补齐高校思想政治工作短板上取得实质性进展。各级党委要负起把关定向、统筹指导、建设班子的责任，把高校思政教育工作纳入党建工作和意识观念工作中，确保高校成为坚持党的领导的坚强阵地；要深刻认识做好高校思想政治工作的重大意义、目标任务和基本要求，增强做好工作的责任感和使命感；要牢牢把握社会主义的办学方向，坚持以马克思主义为指导，坚持党对高校的领导，增强道路自信、理论自信、制度自信、文化自信，培养中国特色社会主义的合格建设者和可靠接班人。

第三节　高校思政教育机制与创新

一、高校思政教育机制创新的原则

思政教育的原则反映了思政教育活动的客观规律，是思政教育机制活动、思政教育机制运行必须遵循的基本准则。同时它又是思政教育方法的理论依据。思政教育机制的运行主要遵循以下几个原则：

（一）整体优化的原则

高校思政教育在创新思政教育体制中肩负着重要的历史使命，能否完成历史重任，需要高校切实履行思政教育的社会职责，那么关键是要形成高校思政教育整体和谐的力量。高校思政教育的力量一旦不和谐或分散了，高校思政教育的效果就会明显被削弱，反之增强高校思政教育形成的整体和谐力量，就会大幅度地提高高校思政教育的社会效应。过去，高校思政教育多半是在封闭的环境里完成的，没有形成较为系统的整体优化的思想以及开放的观念，工作更多是依靠高校思政教育工作者自身的力量进行的，力量相对薄弱，效果也不尽如人意，有的时候往往因为自身的工作努力程度不够，而被外界误解，使得思政教育者的工作往往得不到认可。随着改革开放的深入发展，管理科学的出现和应用，高校思政教育的环境发生了变化，校内外关系愈来愈密切，高校党委对思政教育也越来越重视，共同促进了校内外的整合与合作，逐渐形成了高校思政教育的和谐力量。一方面，高校思政教育主体注重改善学校内部环境，主要表现在把"三育人"结合起来，形成高校思政教育的内部育人合力；另一方面，高校思政教育还要注重改善外部环境，在党和政府的领导下，不断地把学校育人、社会育人和家庭育人结合起来，形成外部育人合力。通过高校思政教育力量和资源的内外整合，更有效地增强了高校思政教育的整体和谐，使整个高校思政教育的社会效应发生较大的变化，从而促进了高校思政教育向良好的方向发展。实践证明，高校思政教育的整体效应是由高校思政教育的合力直接决定的，只有高校思政教育合力得到提高，高校的思政教育的整体局面才能从根本上发生改变。所以，要创新思政教育机制首先必须进行整体优化。

（二）科学管理的原则

高校思政教育的管理确保了高校思政教育功能得到发挥，以及根本目标和根本任务的实现。因此，要想建立一个行之有效的思政教育机制，就必须加强高校思政教育的管理，把依法治教和以德治教结合起来，贯彻落实高校各项规章制度。

第一，思政教育的科学管理体系。首先是要在党委的统一领导下，做好学校思想政治工作。依据思政教育的目标和发展规律，调节思政教育系统资源，实现思政教育效率的提高，形成全校教职工全员参与，"有人抓、有人管、有人做"，各尽其责，"抓""管"有序的管理体系。这种管理体系应该以学校的党委领导为核心去"抓"，以两条主线去"管"，即构建党团一条线（学校党委—学生工作处、校团委—学院党总支、分团委、学生会—班级）和行政一条线（学校校长—教务处—院系—教师—学生）的科学化管理；也要建设好三支队伍，即专兼理论课教师、辅导员和后勤行政人员，学生的思政教育和管理工作都是由这三支队伍来具体负责实施的；还要落实好思想政治工作得以实施的重要支柱，即六个机构和一个组织。六个机构包括思想政治理论教学部、学生处、团委、教务处、保卫处、后勤部门，一个组织即学生党支部。党委是高校思政教育管理体系中的领导核心，要深入"抓"；两条主线落实好"管"；避免造成管理的失误和执行能力出现问题，要有充分跟进和协调落实的能力；思政教育理论教学部和学校党委的基层组织，要引导学生确立正确的世界观、人生观、价值观，积极推动全校的学生思想政治工作。

第二，完善管理的理论体系。虽然在高校的教育管理过程中逐步建立了内容体系、工作体系和管理体系，还必须逐步建立大学生思政教育工作的理论体系，以便更好地指导实际工作，实现科学管理学生的思政教育工作。在高校，研究学生思政教育的课题项目较多，然而作为一个完整的体系，要高度重视下面的三个问题：一是明确大学生的思想政治品德培养目标。目标确立后才能明确教育的任务。任何育人工作都必须有明确的培养目标，大学生思想政治品德培养目标的确立，既要把握根本的目标即培养社会主义合格接班人，还要根据学生的实际情况制定不同的具体培养目标。二是掌握当前高校学生的自身特点，密切关注大学生的心理和思想的变化与发展规律。由于每个学生有着不同的生活环境、社会地位、学习条件，这就导致他们在思想和心理上具有差异性。只有认真对待学生的特点和差异，才能做好学生思政教育工作。

第三，对大学生思想政治品德进行考评。据大学生思想政治品德的培养目标，确定学生思想政治品德的衡量标准，把对他们进行的思想政治品德的考评，作为评价高校学生思政教育效果和评估学校教育质量的重要评价标准之一，并且把考评结果纳入学生的个人档案。

（三）职责明确的原则

高校思政教育工作队伍是加强和改进高校思政教育的重要组织保证，承担着思政教育的理论传输和思想宣传的重要任务。高校思政教育队伍更是我党的路线、方针政策的贯彻者和实施者，他们是思政教育的执行者，离开执行者，思政教育是无法开展的。然而，随着我国市场经济的飞速发展，高校思政教育工作队伍的建设受到了较大影响。例如，高校思政教育工作队伍不被重视，工作环境相对较差，职责划分不清，工作制度不完善。思想政治理论课教学在大学生思政教育中起着重要的作用，他们根据学科和课程的内容、特点，主要负责对大学生进行思想政治理论教育和人文素质教育。高等学校哲学社会科学课程负有思政教育的重要职责，其各门课程都具有育人功能及思政教育价值。学科教师要为人师表，以高度负责的态度，率先垂范、言传身教。辅导员和班主任作为大学生思政教育的骨干力量，他们始终奋斗在大学生思政教育工作的第一线。辅导员有针对性地开展思政教育活动，班主任负有在思想、学习和生活等方面指导学生，进行直接的思政教育的职责，他们将思政教育贯穿在学习指导与管理中，在实践活动中实施思政教育。

（四）协调发展的原则

在高校进行思政教育的过程中，遇到矛盾和冲突是常有的事，这就需要通过协调来解决问题。协调的作用就在于它能够协调思政教育主体和接受主体的关系和矛盾，调解接受主体的心理状态；协调思政教育主体和接受主体之间的物质利益关系，加强其稳定性和团结性，减少不必要的消耗。促使相关部门相互协调，才能在高校思政教育系统管理的过程中形成齐抓共管的良好局面。同时，高校思政教育系统管理机制首先必须强调党的领导，然后再强调行政负责，还要强调人人有责，对思政教育工作抓管有序，和谐一致，最终形成合力。党委起着思政教育工作的领导核心作用；大学生思政教育工作职能部门是学生工作处，对广大学生进行思政教育是它的主要职责之一。高校的思政教育管理工作是党政群团的一项重要工作。要想做好大学生思政教育工作，除了学生工作部门的努力，学校的其他职能部门也应该从育人这一目的出发积极进行配合，在精神和物质方面都应该给予大力支持，充分发挥高校各职能部门的思政教育功能，充分调动全校的教职员工积极性，参与思政教育工作。校党政领导要高度重视，深入抓好思政教育工作，院党总支书记、教学副院长、专业教师、辅导员要参与并落实管理工作。校行政机关工作人员和后勤服务人员也要积极配合、同心同德、形成合力，努力开拓思政教育的新局面。与此同时，还应充分调动广大学生参与思政教育的积极性，学生虽然是被管理的对象，但是要尊重学生的自主权利，他们才是思政教育的接受主体。使大学生们意识到他们也是学校的主人、是思政教育的接受主体，这样学校的各项规章制度才能够真正落实，思政教育管理的功能才能真正得到发挥，管理育人、全员育人的目标才能够实现。建立良好的高校思政教育机制，是顺利进行思政教育的有效保证，在思政教育机制运行过程中，必须坚持党的领导，发挥学校党委领导及其系统的作用，提高思政教育工作队伍的整体素质，制定并不断地完善学校关于思政教育的规章制度，只有这样，高校思政教育的各个要素的功能才能得到最大的发挥，使整个系统收到最佳的效果。因此，在高校思政教育的过程中，思政教育的协调功能是不可忽视的。

二、高校思政教育机制的创新举措

我们所处的时代，是一个用新发展理念引领的新时代，创新作为一项开拓性的工作，要不断解放思想、实事求是、与时俱进，必须通过实践来实现，坚持理论与实践的统一，内容与形式的统一。因此，要创新高校学生思政教育机制，就必须强化与时俱进与开拓实践的意识，做到坚持以马克思主义理论为指导，紧密联系我国社会主义建设的实际，联系高校不断发展的实际，联系学校师生的实际状况，对思政教育理论灵活运用，对实际问题进行深入的思考。认识新问题，剖析新问题，提高解决新问题的能力。优化动力机制，完善管理机制，建立思想动态监测机制，营造良好的激励机制，完善保障机制等，从而实现对思政教育机制的创新。

（一）优化动力机制

高校思政教育机制的运行是一个动态的过程，是通过人为而形成的，因此，一定存在一种动力推动着思政教育机制稳定向前发展。这种动力结构主要包含内动力和外动力两个方面。内动力主要是指由诸多要素构成的机制本身，外动力指除思政教育机制以外的但对其有一定影响的力量。思政教育机制离不开这些动力因素，否则就会停止运行，甚至瓦解。所以加强思政教育工作者的调适作用，不断完善教育主体和接受主体的协调关系，优化动力机制十分必要。

第一，掌握大学生接受思政教育的思想基础。学生是思政教育的接受主体，其社会性决定了它必须接受思政教育。人的自我价值是个人与社会的关系问题，个人的自我价值只有在社会中才能得到实现，接受思政教育成为人格完善的途径，能够更好地实现个人的社会价值。因此，思想品德教育是思政教育接受主体对自我社会价值实现的内在动力。大学生只有在客观上接受思政教育，才能得到社会的认可，才能实现个人的社会价值，这些是确定其自身行为评价的依据。每个人都有自己的理想，都有自己的理想人格追求，都有适应社会要求的美好愿望，这些成为接受思政教育的思想基础和心理动力。另外，大学生接受思政教育的外在动力是社会主义市场经济环境的需求。从某种意义上讲，社会主义市场经济是法制经济，即便是法制经济，但也必须有伦理道德的支撑，否则就会发生悲剧。目前，在市场经济的竞争越来越激烈的前提下，一个人的道德形象和诚信度已逐渐成为人们衡量其竞争力的标准。然而当代的大学生们普遍存在自我意识的矛盾，因为理想与现实必定存在一定的差距，所以当他们发现现实生活的方方面面与理想不一致的时候，就会觉得迷茫。

第二，不断完善教育主体与接受主体的协调关系。思政教育接受过程始终存在着各种矛盾，而矛盾斗争是思政教育机制运行的推动力。教育主体与接受主体之间的矛盾是主要矛盾，不断完善教育主体与接受主体的协调关系，就是实现学生从客体到主体的教育理念的转变。事实上，高校思政教育接受过程一方面是靠教育工作者的积极努力来实现的，另一方面是大学生通过主观能动性来实现的，接受思政教育是一个逐渐深化、充满矛盾的漫长的过程。人们每次接收到思政教育事实信息，都会形成相应的道德烙印。思政教育过程是教育主体与接受主体互动交往的过程，从施行思政教育的过程来说，教育者是教育的主体，学生是教育的客体；从受教过程方面来说，学生是接受教育的主体，施教者则是接受教育的客体。双方交互影响分别形成互为主客体关系的两个认识活动往复循环，这个过程很复杂，既要调动学生的主动性，使其深刻地了解，又要开发学生的潜能，使其做到深层次地吸收。当思政教育的内容与接受主体原有的思想信念不一样时，对于部分接受主体来说要放弃原有的个人思想观念，才能接受新的教育内容，形成新的思想观念。教育主体是教育的发动者、定向者，只有努力解决这一矛盾，才能推动思政教育机制的良性运行。因此，教育主体要想能够发挥更大的作用，首先必须提高教育主体的自身素质；其次是创造良好的教育环境，这是教育主体进行思政教育必不可少的客观因素，也是促进接受主体吸收思想政治理论以及形成正确观念的重要因素。所以，这些中介作用可以使教育主体和接受主体之间的关系越来越密切，促进二者相辅相成，共同进步。

（二）完善管理机制

高校思政教育机制创新的出发点和落脚点，是提高大学生的政治思想品德，为保障高校思政教育机制构建起来后有效运行，完善其管理机制是十分重要的。

第一，进一步明确思政教育目标管理。管理学认为，目标管理既是基本的管理内容，又是一种管理制度和管理思想。从管理学的角度来分析思政教育的目标管理，是指通过目标的制订、分解、落实，使思政教育工作者共同参与，从而形成科学的管理形式和方法。作为一种管理思想，它强调以目标为核心，建立必要的制度、工作岗位、工作职责、责权分解和绩效考核等。高校思政教育的目标具有层次性的特点。在我国，高校思政教育的根本目标是提高大学生的思想道德素质，促进其全面发展。在教育实践中，要将高校思政教育的根本目标，按不同阶段和不同层次分解成多个子目标，具体问题具体分析，并结合大学生的自身特点，制订出多层次的远期规划和近期具体目标体系，把这些目标按照合理的标准有机地联结起来，然后按照从低到高的次序，一级一级、一步一步地加以实现。并根据高校的具体实际情况，制订思政教育工作的各阶段目标，既要防止过高，又要防止过低，否则目标的权威性就会受损。目标的设置应该是对现实综合的、全面的、多指标的反映，其实现是一个动态的过程，遵循阶梯原则进行目标管理，效率就会大幅度提高。

第二，分解考核目标，促进管理的科学化。思政教育管理是一种整合思政教育资源的活动，需要借助一些具体手段。一是对思政教育的考核，把高校思政教育长期目标和教学管理综合目标考核体系相结合，把思政教育效果的好坏作为评价标准之一；二是要明确思政教育岗位责任目标，各尽其责、任务明确、职责清晰，在工作中避免推诿等不良现象发生，并严格按照岗位职责来评价思政教育者的工作效果，这样才能确保每位思政教育工作者更好地为学生服务；三是要组织考核和评价目标，具体问题合理对待，不能搞"一刀切"，以避免给师生心理上带来消极影响。

第三，明确考评内容，促进管理的制度化。思政教育目标的考核和评价，是实行目标管理的重要环节，应定期考评，促进管理的制度化。制度化管理意味着标准化、程序化、透明化，制度化管理更加便于师生进行考核，从而促进师生不断改善和提高效绩。目前看，它可以客观地反映高校思政教育工作的效益，其评价标准应体现在以下几个方面：一是要考核高校思政教育工作的领导是否坚强有力，是否能够带领广大思政教育者运行思政教育机制，能否实现思政教育的保证作用，有没有形成健全的领导体制、工作机制和高素质的专兼职工作队伍，是否促进了各项教学工作的顺利进行和健康发展。二是看思政教育过程是否不断创新，有没有与时俱进，能否解决在大学生中出现的各种思想问题。三是看能否巩固思政教育的地位，以育人为目标，保证和推动学校的发展和稳定。四是看大学生思想状况，如学风是否端正，责任心是否增强，心理是否健康，是否形成了良好的道德品质。在评价过程中，要做到所有师生员工共同参与，多层面地听取意见，把握评价的准确性。

（三）建立思想动态监测机制

第一，对思政教育者的思想实施动态监测。对思政教育工作者队伍进行整体把握，可以结合高校人事制度改革，逐步建立起择优上岗的队伍建设机制。建设好一支工作热情高、业务能力强、思想积极进步的思想政治工作队伍，是改进和加强高校思想政治工作的关键。一是要提高认识，搞好远期规划。下力气规划建设好思政教育工作队伍，人事处及其他组织部门要及时掌握教育工作者带有倾向性的思想问题，并妥善处理。"建立思想动态监测机制"工作过程中的信息收集、信息传递、信息分析等工作环节，也是在对教师的心理活动规律进行收集探讨和分析，有利于准确把握教师的思想动态。二是强化机制，确立制度。培养和造就一支适应新形势的高校思政教育工作队伍，必须逐步形成工作人员相对稳定、合理分流的良性运行机制。三是要创造条件，提高待遇。有效地改善职工的工作环境，从政策上切实解决好专职思政教育工作人员的职称和待遇问题，使他们得到社会的充分尊重。要利用政策的杠杆作用增强吸引力，使思政教育工作成为大家重视的工作岗位。

第二，对在校大学生的思想实施动态监测。坚持加强尊重他人、服务他人、发展他人的思政教育，高校思政教育工作系要在大学生中及时收集思想动态信息，分析处理其思想动态，准确地把握潜在的和倾向性的问题，应尽快建立起大学生思想动态预警机制，提高思想动态的预测能力，根据预测结果对可能发生的问题进行超前防范。建立起大学生思想动态预警机制，一是各院系应该建立信息上报制度，以确保院系及时掌握学生的最新情况。各级管理部门应成为思政教育反馈信息的集散中心，通过对反馈信息的详细分析和研究，能够及时地提出思想政治工作情况报告和对思政教育工作加以调整的建议。班级干部以定期或不定期、定点或不定点等方式汇总信息及时向辅导员或班主任传递，使部分领导能够及时掌握学生的最新情况。二是建立高校思政教育反馈机制，并推动决策机关实施跟踪决策，使决策不断完善。思政教育决策关系到思政教育的方向，影响着思政教育效果。及时发现问题，能够促进上级部门充分掌握工作措施、教育内容、活动方式等多方面的情况，针对出现的问题发出调节指令，以确保思政教育决策的实施与顺利进行。在建构反馈机制中必须强调领导部门权威，强调在思政教育中服从指挥，协调一致，确保思政教育的整体战斗力，以应对突发事件和更好地做好日常思政教育工作。

（四）创新良好的激励机制

激励机制是指通过一套理性化的制度来反映激励主体与激励客体相互作用的方法。可以通过表扬与批评，奖励与惩罚等形式，运用精神和物质的奖惩手段，以鼓励、调动师生员工工作与学习的积极性和创造性。创新思政教育工作的激励机制，实质上是战略激励与战术激励相结合的激励方式，针对师生员工等主体的物质和精神的需求，因人、因事、因时地实施激励措施。

一些高校嘴上说把学生思政教育工作放在首位，但行动上没有落实。一方面是用"先进"要求思政教育工作者多作贡献，另一方面是不重视学生的思政教育工作，这种做法严重地挫伤了高校思政教育工作者的积极性和创造性。我国现在处于社会主义初级阶段，在大力发展社会主义市场经济过程中，在任何一个群体中都存在对物质和金钱的不同看法。因此，在社会大背景下，我们既要提倡先进性，弘扬无私奉献的精神，同时也要考虑所有的思政教育者的付出，采取适当的物质奖励，来激励思政教育工作者，鼓励他们开拓进取，无私奉献，为学生思政教育工作多作贡献。因此，对激励机制的创新，主要有以下几种具体措施：

第一，用奖优惩劣强化激励机制。奖励能满足人们对物质利益的期望和要求。在高校思政教育过程中，要利用好奖惩的作用，必须做到以下几点：其一，公正公平，奖惩分明。不论奖励还是惩罚，都要从学校和广大师生的利益出发，不能为了满足少部分人利益，而伤害其他思政教育者的积极性，应该做到该奖就奖，该罚就罚，奖惩分明。其二，实事求是，奖惩得当。在进行奖惩前一定要深入调查，尽可能做到奖惩准确无误，杜绝弄虚作假。另外，要正确把握奖励的标准和尺度，尽可能合理划分奖励的级别；要以奖励为主，奖励的人员一定要多于惩罚的人员；尽快选择适当的奖惩场所，及时地抓住奖惩时机；要时刻牢记奖惩的最终目的是为实现思政教育目标服务的。其三，奖惩与个别教育相结合，不能损害合作精神。因为人是社会动物，所以人的任何行为过程都需要互相合作。高校奖惩体系的构建更应该对合作进行奖励，对个人为合作而作的贡献进行奖励。不仅如此，高校奖优惩劣的机制还应遵循以教育为主的原则，对得到奖励的人要提出新的要求，提醒他要戒骄戒躁，继续努力实现更高的价值；对遭到惩罚的人要热忱关心、耐心说服教育，帮助其找出问题的症结，鼓励他克服困难，不要气馁，早日实现自己的人生价值。

第二，坚持物质和精神奖励并重。从根本上说，是通过利益刺激的手段来实现的。因此，在实施这种机制的过程中，既要注重物质激励，也要注重精神激励。因为，只讲物质激励，只能满足人的生理需要，虽在某种程度上可以激发人的工作兴趣和积极性，但容易使人产生唯利是图的不良心理现象；只讲精神激励，虽然可以暂时满足人的心理需要，激发人工作的主动性和创造性，但这样的作用不会持续很长时间。这就要求我们一定要坚持物质激励与精神激励并重，同时也应注意奖励个人和奖励集体并重。这样做才能调动个人的工作积极性，才能增强集体的向心力和凝聚力。还应防止对那些多次受到惩罚的人产生偏见，给他们以鼓励，不能让他们错过任何受奖的机会。

第三，充分发挥先进人物的示范作用。先进人物走在时代前列，代表了时代精神，反映了历史发展的方向，其事迹可以继承和发展，鼓励人们奋发向上。与一般的说服教育相比，榜样、典型的示范性更富有感染性和可接受性。俗话说，耳听为虚，眼见为实。示范教育更形象、更具体、更生动，榜样的力量是无穷的。一是充分依靠舆论，发挥先进人物的示范作用。舆论的力量是无法估量的，我们要借助舆论大力弘扬先进人物的事迹，用先进人物的崇高精神，倡导好人好事新风尚，用正确的舆论引导其他人；同时也要把握时机抓住反面典型，起到警示作用，利用舆论进行批评，让违背道德的社会现象曝光，不断净化社会的育人环境。二是重视先进人物的示范作用，高校思政教育工作者要以身作则，率先垂范，言传身教，要有正确的价值观，高尚的道德风范，用自身的模范行为慢慢地去熏陶和带动他人，用自身的美好形象和个人的人格力量对接受主体进行潜移默化的思政教育，真正提高高校思政教育工作的权威性和影响力。

第二章 高校思政理论课教学

第一节 高校思政理论课的内容构成

一、高校思想政治理论课内容确定的依据

（一）坚持马克思主义立场

马克思主义不仅是高校思想政治理论课的指导思想，也是高校思想政治理论课内容设立的首要依据。对学生进行马克思主义的立场、观点和方法的教育是思想政治理论课教学的目的之一。思想政治理论课教学的观念指向和价值指向是显而易见的。马克思主义认为，思想政治理论属于上层建筑，是观念的、意识观念的一部分。思想政治理论课教学主要就是思想政治理论的教育和传输，所以思想政治理论课内容如何选用，思想政治理论课如何分配，以及思想政治理论的各种观点如何融入思想政治理论课的教学和实践中，就显得特别重要。然而，需要指出的是不能错误地认为意识观念教育可以随意地剪裁形成思想政治理论课内容，也不能不加选择、不加编排地把杂乱的理论观点和历史事实倾倒给学生。要在马克思主义历史唯物论的指导下，以现实提出的问题为前提，以事实为基础，有选择地赋予思想政治理论课有意义、有价值的内容，对思想政治理论课教学做出合理的安排，使大学生了解中国社会历史发展规律，认识到思想政治理论课教学的必要性和现实的合理性，增强大学生的社会认同和对政治的支持。

（二）坚持现阶段党的基本路线

1. 党的基本路线为思想政治理论课内容的设置指明了方向

以经济建设为中心是党的基本路线的中心，在整个社会主义初级阶段，思想政治理论

课教学必须紧紧围绕这个中心不放松，必须坚持四项基本原则不动摇。改革开放是强国之路，高校必须投身到改革开放的洪流中去。从本质上讲，改革开放就是要打开国门，学习世界上一切国家、一切民族的长处，利用人类文明的一切优秀成果来发展社会主义国家的生产力，提高人民的生活水平，增强社会主义国家的综合国力。在思想政治理论课教学过程中，对于其他政党、国家、民族的东西，必须采取扬弃的态度，取其精华，去其糟粕，坚持思想政治理论课教学的正确方向。

2. 迎合党的基本路线的实践需要改革思想政治理论课教学内容

在马克思主义理论学习上，要综合学习和运用新的四门教学课程的知识，来研究建设中国特色社会主义这个主题。还应增加下列内容：各地区、各部门如何服从、服务于党的基本路线，经济体制改革与政治体制改革，世界经济一体化与中国社会主义经济建设，世界政治的发展与中国肩负的社会主义历史使命，当代科学技术的新发展与我国社会主义经济建设及知识经济等方面的内容。从而使思想政治理论课教学内容紧密围绕党的基本路线，保证党的基本路线的贯彻实施。

(三) 立足我国的现实状况，着眼未来发展

1. 立足我国的现实状况，设置思想政治理论课的教学内容

改革开放以来，我国生产力水平有了很大提高，综合国力达到可观程度，社会发展接近小康水平。然而总的来说，我国人口多，底子薄，地区发展不平衡，生产力不发达的状况没有从根本上得到改变，我国目前仍然处于并将长期处于社会主义初级阶段。思想政治理论课教学在内容安排上必须让大学生认清这一客观事实：虽然我国现代化建设取得了举世瞩目的伟大成就，但是，我国生产力水平还远远落后于发达国家；我国必须在社会主义条件下经历一个相当长的历史阶段，去实现发达国家用了二三百年才实现的工业化和经济的社会化、市场化、现代化。思想政治理论课的教学内容要立足于我国现实状况，帮助学生清醒地认识自己肩负的推动国家富强、民族振兴的重任，使他们以促进国家繁荣、民族昌盛为己任，珍惜每一刻时间，把握每一个机会，发奋读书，立志成才，做社会主义现代化事业的建设者和接班人。

2. 着眼未来发展趋势，设置思想政治理论课教学内容

未来社会将比今天更进步、更文明，这是历史发展的必然。当今世界文明进步首先表现在科学技术的迅猛发展。世界科技发展速度惊人，新的技术不断地涌现，并影响着人类的生活。科技是第一生产力已不再是理性的思考。社会实践证明，当今科技的发展不仅是

经济增长的决定因素，而且影响着我国的综合国力和社会经济结构以及人民生活水平，并改变着人们认识客观世界的手段、方式和能力，甚至给哲学、社会科学也带来了巨大冲击。高校思想政治理论课必须让大学生深知，未来的科技发展神速，未来的社会千变万化，要使中华民族自立于世界民族之林，不但要具有高度发达的科学技术，而且要具备高度发达的思维创造能力。人们的意识在适应形势发展的同时，还要对未来的发展做出前瞻性的预测，否则于国于己都是不利的。高校思想政治理论课教学亦是如此，思想政治理论课教学内容的设置要面向未来，面向现代化，必须着眼于知识经济的发展，以战略眼光重新审视思想政治理论课的教学目标和人才培养模式，把专业教育与普通教育、科学教育与人文教育、理论教育与科学研究及社会实践结合起来。要提高大学生的学习、就业、工作转化和创业能力，使大学生不仅学会"做事"，还要学会"做人"，学会"生存"。

（四）从大学生的思想实际出发

伴随着对外开放和经济体制改革的不断深化，中国社会的政治、经济、文化生活发生了翻天覆地的变化，个体的发展空间越来越大。大学生思想活跃，博览群书，面对日趋激烈的社会竞争，他们更加崇尚求真务实，通过各种形式深入工厂、农村、城镇等社会生活的各个领域，了解社会的政治、经济、文化及人们生活的发展状况，亲身实践，力求从思想上、行动上赶上时代的步伐。能者多劳，真正体现按劳分配的经济法则教会了当代大学生更注重知识的学习和能力的培养，注重自我价值、自我设计的实现，以便在未来的市场竞争中确立自己的支点。这时如果仍按过去一成不变的思想政治理论内容和方法进行教育，脱离市场经济条件下大学生关注的热点，会引起学生的轻视甚至反感。只有从大学生的思想实际出发，从大学生的切身利益出发，建立在大学生关注热点基础上的思想政治理论教学才会受到大学生的欢迎，进而也才能达到思想政治理论教学的目的。

二、高校思想政治理论课的主要内容

新时期高校思想政治理论课的主要内容包括马克思主义教育，基本国情和形势与政策教育，党的基本理论与基本经验教育，世界观、人生观和价值观教育，道德观和法治观教育以及历史观教育等。

（一）马克思主义教育

高校思想政治理论课的马克思主义教育包括马克思主义立场教育、马克思主义的观点和方法教育等。

1. 马克思主义立场教育

在当前社会主义市场经济条件下，马克思主义立场教育主要是用马克思主义占领高校思想政治理论课教学的阵地，坚定社会主义信念。

马克思主义是无产阶级和人民群众的思想武器，是无产阶级和人民群众利益的代表者。这种鲜明的党性和阶级性是思想政治理论课教学中始终不能丢弃的武器，在纷杂多变的社会生活中要始终坚持用马克思主义占领思想阵地，把巩固发展社会主义意识观念的任务落到实处。要坚持不懈地对干部群众进行马克思主义基本理论的教育，旗帜鲜明地同各种错误思潮作斗争。

在社会主义初级阶段，马克思主义与反马克思主义、唯物主义与唯心主义、无神论与有神论、科学与伪科学的斗争将是长期的、复杂的，有时甚至是激烈的。在思想理论领域，对事关政治原则、政治方向的问题，必须旗帜鲜明、立场坚定、分清是非，对于反马克思主义、唯心主义、有神论、伪科学等错误论断，绝不能听之任之。绝不允许这些错误的理论来争夺群众、争夺思想阵地。要密切关注社会政治方向，分析各种错误思潮形成、传播、蔓延的原因，不断提高政治敏锐性和鉴别力，坚决同各种错误思潮和封建迷信、伪科学等社会丑恶现象作斗争。要见微知著、防微杜渐，把问题解决在萌芽状态，绝不能任其自由泛滥。

2. 马克思主义的观点和方法教育

辩证唯物主义和历史唯物主义的世界观是马克思主义观点的集中体现。而用这种观点看待事物、分析和解决问题，就是方法论。在此，观点与方法是高度统一的。进行马克思主义观点和方法的教育，当前最重要的是树立辩证思维的观念，教育人们辩证地看待传统观念，教育人们辩证地看待新出现的观念，教育人们辩证地看待外来观念，教育人们辩证地否定旧观念、肯定新观念，克服主观性、片面性、随意性。在思想政治理论课教学中，帮助人们端正各种思想认识，实现思想政治理论课教学的观念创新。

在思想政治理论课教学中，无论是对旧观念的否定还是对新观念的肯定，都切忌绝对化，新观念与旧观念虽有质的区别，但却有着千丝万缕的联系。旧观念中包含着对新观念形成有积极意义的东西；新观念也有可能转化成旧观念。因此，应当运用辩证思维方法，科学地去粗取精、去伪存真，才能实现观念的创新。

(二) 基本国情和形势与政策教育

1. 当前基本国情教育

要持有一种辩证的态度来看待当前的基本国情和形势。既不能妄自尊大、盲目乐观，又不能悲观失望、缺乏信心。改革开放以来，由于我国经济实力的迅速增强，国内和国际面临的形势总体上是好的：我国人均 GDP 年递增率连续快速增长，从整体上已经达到小康水平；我国从人口大国正在向人力资源大国转变；经济体制转轨与社会结构的转型同时进行，使我国实现了跨越式的发展；经济全球化的影响已渗透到我国的生产、流通、能源以及各类服务业领域，逐渐成为影响我国经济社会发展的一种特殊力量。

2. 形势与政策教育

形势是指国内、国际的时事发展趋势；政策是国家政权机关、政党组织和其他社会政治集团为了实现自己所代表的阶级、阶层的利益与意志，权威形式标准化地规定在一定的历史时期内应该达到的奋斗目标，遵循的行动原则，完成的明确任务，实行的工作方式，采取的一般步骤和具体措施。形势与政策教育是政治教育的一项经常性的教育内容，形势与政策涵盖危机事件、舆论事件等诸方面，渗透社会生活各个角落，形势与政策教育开展的形式可以是以教师为主导的课堂教学、学术沙龙等。

形势与政策教育，不但历来是我们党的思想政治理论课教学的一个重要内容，而且是我们党思想政治理论课教学的优良传统。形势教育可以使学生学会正确认识和分析形势，正确理解党的路线、方针、政策，坚决完成党和国家的各项任务，增强对社会主义事业的信心。而政策是实现党的路线的行动准则，是党的一切实际工作的出发点。政策教育可以使学生在社会生产、社会生活的实践中，做到更加理性、心中有数、自觉地与党和政府保持一致。

(三) 党的基本路线教育

我们党在社会主义初级阶段的基本路线是：领导和团结全国各族人民，以经济建设为中心，坚持四项基本原则，坚持改革开放，自力更生，艰苦创业，为把我国建设成为富强、民主、文明、和谐、美丽的社会主义现代化强国而奋斗。高校要紧紧把握这一思政教育的核心内容，在把握本质的基础上，结合"互联网+"视域下的特点，参考大学生的个性心理特征不断丰富其内涵。

（四）世界观、人生观和价值观教育

1. 世界观的教育

世界观是人们对整个世界总的看法和根本观点。在改造客观世界的实践活动中，随着对客观世界认识的不断增加和知识的不断积累，人们就会形成对世界总的看法，形成一定的世界观。世界观形成以后，又会支配着人们的认识和行动。但人们在日常生活实践中自发形成的世界观往往是不系统的，是缺乏理论论证的，且有正误之分。当然，正确的世界观可以指导人们进行正确的实践，从而对社会发展起促进作用；而错误的世界观，则与之相反。因而思想政治理论课教学的一个重要任务，就是要以科学、系统的世界观武装人们的头脑，使人们在改造世界的过程中，减少盲目性，增强自觉性。

2. 人生观的教育

人们对人生基本问题的根本观点就是人生观。它以人生为对象，是人们对人生意义、人生目的和人生价值的理解和看法。在社会生活中，作为有理性的社会动物的人都会有自己对人生的体验和理解，对自身境遇和命运进行思考，并在这些体验和思考的基础上形成对生活的根本看法和总的观点。人们在生活实践中自发形成的人生观也往往是零乱、不系统、缺乏科学论证的。此外，人生观是人们所处的一定历史条件和社会关系相结合的产物，是人们社会生活的反映，所以社会生活实践不同人们产生的现实人生观也会大大不同。当然，现实的人生观也有积极进取和消极颓废之分，有科学成熟和荒谬幼稚之分。这就需要高校进行人生观教育，帮助学生在形形色色的人生观中分辨真伪，引导其走上正确的人生之路。

3. 价值观教育

价值观是指人们对实际存在和可能存在的主客体之间的价值关系、主体的价值创造活动及其结果的性质和意义在头脑中的反映，以及由此形成的比较确定的心理和行为取向或心理和行为定式。它是人们在一定环境中所产生的动机、目的、需要和情感意志的综合体现。价值观一旦形成，就会对人们的认识和实践活动产生能动的反作用。人们的一切社会行为和活动方式，都受到各自的价值观的规范和调节，人们的认识和实践活动，都是在一定的价值观的指导下，追求一定的价值实现。

社会主义市场经济存在着多种经济成分和多种利益主体，因而不可避免地存在着多元的价值观和价值取向。对此，要有清醒的认识并施以正确的价值观引导。当前，高校思想政治理论课教学中对大学生进行的价值观教育要着重要抓好义利观教育、荣辱观教育、苦乐观教育和生死观教育等内容。

（五）道德观和法治观教育

道德观是在一定社会条件下人们关于道德问题的基本认识和观点。道德作为一种社会意识观念是一定历史条件的产物，是一定社会存在的反映。作为人们共同生活准则和规范综合的道德一旦形成，便会对社会生活产生重大的影响，对经济的发展和政权的巩固具有巨大的反作用。中国特色社会主义和中国梦深入人心，践行社会主义核心价值观、传承中华优秀传统文化的自觉性不断提升，爱国主义、集体主义、社会主义思想广为弘扬，崇尚英雄、尊重模范、学习先进成为风尚，民族自信心、自豪感大大增强，人民思想觉悟、道德水准、文明素养不断提高，道德领域呈现积极、健康、向上的良好态势。

在"互联网+"视域下，随着网络技术的发展，人的个体能力和人们在一起的群体感受将超越国家和地区等地理性因素的限制而达到全新的水平。因此"互联网+"视域下，道德观和法治观教育的内容必然反映网络社会的特殊要求。

"互联网+"视域下，以网络为平台的道德观和法治观教育应该贯穿高校整个思想政治理论教学的全过程，网络道德观和法治观教育首先应该引导大学生培养网络道德意识，道德是人类理性的表现，是灌输、教育和培养的结果；其次教育大学生讲究网络礼仪，这中间包括问候礼仪、语言礼仪、交往方式礼仪等，要求大学生遵守"互联网+"环境下的道德规范，网络道德的原则就是诚信、安全、公开、公平、公正、互助。

（六）历史观教育

古人云：以铜为鉴，可以正衣冠；以人为鉴，可以明得失；以史为鉴，可以知兴替。这里的"史"包括我国的历史和世界各国的历史。历史记录积淀着人类的知识和智慧，承载着人类文化的进步与发展，是人类文明得以不断前进的前提。世界各国政府无不重视自己的国家史、民族史的研究和教育。重视历史，以史为鉴，积极弘扬民族的文化遗产以促进社会的进步，这是中华民族的优良传统。历史教育主要就是历史观的教育。高校思想政治理论课教学中的历史观教育，必须充分认识到思想政治理论课中各门课程的整体性和体系性特征，各门课程从不同的侧面和方向，殊途同归，共同达到同一个目的；高校开设的各种与中国近现代史有关的课程主要从革命史和党史的视角向学生展现中国近现代史的发展主线，具有明确的意识观念的政治导向；中国近现代史教育的重要作用之一就是帮助学生正确地认识现实。

第二节　高校思政理论课的教学要求与方法

一、当代高校思想政治理论课的教学要求

（一）坚持理论联系实际

1. 理论联系实际的含义

高校思想政治理论课坚持理论联系实际，包括两层含义：一是在课堂教学环节，教师把基本理论与客观实际联系起来，使学生真正理解和掌握基本理论，并能够运用基本理论分析和解决实际问题；二是在实践教学环节，既要坚持用发展着的马克思主义武装学生的头脑，又要坚持以丰富的实践培育学生。保证学生成长为中国特色社会主义事业的合格建设者和可靠接班人，必须坚持理论武装与实践教育的统一。

2. 理论联系实际的基本要求

由于思想政治理论课本身的特点和所要实现的教学目标的特殊性，理论联系实际这一要求的运用便显得尤为重要。理论联系实际可以避免教学中教条化、公式化的倾向，而能否运用以及能否恰当运用则直接决定着思想政治理论课能否实现其教学目标。

（1）联系理论本身形成、发展的实际

在思想政治理论课教学中，首先要使学生理解基本理论形成、发展的过程。思想政治理论不是空中楼阁，当教师讲授基本理论时，要把理论产生的背景，包括时代背景、社会背景、理论创立者的背景等交代清楚，这可以使学生有一种真切地回到理论所产生的实际中的感觉，易于引发学生思考。

（2）联系学生的实际

因材施教是任何教学都要遵循的一般性教学原则。所谓因材施教，即对不同的教育对象提出不同的要求，采用不同的教育方法，也就是根据"材"的实际施行一定的教育。就思想政治理论课教学而言，就是要联系学生的实际，根据学生的实际情况有针对性地进行教学。

第一，联系学生的实际要了解学生的实际，包括了解学生的专业实际，了解学生的生活实际，了解学生的知识水平和认识能力实际，了解学生的思想实际，了解学生的个性差

异实际，等等。

第二，思想政治理论课是高校每个专业的必修课程，了解学生的专业实际，要尽量多地了解一些该专业的情况，以便列举贴近学生专业实际的例子，这样学生对相关教学内容的理解就更有亲切感，更易体会教学内容的现实价值，更易接纳相关的理论观点。

第三，了解学生的生活实际，教师就要考虑到每个专业、每个班级的学生来自全国各地，个人经历、家庭背景不同，生活习惯也存在差异，但大部分都住集体宿舍，吃公共食堂，生活自理。教师只有把握了这些差异和共同点，教学才能更有的放矢。

（3）联系教师的实际

思想政治理论课理论联系实际的效果如何，主要取决于教师。联系哪些实际，怎样联系实际都由教师决定。只有同时做到以理服人和以情感人，学生才会心甘情愿地接受。联系教师的实际就是联系教师在"理"和"情"两方面的实际。教师自身要明理，掌握真理，信仰真理，同时，对于教学要有真实的情感投入。只有真正信仰真理，情感才会自然地流露出来，这种情感是无法伪装的。

（4）联系社会的实际

联系社会的实际包括联系以往的社会实际和当下的社会实际。联系以往的社会实际即联系历史，包括联系世界历史和中国历史。联系当下的社会实际即联系当代世界的形势和中国的现实国情，重点应放在联系党的路线、方针、政策，联系改革开放和社会主义现代化建设，尤其要联系重大现实问题，包括很多敏感问题、热点问题。

联系历史是因为思想政治理论课教学要经常用到比较分析和历史分析。有比较才有鉴别，马克思主义理论也是如此。因此，教师不能把视野仅仅局限在马克思主义体系内，要放开眼界，把马克思主义放到整个人类的历史长河中，通过与其他理论的比较或者对其他理论的证伪，才能证明马克思主义的科学性。要联系现实，是因为现实就是大学生现在和将来学习、生活、工作的大背景。在曲折中发展的世界经济呈现出多极化和全球化的趋势，科技革命日新月异，综合国力竞争日趋激烈。大学生面临大量西方文化思潮和价值观念的冲击，受某些腐朽没落的生活方式的严重影响。

（二）坚持政治性与科学性的统一

1. 高校思想政治理论课的政治性与科学性

高校思想政治理论课的政治性是指课程的政治指向性。在高等学校开设思想政治理论课的目的就是对大学生进行思政教育，使大学生具备适应社会发展的思想政治品德其核心目标就是通过提高学生的政治意识和政治觉悟，增强学生的政治敏锐性和政治判断力，使其热爱党，热爱祖国，热爱社会主义，拥护党的路线、方针、政策。

思想政治理论课的科学性是指课程所内含的真理性、规律性，就课程教学而言，其科学性包括教学内容的科学、教学方式方法的科学及教师队伍的科学。其中，教师队伍的科学是指教师队伍年龄结构、学历结构以及每位教师的知识结构要合理。

2. 坚持政治性与科学性统一的要求

（1）科学的方法与科学的内容紧密结合

高校思想政治理论课的主要教学内容是马克思主义基本理论。马克思主义基本理论本身具有科学性和政治性。这是思想政治理论课的一个天然优势，但这并不意味着只要给学生讲清基本理论或者只要把教材讲透，就能做到政治性与科学性的统一。在教学中，必须时刻注意兼顾政治性与科学性，所以，选择好教学方式方法非常重要。没有好的教学方式方法，科学的内容也无法顺利地传授给学生。只有利用恰当的教学方式方法进行教学，才能达到政治性与科学性的统一，才能使学生高质量地理解和掌握相应的教学内容。

（2）培养和造就兼具较高思想政治素质和较高理论水平的教师队伍

高校思想政治理论课教师是马克思主义理论和党的路线、方针、政策的宣讲者，是社会主义意识观念和精神文明的传播者，同时必须是坚定的马克思主义者，在事关政治原则、政治立场和政治方向问题上必须与党中央保持一致，只有这样，才能做大学生健康成长的指导者和引路人。这就要求思想政治理论课教师必须同时具备较高思想政治素质和理论水平。

（三）坚持方向性、思想性与科学性相统一

方向性体现了思想政治理论课鲜明的阶级性和党性，以及明确的目的性特征；思想性体现了思想政治理论课教学重视人的精神价值和精神动力，注重思想观念对人们行为的主导作用，着眼于对大学生进行世界观、人生观、价值观教育，坚持把理想信念教育作为核心内容；科学性体现了思想政治理论课教学在指导思想上、内容上和方法论上的真理性、正确性，为实践所验证，能经受历史的考验，真正做到"以科学的理论武装人""以科学的方法培育人"。

（四）坚持传授知识与思想教育相统一

1. 坚持传授知识与思想教育相统一的含义

思想政治理论课不仅承担着传播一定的科学文化知识的任务，还承担着对学生进行思

想教育的任务。坚持传授知识与思想教育的统一，就是在教学过程中，使学生掌握一定的理论和知识的同时，对学生进行思想教育，提高学生的思想道德修养和政治觉悟。传授知识与思想教育是有机统一的。若是单纯地传授知识，就不能解决学生的各种思想问题，也就不能提高学生的思想觉悟。若是单纯地进行思想教育，就会陷入空洞的说教，不但会因缺乏说服力而解决不了问题，也无法满足学生强烈的求知欲望。

2. 坚持传授知识与思想教育相统一的要求

（1）教师要提高对思想教育重要性的认识

在教学中，教师居于主导地位，直接实施教学活动。教学能否坚持传授知识与思想教育的统一，关键在于教师。思想教育相对于知识教育来说，有其自身的特点：知识教育只是让学生"了解""知道"所教授的内容。而思想教育涉及学生内心世界，通过影响学生内心世界的活动，触发其转变思想，提高认识。从这个意义上说，绝不能把思想政治理论课理解为普通的知识课程，每一位思政教育教师都应明确思想政治理论课绝不是单纯地教授理论知识，而是要同时提高学生的思想觉悟和认识水平。

（2）理论教育要与学生的思想认识问题紧密联系

进行理论教学与澄清学生的思想认识问题应有机结合。学生的思想认识问题有两种：一种是学生中普遍存在的思想认识问题，一种是个别学生的个别思想认识问题。学生中普遍存在的思想认识问题，一般是学生普遍关注的问题，以及认识模糊、认识片面或认识错误的问题。教师在教学中注意观察学生的课堂反应，就很容易发现这类问题。这类问题在课堂上即时解决，可以达到事半功倍的效果。教师通过课堂问答、讨论或集体活动等途径，可能会发现个别学生的个别思想认识问题，这类问题可以通过课间或其他时间的个别交流来加以解决，这种交流可以说是课堂教学的一种延续而非单纯的人际交流。

（3）科学评价西方文化思潮和价值观念

随着经济全球化趋势的不断发展，各国间的经济、贸易交往范围不断扩大，与此同时不同文化的交流也日益增多。随着互联网的普及，信息的全球共享成为现实，文化间的交流更加便捷，更加频繁。这种交流有时是主动的、有计划的，有时是被动的，不可控的。在思想政治理论课教学中，教师要认真地对待西方的各类文化思潮和价值观念。简单地肯定或否定一切显然不是马克思主义的科学态度，但绝不能不加分析、纯客观地介绍和传播西方文化思潮和价值观念。要结合有关教学内容运用马克思主义的立场、观点和方法进行分析，对于错误的观念要立场鲜明地给予批判。这有利于学生克服错误思潮和错误价值观念的影响，提高学生抵制错误理论观点和错误价值观念影响的能力，同时也能促进学生对有关教学内容的理解，并使其逐步学会用马克思主义的立场、观点和方法分析问题。

（五）坚持面向全体、分层施教与继续教育相结合

坚持面向全体、分层施教与继续教育相结合是思想政治理论课教学正确处理整体性教育与局部性教育、普遍性教育与特殊性教育、连续性教育与阶段性教育关系的要求。

"面向全体"要求思想政治理论课要对我国各高校的全体学生开课，进行普遍的马克思主义理论、思想道德、法律基础等方面的教育。"分层施教"要求思想政治理论课教学要针对不同专业、不同年级、不同层次、不同学历学生的特点，实施不同的教学方案，在教学内容、学时上提出不同的要求，并采取不同的教学形式和方法。"分层施教"还要求思想政治理论课教学既要层次分明、循序渐进，又要注意阶段间的衔接和连续发展。

"继续教育"是指对已经从学校毕业的学生、成人和在职人员的教育。随着社会的发展和知识更新速度的加快，社会对人们所受教育的要求也随之不断提高。人们只有不断接受教育，不断"充电"，才能适应社会发展和自身发展的需要。

二、高校思想政治理论课程教学方法的分类与选择

近些年来，随着高校思想政治理论课程教学改革的不断深入，又有许多新的、有效的教学方法产生。这些教学方法的产生对提升高校思想政治理论课程教学质量起到了积极作用。所以，教师在实际教学过程中，能否正确选择和运用已有的教学方法和新产生的教学方法，已成为影响教学质量的重要因素之一。

（一）高校思想政治理论课程教学方法的分类

高校思想政治理论课程教学方法的分类是把众多的思想政治理论课程教学方法按照一定的标准归属到一起，又按照某些不同的特点把它们区分开，从而建立起高校思想政治理论课程教学方法的次序和系统。

1．高校思想政治理论课程教学方法分类的必要性

对高校思想政治理论课程教学方法进行分类研究，具有非常重要的现实意义，这是因为分类的目的是设计、选择更有效的教学方法。

首先，对高校思想政治理论课程教学方法进行分类，有助于高校思想政治理论课程教学方法科学体系的建立。高校思想政治理论课程教学方法的分类，是以对每种具体的高校思想政治理论课程教学方法进行详细分析为前提的。具体来讲，就是将若干相同或相近的

高校思想政治理论课程教学方法归为一类，而把各种不同的高校思想政治理论课程教学方法彼此区分开，从而明确高校思想政治理论课程教学方法之间的关联和层次。由此，可以把原来繁杂散乱的高校思想政治理论课程教学方法置于一个井然有序的体系中，形成一个有机体系，从而使高校思想政治理论课程教学方法条理化、系统化。

其次，对高校思想政治理论课程教学方法进行分类，有助于教师准确有效地选择和运用思想政治理论课程教学方法，从而提高教学实效性。理论研究的最终目的是为实践服务，高校思想政治理论课程教学方法的类型研究自然也不例外。高校思想政治理论课程教学方法一经分类就建立了一定的体系，使各种具体教学方法的特点、功能及其在整个思想政治理论课程教学方法体系中的地位一目了然。这不仅有利于教师从整体上把握各类思想政治理论课程教学方法，而且有利于教师根据教学目标的需要以及自身的实际情况，选择能够有效提高思想政治理论课程教学质量的教学方法。

最后，对高校思想政治理论课程教学方法进行分类，有助于完善高校思想政治理论课程教学论体系。高校思想政治理论课程教学方法是高校思想政治理论课程教学论的重要组成部分。高校思想政治理论课程教学论涉及高校思想政治理论课程教学过程、教学原则、教学手段、教学组织形式、教学效果、教学评价、教学主体、教学客体、课程理论、教学方法等。对高校思想政治理论课程教学方法进行分类研究，有助于高校思想政治理论课程教学论更好地去关注教学生活，深入到教学生活中感悟、反思，使高校思想政治理论课程教学论走出纯主观的思辨状态。

2. 高校思想政治理论课程教学方法的分类方式

高校思想政治理论课程教学方法的分类必须具有一定的标准，即必须根据思想政治理论课程教学方法的某些属性、某些特点进行分类。同时，由于教学方法分类的最大困难是弄清分类的理论基础。所以，虽然许多人都主张对教学方法进行分类，但由于思想政治理论课程教学方法本身的复杂性和多样性，不同的思想政治理论课程教学方法之间也存在着千丝万缕的联系，并且分类者提出的分类标准、依据也不尽相同，致使思想政治理论课程教学方法的分类难以趋于统一。

就目前高校思想政治理论课程教学方法分类研究的情况来看，主要分为以下几类：

第一种，即根据高校思想政治理论课程教学方法的适用范围进行分类，可以分为一般教学方法和具体教学方法（又称为个别教学方法）。

第二种，即根据高校思想政治理论课程教学方法的外部形态，以及在这种形态下学生认识教学活动的特点。

3. 高校思想政治理论课程教学方法分类的科学性

增强高校思想政治理论课程教学方法分类的科学性需要注意以下几个问题：

其一，科学的高校思想政治理论课程教学方法的分类是相对的，不是绝对的；是发展的，而不是静止的。因为高校思想政治理论课程教学方法是在特定的历史条件下产生的，具有很强的时代性。对高校思想政治理论课程教学方法的研究是一个历史过程，永无止境，人们只能保持在一定历史条件下相对的完整。也就是说，超越历史条件的、绝对完整的高校思想政治理论课程教学方法分类是不存在的。另外，在社会不断进步的情况下，随着网络、计算机、多媒体等不断完善，高校思想政治理论课程教学方法也将不断充实、完善。

其二，高校思想政治理论课程教学方法的分类是多元并存的，不是唯一的。在不同教学理念指导下的教学实践是不同的，因此使用的教学方法也不同。但这些教学方法类型均有存在的理由，它们可以相互补充，在实际的教学过程中，只要行之有效，就不能人为地独尊一家。一般来讲，科学的高校思想政治理论课程教学方法类型应当具备以下几个特征首先，高校思想政治理论课程教学方法类型的相容性，即在这一类型中的任何一种教学方法不得与其他教学方法在内容上互相抵触、彼此矛盾。其次，高校思想政治理论课程教学方法类型的独立性，即各个教学方法的内涵应是彼此独立的，不能彼此包含、互相重叠。

其三，在对高校思想政治理论课程教学方法进行分类的过程中，要处理好继承与革新的关系。高校思想政治理论课程教学方法的类型并不是凭空产生的，而是在继承已有的研究成果的基础上得来的，是对已有教学方法类型的充实和完善。同时，高校思想政治理论课程教学理论的发展、社会环境和教学对象的变化，要求高校思想政治理论课程教学方法必须随之进行革新。

（二）高校思想政治理论课程教学方法的选择

高校思想政治理论课程教学方法的选择直接关系到教学效果与质量。教学方法的选择不是随意进行的，它是依据一定的教学目标和教学内容的，不仅要遵循一定的原则，还要考虑影响教学方法选择的因素。

1. 高校思想政治理论课程教学方法选择的原则

根据高校思想政治理论课程教学方法的特点及其在实践中的运用情况，我们提出了高校思想政治理论课程教学方法的选择要遵循的主要原则：

第一，"民主化"原则。高校思想政治理论课程教学更应讲"民主"，这是由高校思想政治理论课程具有情境性、审美性这一特点和"人文性"这一本质所决定的。高校思想政治理论课程教学的目的在于培养德、智、体、美等方面全面发展的人。

第二，耦合原则。在高校思想政治理论课程教学的过程中，教学方法的选择与运用能否做到教师与学生、教与学、教法与学法辩证统一、有机结合，是高校思想政治理论课程教学成功与否的关键。耦合就是有机结合、辩证统一，相互支持、相互促进。凡是耦合状态下的教学，教得得心应手，学得生动活泼；教师传知、导思、授法三管齐下，学生手脑并用，学思结合；教学气氛活泼热烈，教学过程严谨有序。耦合原则是高校思想政治理论课程教学方法所应追求的最高境界。高校思想政治理论课程教学方法应遵循耦合原则是高校思想政治理论课程教学现状的需要。因为高校思想政治理论课程教学方法过多地强调了教师的作用，过分地重视了教的过程，而且教学方法也是根据教师如何教得方便来设计、选择和运用的；学生的作用和地位，学的过程的重要性，学生如何学、如何才能学好等问题则较少受到关注。这样一来，学生就只能消极地跟着教师使用的教学方法学习，很难在思想、情感、教与学的活动等方面相互统一配合，这是造成教学效果不好的重要原因之一。要想改变这种状况，提出高校思想政治理论课程教学方法的选择要遵循耦合原则是必须的，也是必要的。

第三，启发性原则。遵循启发性原则，其最终目的是培养学生高尚的思想道德品质和良好的行为习惯。高校思想政治理论课程教学方法之所以要坚持启发性原则，主要是由于在教学过程中，启发性原则体现了以学生为主体、教师为主导的指导思想。只有充分意识到这一点，才能充分调动学生学习的主动性、积极性和自觉性，发展学生的思维能力。如果忽视这一原则，学生则处于被动机械的记忆状态，培养出来的学生只会死记硬背，不会融会贯通。

第四，直观性原则。教师在教学活动过程中，要结合教材内容，充分运用图标、图画、实物等直观教学手段，以及运用幻灯机、投影仪、电视机、电脑等教学工具，变平面式教学为立体式、现代化教学，这样才有利于充分调动学生的学习兴趣，提高课堂教学效率，增强课堂教学效果。高校思想政治理论课程教学方法的选择之所以要遵循直观性原则，是由教学方法自身属性决定的。在日常教学活动过程中，最实用的直观教学方法就是讲授教学法，而讲授教学法依据的主要教学手段则是板书和语言。布局合理、字迹规范的板书和准确、流利、生动的语言在强化学生记忆的同时，可以使学生获得美的享受。直观性的教学方法还有助于调动学生的多种感官和已有的经验，使学生在获得生动的表象的基础上进行抽象思维，从而掌握理性知识。

第五，整体性原则。整体性原则反映的是方法的存在、运动和发展的客观规律，揭示了方法存在的普遍形式和一般特点。它要求我们从联系实际的角度考察高校思想政治理论课程教学方法，用整体的观点来对待高校思想政治理论课程教学方法的选择问题。高校思想政治理论课程教学方法有很多种，虽然每种教学方法具有不同的功能和作用，但是它们的目标是一致的，即达到预期的教学效果。从这层意义来看，高校思想政治理论课程教学方法的选择应遵循整体性原则。

2. 影响高校思想政治理论课程教学方法选择的因素

高校思想政治理论课程教学方法的理论，既要研究教学方法的本质和结构，研究它的分类，还要研究教学方法的选择问题。换句话说，要帮助教师在思想上明确：在什么情况下选择什么样的教学方法以及怎样进行选择。

结合高校思想政治理论课程自身的特点，从具体的课堂教学实践出发，可以认为影响高校思想政治理论课程教学方法选择的因素主要有以下几个方面：

第一，教师因素。教师是高校思想政治理论课程教学方法主要的、具体的实施者。高校思想政治理论课程教师的教学态度、教学能力、知识结构对高校思想政治理论课程教学方法的选择是一个不可忽视的影响因素。在选择教学方法时，教师对自己要有充分的估计，要分析自己在教学上的优势，充分发挥和利用教学方法。

第二，学生因素。高校思想政治理论课程课堂教学方法最终是在学生身上得到具体的实施。衡量高校思想政治理论课程教学方法优劣的主要标准是看高校思想政治理论课程教学方法是否符合学生的年龄特征，是否适应学生的智力水平，是否能调动学生学习的情趣，是否能充分利用学生学习的潜能等。从这一角度上看，学生是影响高校思想政治理论课程教学方法选择的又一个重要因素。但是，学生对高校思想政治理论课程教学方法选择的影响，不仅表现在学生的学习态度、学习准备、智力水平、年龄特征等方面，更主要的是表现在学生学习高校思想政治理论课程的学习特点方面。

第三，教学目标因素。高校思想政治理论课程教学目标是高校思想政治理论课程课堂教学的指南针，它明确指出了某一节课、某一学期、某一学年应该完成的教学指标，所以教师在选择高校思想政治理论课程教学方法时，必须考虑哪些教学方法更适合达到教学目标，必须考虑不同的教学目标应该与不同的教学方法相匹配。

第四，教学环境因素。高校思想政治理论课程教学环境是一个由多种要素构成的复杂系统，它对学生学习过程中的认知、情感和行为产生潜在的影响，对教学活动的进程和效果施加系统地干预。可以说，高校思想政治理论课程教学环境的优劣在某种程度上不仅决定了教学活动的成效，而且还影响了教学方法的选择。例如教学环境中的课桌椅、电化教学设备、人际关系、课堂心理气氛等，一方面能影响教学活动参与者的心理和行为，另一方面能改变教学的方式和方法。

第五，教学手段因素。高校思想政治理论课程教学手段是高校思想政治理论课程教学的媒介，是联结教材、教师、学生的纽带，尤其是其中的直观教学手段，它的完备性、清晰性、新颖性、智力性、教育性等都影响着高校思想政治理论课程教学方法的选择。教师可以根据需要，充分利用电脑、投影仪、多媒体、互联网、数字音像等现代化教学手段进行直观教学。有效运用教学手段不仅能提高课堂教学效果，而且还能使课堂教学延伸到课外，这为高校思想政治理论课程教学创造了良好的外部环境。例如可以积极利用校园网络，在校园网上建立高校思想政治理论课程教学的学习园地，将课前预习要求、预习过程中所应注意的问题、教学大纲和电子教案等在网络上发布，供学生参考；可以利用校园网和学生进行交流，教师和学生通过电子邮件交流学习、生活中的想法和感受，可以拉近师生间的距离。可见，正确运用教学手段，不仅能激发学生的学习热情，引导学生积极主动地学习，而且还能培养学生的自学能力。这种做法彻底改变了传统课堂教学活动中教师主动、学生被动的局面，使之成为教师、学生互动的重要媒介和纽带。

第三节　高校思政理论课教学的发展

一、开放性教学

（一）高校思想政治理论课开放性教学的基本内容

高校思想政治理论课开放性教学的内容十分丰富，它是由开放性教学诸方面、开放性教学诸环节、开放性教学诸环境等要素构成的有机整体。

1. 思想政治理论课教学诸方面的开放性

思想政治理论课教学诸方面的开放性主要包括以下内容：

第一，教学主体的开放性。教学主体有指导主体与学习主体两个方面。教师是指导主体，学生是学习主体。传统的封闭式教学模式，片面地强调了教师的主体性，忽视了学生的主体性，压抑了学生学习的积极性、主动性和创造性。"以学生为本"的开放式教学模式则承认教师与学生的双重主体性，并认为学生的主体地位更为基础，把教师的主导作用与学生的主体作用有机结合起来，有利于提高学生学习的积极性、主动性和创造性。

第二，教学内容的开放性。在传统的封闭式教学模式里，思想政治理论课的教学内容僵化，不能和时代同步发展，理论往往落后于实践，致使教学内容缺乏时代感和现实针对性。开放式教学模式要求教学内容必须面向现代化、面向世界、面向未来，密切关注国内外形势和党的方针政策的新变化，及时吸收马克思主义中国化的最新理论成果，从而使教学内容具有了时代感和现实性。

第三，教学形式的开放性。传统的封闭性教学模式通常采用单一的课堂讲授教学形式，缺乏吸引力和感染力。开放性教学模式要求课堂教学与实践教学相结合、校内主课堂与校外第二课堂相结合、"请进来"与"走出去"相结合、教师讲授与学生发言相结合，采取灵活多样的教学方法和现代化教学手段，有利于增强教学的吸引力和感染力。

2. 思想政治理论课教学诸环节的开放性

思想政治理论课教学诸环节的开放性主要表现在：

第一，教学准备的开放性。过去由主讲教师单方面进行教学准备，教学计划、教学大纲很难充分反映学生的实际情况。实施开放性教学，要求教师采取问卷调查和座谈会等形式，了解学生的实际情况与学习要求，吸收学生代表参与教学计划和教学大纲的制定。

第二，教学过程的开放性。鼓励学生提问、发言、演讲或参与辩论，提高学生参与教学过程的主动性和创造性。

第三，教学管理的开放性。吸收学生参与教学管理，形成以学生自我管理为基础，教务部门、学生工作部门、思想政治理论课教学部门齐抓共管的综合管理体系。

第四，考核考试的开放性。建立教师考核与学生自我考核相结合、期末考核与平时考核相结合、理论考试与实践考核相结合、知识考试与能力考核相结合、闭卷考试与开卷考试相结合的综合考核体系。

第五，教学评价的开放性。建立教师自我评价、专家评价、学生评价、社会评价"四结合"的评价体系，以全面评价思想政治理论课教师教学的质量和效果。

3. 思想政治理论课教学诸环境的开放性

开放性教学模式是一个开放性系统，必须创建一个良好的环境，才能增强思想政治理论课的实效性。

第一，要创建一个和谐的国际关系与和谐的国内社会环境，克服各种不和谐的因素，为思想政治理论课教学提供良好的社会氛围。

第二，要创建一个健康的校园文化环境，加强对社会主义核心价值体系的宣传，以科学的理论武装人，以正确的舆论引导人，以高尚的精神塑造人，以优秀的作品鼓舞人，为思想政治理论课教学创造健康的校园文化氛围。

第三，要创建一个科学的制度环境。加强高校思想政治工作的制度建设，推进弹性学分制，建立有效的激励机制，保证高校思想政治理论课的健康发展。

第四，要营造良好的网络环境。要坚持社会主义核心价值体系，加强网络文化建设和管理；要积极建设思想政治理论课教学信息资源网站，多渠道开发和运用思想政治理论课教学信息资源，并坚持教学信息资源的开放性，做到教学信息资源库的共建共享。

总的来说，高校思想政治理论课开放性教学就是由上述三大基本要素构成的有机整体。

（二）高校思想政治理论课开放性教学的特点

1. 人本性

"人本性"是相对"物本性""神本性"而言的。"以人为本"，强调人的价值高于物的价值和神的价值。从价值论视角看，坚持"以人为本"，就是强调人的价值的至上性。马克思主义坚持以最广大人民即绝大多数人为本，坚持以解放全人类，促进每一个人自由全面发展为最终目标。高校思想政治理论课开放性教学是以马克思主义"人本论"为理论基础的。高校思想政治理论课不同于一般的专业课程，思想政治理论课的主要任务是培养学生的思想政治素质，增强学生的主体性，这就决定了它必须坚持马克思主义的"人本论"。高校思想政治理论课开放性教学的"人本性"，主要体现在三个方面：第一，体现在它把"以学生为本"作为核心理念。"以学生为本"这一理念是构建高校思想政治理论课开放性教学的理论基石，是贯穿于这一教学模式的中心线索，是渗透于这一教学模式的精神灵魂，是决定这一教学模式性质的精神实质。第二，高校思想政治理论课开放性教学的"人本性"体现为教学方法的人本性。它要求思想政治理论课教师在教学中要关心学生、爱护学生、尊重学生、体贴学生、帮助学生、引导学生，而不能压制学生，更不能打骂学生、贬低学生、伤害学生。第三，高校思想政治理论课开放性教学的"人本性"还体现在其教学目的是满足学生的精神文化需求，促进学生全面发展。

2. 科学性

"科学"与"人本"是两种不同的价值取向，科学的价值取向是求真，人本则是求善；科学属于合规律性，人本属于合目的性。高校思想政治理论课开放性教学新模式不仅具有人本性，而且具有科学性，是求善与求真的统一、合目的性与合规律性的统一。高校思想政治理论课开放性教学具有科学性，主要是因为它是以科学理论为依据，以科学实践为基础，以科学精神为指导，运用科学方法构建起来的。

第一，高校思想政治理论课开放性教学是在坚持科学立场的基础上建构起来的。科学立场即实事求是的辩证唯物主义立场。高校思想政治理论课开放性教学是建立在科学立场上的教学模式。它要求思政教育工作者在思想政治理论课教学中，坚持一切从实际出发，按客观的教学规律办事，求真务实，做到"不唯书、不唯上，要唯实"。

第二，高校思想政治理论课开放性教学是以科学理论为依据的。马克思主义理论是人类历史上最科学的世界观和方法论，是追求真理、探索真理，揭示客观规律的行动指南。高校思想政治理论课开放性教学就是以马克思主义为理论基础的，马克思主义关于"以人为本"的思想是"以学生为本"这一新的教学理念的哲学基础。马克思主义既是科学的世界观，又是科学的方法论。高校思想政治理论课开放性教学就是以马克思主义为指导，运用马克思主义的科学方法论建构起来的。高校思想政治理论课开放性教学不仅以马克思主义为理论基础，而且批判地吸收了现代西方教学理论中的合理成分，比如人本主义教学论、建构主义教学论等，为思想政治理论课开放性教学提供了科学的理论依据。

第三，高校思想政治理论课开放性教学是一个完整的科学体系。它由"一个核心理念"与"三个基本要素"构成，层次清楚，逻辑严密，具有系统整体性特征。离开了系统整体性，就不能成为一个科学体系。高校思想政治理论课开放性教学新模式是一个有机的整体，"一个核心理念"与"三个基本要素"有机结合，缺一不可。

第四，高校思想政治理论课开放性教学采用了科学方法。高校思想政治理论课开放性教学运用了马克思主义的科学方法论。唯物辩证法是分析问题和解决问题的最一般的科学方法论。这一教学模式正确处理了教师指导主体与学生学习主体的辩证关系、科学性与人本性的辩证关系、教学管理与人文关怀的辩证关系、校园内部环境与外部环境的辩证关系、传统教学手段与现代教学手段的辩证关系、传承科学文化与创新科学文化的辩证关系、传统思维方式与创新思维方式的辩证关系，充分体现了唯物辩证法的思维方法。此外，还采用了现代科学方法，比如系统科学方法、创新科学方法等。

3. 和谐性

科学性的价值取向是"求真"，人本性的价值取向是"求善"，和谐性的价值取向是"求美"。高校思想政治理论课开放性教学的科学性、人本性、和谐性等特点，体现了其价值取向的多样统一性，实现了"真、善、美"的有机统一。高校思想政治理论课开放性教

学具有和谐性的特点，主要体现在以下几个方面

第一，教学主体的和谐。教师是"教"的主体，学生是"学"的主体。在开放性教学过程中师生是完全平等的，教师坚持"以学生为本"，学生对教师十分尊重，师生之间互教互学、相互关心、相互爱护、相互帮助、相互理解，这样就形成了和谐的师生关系。只有形成和谐的主体关系，才能有效地开展开放性教学。

第二，教学内容的和谐。教材内容与新增教学内容要和谐统一，既要以教育为基础，又要吸收本学科研究的前沿成果，在和谐的基础上实现教学内容创新。

第三，教学内容与教学形式之间的和谐。高校思想政治理论课的教学内容是多样的。唯物辩证法认为，内容决定形式，形式为内容服务。这就要求思政教育工作者根据教学内容的特点选择与之相适应的教学形式。例如，"中国近现代史纲要"的教学内容具有历史性特点，故而要求采取历史事件专题式、历史名胜参观式等教学形式来进行教学，这样既可以增加学生的兴趣，又能提高教学质量。

第四，教学方法与手段的和谐。开放性教学模式的教学方法具有灵活性，因此各科学方法必须协调统一。要做到教师讲授与学生发言的协调统一、理论教学与实践教学的协调统一、专题式讲解与研究型教学的协调统一、课堂理论教学与课外文化活动的协调统一、传统教学手段与现代教学手段的协调统一。通过教学方法与手段的和谐统一，来增强思想政治理论课教学的吸引力和感染力，提高教学的艺术性。

第五，教学实践与教学环境之间的和谐。思想政治理论课教师只有认真研究和分析国内外形势、社会环境、校园环境、网络环境及其对大学生的思想影响，调查研究大学生和社会公众普遍关注的热点和难点问题，并通过课堂教学有针对性地加以解释，方能增强教学的现实针对性和实效性。

二、实践性教学

(一) 高校思想政治理论课实践性教学的基本内涵

实践性教学顾名思义应是一种教学活动，实践则是达到教学目标的途径和手段。在这一教学过程中，因为实践环节凸显，学生学习的积极性和主动性被充分调动起来，学生不再是教学内容的被动接受者，而是教学活动的积极参与者。这里可以把思想政治理论课实践性教学界定为：思想政治理论课实践性教学是把理论与实际、课堂与社会、学习与研究紧密联系起来，培养学生联系实际思考问题、运用理论分析问题、自主研究解决问题等实

践能力的多种教学方式的总和。

对高校思想政治理论课实践性教学的理解，需要强调以下几点：

第一，从形式上去理解，高校思想政治理论课实践性教学可以分为狭义和广义两种。狭义的思想政治理论课实践性教学是指利用社会实践等形式组织的教学活动。广义的思想政治理论课实践性教学指的是除了理论教学之外的所有与实践有关的教学，它还可以体现在课堂教学之中、课堂教学之外，尤其是体现在课堂教学之外。

第二，思想政治理论课实践性教学是培养学生运用理论观察社会、认识社会、思考人生这一实践能力的一个环节，它与其他大学课程一样需要科学的规划和系统的培养。作为大学教育的必修课，思想政治理论课的教学目的、教学方式都必须符合教育教学规律，它的政治功能必然是在规范的教育功能实现的基础上才能实现。就如同各个专业有一个课程体系一样，思想政治理论的各门课程也构成了一个相互关联的课程体系，共同实现对学生进行马克思主义理论与思政教育的目标。因此，学生运用马克思主义理论分析问题解决问题的实践能力如何，也应该像专业学生的实习、实验、学年论文、毕业论文一样成为检验培养目标的重要一环。

第三，不能把思想政治理论课实践性教学简单地等同于思想政治理论课实践性环节，要认识到这是一个实践性学习与研究性学习并重的过程。思想政治理论课实践性教学是以思想政治理论课学科理论为基础和载体的，这就决定了思想政治理论课实践性教学除具有本身固有的实践性学习特点外，还具有研究性学习的特点。

第四，从教学目的去理解，高校思想政治理论课实践性教学可以分为以思想教育为主、以服务社会为主和以培养能力为主的思想政治理论课实践性教学。

（二）高校思想政治理论课实践性教学的特点

1. 目标性

思想政治理论课实践性教学目标是指在一定的条件和环境下，人们对思想政治理论课实践性教学活动所期望达到的结果。实践性教学目标要服务于高校思想政治理论课的总目标，即把大学生培养成为中国特色社会主义事业的建设者和接班人。思想政治理论课实践性教学的目标包括以下几个方面：

（1）教育目标

此处专指高校思想政治理论课实践性教学的"育人"功能，即寓教于行，以行育人，让学生在实践生活中认识社会、认识人生、接受教育、学会做人。在实践中，引导学生深入思考，运用辩证的方法分析各种问题，从而加深对马克思主义基本理论的理解，提高对党和国家方针、政策的认识，促进科学的世界观、人生观和价值观的树立，增强培养良好道德品质的自觉性，并引导学生正确面对"应该做什么，不应该做什么""做什么样的人，怎样做好这样的人"的问题。比如思想政治理论课实践性教学就是要让学生认识到劳动是光荣的，实践是有益的，为人民服务是崇高而神圣的，进而认识到每个人的人生价值只有把自己的前途和命运与祖国及人民的前途和命运联系起来才能实现。

（2）能力目标

能力目标是指实践教学活动在帮助学生完成从书本到现实，从理论到实践的飞跃的同时，使大学生在各个方面都能够得到较好的锻炼和提高。在实践教学活动中，要充分依靠和发挥学生的力量，让他们参与实践活动的策划、准备和组织，从而达到锻炼、提高学生创新能力和组织管理能力的目的。通过参观访问、社会调查等实践活动，培养学生观察问题、分析问题的能力；通过撰写调查报告或研究论文，来提高学生的写作能力；通过开展各种社会公益活动和社区服务活动，引导学生走出校门，到基层去，到工农群众中去。这样不仅可以使学生认识社会、认识人生，而且可以帮助学生解决知行不一致的问题，使学生在实践过程中不断增强把认知转化为行为的能力。

（3）政治素质目标

政治素质目标是指通过实践教学把大学生培养成为中国特色社会主义事业的建设者和接班人。思想政治理论课实践性教学活动能够引导学生去探究现实社会中的各种现象和问题，并且运用所学理论去分析这些现象和问题，提出解决问题的办法，使学生在探讨、研究各种现象和问题的过程中，坚定社会主义信念，明辨是非，不断完善自我，从而提高自己的思想政治素质，健康成长为中国特色社会主义事业的合格建设者和可靠接班人。

2. 自主性

高校思想政治理论课实践性教学打破了传统课堂教学形式注入式的强制性，更强调活动主体的自主性，强调学生的主体地位和主观能动性。思想政治理论课实践性教学活动中教师大多数情况下进行的是一种协助式、筹划式、组织式的教学，学生在教师的指导下自主组织安排实践教学活动。学生可以根据自己的能力水平、兴趣爱好、专业特长等方面自主选择活动项目，确定自身角色，自觉、自愿参与其中。这体现了学生不仅是教育教学的对象，而且是学习的主体，是有思想、有感情的主体。

3. 针对性

思想政治理论课实践性教学是提高思想政治理论教学效果和提高学生运用理论观察问

题、解决问题能力的重要手段，必须紧紧围绕课堂教学的理论内容来设计和开展。因此，实践内容的选择一定要有针对性：一是理论基础要有时代性。在课堂教学中，要整合、调整、充实思想政治理论课的教学内容，更多地融入反映时代呼唤和要求的重要内容，跟上社会发展的步伐。二是实践内容要有现实性。实践的内容要紧扣时代主题，紧密联系现实社会和改革开放成果方面的热点问题。三是要考虑不同学生的要求。实践的内容要考虑不同专业、不同年级的学生要求。

4. 参与性

高校思想政治理论课实践性教学将深刻的理论思维与鲜活的感性体验相结合，通过强烈的现场参与感来触发和增强理论思维的兴奋点，而不是"空洞"地说教。思想政治理论课实践性教学具有内容上的直观性和对象上的互动性。思想政治理论课教学的内容、形式及取材不再是刻板艰涩的概念、判断、推理等逻辑形式和逻辑演绎，而是活生生的事实、图像和景观以及真切实在的亲身体验，这种教学形式可以达到思想理论教育"润物细无声"的理想教学境界。思想政治理论课实践性教学突出学生的参与性，彻底改变了学生被动接受的学习地位，使其积极主动地融入甚至决定主导整个教学环节，充分体现了现代教育所要求的学生主体地位，是现代教育发展的必然趋势。

（三）高校思想政治理论课实践性教学的实施

高校思想政治理论课实践性教学是大学生了解社会，服务社会，增长才干，形成正确的社会认知和世界观、人生观、价值观不可或缺的活动过程。思想政治理论课教师要顺利开展实践教学活动，通常需要注意以下几个环节：

1. 制定可行的实践教学方案，精心策划选题

思想政治理论课实践性教学一定要注意坚持联系教学内容的实际，做到有的放矢。因此，必须在学生开展社会实践前制定可行的教学方案，精心策划好社会实践的选题。学生一般根据选题来确定相应的社会实践内容和方式。当然，也可以根据当地的实践性教学资源来确定相应的社会实践选题。选题一定要主题突出，可以根据当前国内外的热点问题以及关系到老百姓和学生实际的问题来确定，也可以根据学生专业、年级情况来确定，如医学类专业可以适当突出医药类的选题。同时，选题也要有系统性，可以根据不同的内容对选题分门别类，将其集中汇编在学生实践手册上，供学生选择和参考，让学生结合实际和现实进行调研，撰写调研报告。否则，学生就会很容易陷入盲目，从而使实践流于形式，难以达到思想政治理论课实践性教学的目的。

2. 严格培训，加强指导

大学生往往缺乏进行调查研究的能力，因此在学生实践前，教师要组织学生进行必要的培训，让学生了解思想政治理论课实践性教学的目的和要求。在培训中，重点指导学生如何具体进行校外假期社会实践，特别是如何开展社会调查和社会服务。例如，怎样选择调查和服务类型，怎样联系调查和服务对象，怎样实地开展调查活动，怎样解决遇到的困难和问题，怎样撰写调查报告等。为使培训取得实际效果，教师要向学生介绍思想政治理论课实践性教学大纲，编发实践手册、选题汇编、调查报告写法、注意事项等辅助材料。

3. 建立严格的思想政治理论课实践性教学评估考核机制

构建合理的实践性教学综合评估考核体系是确保实践性教学实效性的重要环节。这既包括对教师实践教学的考核评估，又包括对学生实践的考核评价。对教师的实践教学进行考核评估，主要是考评教学计划是否科学，是否得到贯彻实施，教师是否及时总结每次实践教学的经验，教学组织是否到位，教学效果是否明显。这期间涉及教师工作量的考核，教师工作量应参照专业课教师指导学生实习及批改实习论文的标准来计算，按照教师指导学生实践的情况和指导学生班级数计算相应的工作量进行综合考评。对学生实践的考评主要包括学生参加实践教学的态度、学生在实践活动过程中的表现、学生实践成果水平的考核。建立规范、合理、客观、系统、多元的实践教学考评体系并加以严格考核，是促进教师认真教学、学生认真参加实践，确保思想政治理论课实践性教学实效性的重要环节和手段。

4. 及时总结，表彰先进

要使思想政治理论课实践性教学真正取得效果，不能让学生仅仅上交一篇调研报告就草草结束。必须及时进行总结，评选优秀调查报告，对优秀学生进行表彰，以激发学生参与实践的热情和积极性。学生上交调查报告以后，教师应根据考核要求，及时对调查报告进行认真公正的评审，并写出评审意见。同时，遴选出一定数量的优秀调查报告汇编成册，作为思想政治理论课实践性教学的成果，甚至可以把那些真实可靠的优秀调查报告适当修改后，推荐到相关报纸、杂志发表。调查报告评审完后，应及时召开总结表彰大会。在会上，可以先由教师对整个社会实践活动的各个环节进行总结，对学生的调查报告进行点评，然后由学生发言，畅谈社会实践的心得和体会，互相交流经验，最后对优秀学生和优秀调查报告进行表彰奖励。

三、、反思性教学

（一）反思性教学的含义

所谓反思，顾名思义即自我省察、回顾的意思。就是行为主体对自身既往行为及相关理念自觉进行换位思考的认识活动和探究活动。反思的指向主要是过去的意识和行为，具有价值评判的性质。事实上，反思一词本身就含有"反省""内省"之意，从本质上来说就是一种批判性思维，即通过对自己的思想、自己的心理感受等的思考，审视、分析当前的认识活动。教学中反思的内涵是立足于教师自身之外的，是对教师自身的教学思维和行为的一种批判。反思既是为了回顾过去或培养反思的意识，也是为了指导即将在未来进行的教学活动和教学实践。反思不仅是内隐的思维活动，而且也是外显的实践行为，联系着思维和行动两头，并确保反思的结果能够在教学实践中得到检验。高校思想政治理论课反思性教学，就是在思想政治理论课教学实践过程中，教师对自身的教学行为不断地进行反思的一种行为，是对教学行为和教学过程进行批判地、有意识地分析与再认知的过程。它需要教师在教学实践活动中积极关注自身的教学行为和具体的教育情境，以开放的心态接纳不同的观点，从多个角度积极思考问题、研究教学活动，并对自己的选择与行动负责。

（二）高校思想政治理论课反思性教学的特点

高校思想政治理论课反思性教学和传统教学相比，主要有以下几方面的特点：

1. 目的明确性

反思性教学是教师对自身教学活动的元思维过程，是一种目的明确的研究过程。从直接层面上说，是对自身教学过程中教什么、怎样教和为什么这样教的省察和反思。从更深层次上说，是对自身的师德修养、教学理念、师生关系等的理智化暗示、假设、推理和检验。因而，反思性教学的目的在于有效解决教学中的问题并提高教学质量，它首先关注教学的目标和结果是否有效达到，是否具有明确目的。

2. 科学探究性

探究即探讨和研究，是人们认识、理解和改造周围世界的重要方式。反思性教学观是建立在现代教学理论基础上的科学教学观，基本观点与传统消极学习观相对立。它以探究和解决教学基本问题为基本点，因而具有探究的性质。另外，反思是在回忆或回顾已有的心理活动的基础上找到其中的问题以及答案，也就是从自己活动的经历中探究其中的问题和答案，重构自己的理解，激活个人的智慧；不仅解决问题，更注重学习创造性与主体性人格培养，并以此作为反思性教学的主要目的。

3. 思维批判性

反思性教学强调教师对教学行为的积极思考与批判分析，反对机械地灌输和简单的重复。同时它又是探究取向的，要求教师以批判的眼光看待教学中出现的问题，并善于通过积极的探究寻求问题的答案。通过对教学实践的反思，教师自觉地对自身已有的教学活动，以及教学活动中所涉及的相关因素进行持续的、批判性的审视、思考、探究和改进，从而调节并改善自身的师德品质，不断提高教学能力和教学质量。从实质上说，反思思维是批判性思维，经常批判性地、反复深入地思考问题，知识结构就会进一步完善、牢固，思路会更开阔、更灵活，见解会更深刻、更新颖。使学生在批判中学习，教师在批判中教授，善于思考，勤于探究，从而使自己更加睿智和成熟。

4. 对话合作性

反思性教学的主体包括教师个人与集体、学生、专业研究人员。教师个人与集体、学生、专业研究人员是实施反思性教学的四个核心要素，构成了反思性教学的四位一体关系。教师个人的自我反思、教师同行间和师生间的合作对话、专业研究人员的专业引领以及全员跟踪推进，是实施反思性教学的四种基本力量，缺一不可。反思性教学是一种群体反思活动，在强调师生之间在课堂内的双向反思探索活动之外，还要求教师之间、教师与专业人员之间在课前、课后进行群体的交往与沟通，反思教学中存在的各种教学问题，探讨解决问题的方法、途径，以促使教学实践的日趋合理。

5. 实践操作性

反思性教学以解决问题为基点，立足于教学实践行动中客观存在着的真实问题，得益于行动研究的实践运用。反思性教学过程中的行动研究是实践和反思相结合的研究。它基于教学实践，使教学理论与教学实践联系在一起，直接指导教学实践，使得特定情境中的教学实践者能够对自己的教学情境有真正的理解，并做出明智而谨慎的决定。因此，反思性教学通过行动研究的运用，更加重视教学的实践操作性；同时，也追求教学实践的合理性，这必然要求反思后的新的教学假设和新的教学改进也要经过实践检验。

（三）高校思想政治理论课反思性教学的具体应用

1. 将教师主导作用和学生主体地位相统一

反思性教学的目的主要有"学会教学"和"学会学习"两个方面，因此，要充分发挥教师的主导作用和学生的主体地位，实现教与学的统一。反思性教学过程既是知识的传递过程，也是知识的生成、创新过程。教师和学生在知识的生成过程中是平等的主体，教师的职能由教转为导，教师不再是单纯的知识传递者而是学生学习的组织者、促进者、辅导者，师生应形成一个"学习共同体"。教师在指导学生学会通过各种渠道获取知识储存知识外，更重要的是要引导学生学会选择、判断、运用、创造知识，保证学生正确的学习方向。要将学生置于课堂的中心位置，同时教师要深入到学生中去，创设师生之间、学生与学生之间平等、和谐、民主的学习氛围，建立起民主平等、相互信赖的关系，师生以平等的身份参与教学，从而最大化地发挥学生的学习积极性。在教学过程中教师要面向全体学生，给他们以主动参与教学活动及表现、发展能力的机会，在师生间、生生间观点和思想的交流中促使学生反省、反思，调动学生的情感、兴趣、意志等非智力因素，让学生在问题的情境中发现问题，提出问题，解决问题，整个过程教师只是给予学生系统的指导。

2. 加强对信息收集处理的指导

思想政治理论课属于人文学科，有综合性、多样性的特点。其教学内容与社会生活息息相关。每一个置身于社会生活之中的人，都会对各种社会现象形成自发的、朴素的认识。当前，世界经济全球化和政治格局多元化，国内多种经济成分和多种分配方式并存，伴随而来的是社会分化为多种利益群体和不同阶层，社会组织形式多样化，生活方式多样化，就业岗位和就业方式多样化。这些社会存在反映到社会意识中，就表现为价值取向的多元化。来自社会现象的各种信息以及教学主体的多元化价值观念，都是丰富的教学资源。教师要加强对学生信息收集处理的指导，提高学生思考、诘问、评判、创新知识的能力，以实现教学实践的合理性。

3. 注意加强对结论多样性的保护

反思性教学要求教师学会促进以学习能力为重心的学生整体个性的和谐而健康的发展。这就要求教师要与学生真诚地沟通，尊重学生的人格，营造民主、平等、开放的氛围，让学生畅所欲言。保护结论的多样性，一是要承认学生的独立思考和探索是有意义的；二是学生对教师的观点提出质疑，发表不同的看法时，教师要清醒地意识到这是学生生命自主意识积极活动的表现，应加以激励和表扬，不要认为是对自己的不尊重而予以严厉批评；三是要解放学生的思想，给学生提供积极的个性化思考和自主探索的时间和空间。

4. 教师要注重提高自身的素养

课堂教学是一门遗憾的艺术。一堂课很难做到十全十美，即使课前精心准备，深思熟虑，课上运筹帷幄，精彩纷呈，但是课下细细琢磨，总会有令人感到遗憾、需要弥补之处。科学、有效的反思可以减少遗憾。反思性教学是教师专业发展和自我成长的重要途径。在教学中，教师要不断反思自身的教学观念。反思性教学的本质是一个"提出问题—探讨研究—解决问题"的过程。教师以问题为情境，自觉地把自己的课堂教学实践作为认识对象，进行全面、深入、冷静的思考，再以体会、感想、启示等形式进行总结。经常反思，多思则活，思活则深，思深则透，思透则新，思新则进，不断形成自我反省的意识，不断加强自我监控，不断丰富自我素养，不断提升自我发展的能力，从而由教书匠发展为教育家、研究者，并逐步完善自身的教学艺术。

第三章　高校思政教育混合式教学模式

第一节　翻转课堂教学模式

翻转课堂译为"flipped classroom"或者"inverted classroom"，意思是把课堂颠倒过来，重新调整课堂内外的时间，将学习决定权"下放"给学生，由学生根据自身实际情况选择学习时间和学习内容。教师的角色由知识的讲授者变成答疑者，课堂成为师生和生生交流、讨论、沟通的空间。在翻转课堂教学模式中，每个学生都能选择最适合自己的方式接受新知识，具有更多的自主性，把知识的学习放在课堂外。在课堂内进行知识内化，学生之间、学生和教师之间可以有更多时间进行互动交流。简而言之，翻转课堂教学模式是一种有效的教学手段，"为高校思想政治理论课注入新的活力，有力提升了高校思想政治理论课的针对性、亲和力与实效性"，为学生营造个性化学习平台，使学生的主体性、个性化发展得到保障。

一、思想政治理论课翻转课堂教学模式的优势

高校思想政治理论课是理论性很强的课程，具有强制性和抽象性。上好思想政治理论课，难就难在提高学生的积极性上。近几年，思政教育教学改革的一个焦点问题就是如何提升趣味性和亲和力。学生学习积极性不高，主要原因在于思想政治理论课一直以来采用"我讲你听"的教学模式，"我出卷你考试""你答题我打分"的考核模式，教师"一支粉笔，一本教案"，学生被动接受知识灌输。总而言之，学生学习的"自我意识"未得到激发，师生间的良性关系未有效建立。翻转课堂创新教学平台，调整课内课外时间，"颠倒"教师学生角色定位，充分张扬了学生的自主性，"在一定程度上重新定义课堂"。翻转课堂供给学生大量的自主学习时间，学生可根据兴趣和时间自由安排线上学习进度，并在学习过程中养成问题意识和探究意识，问题意识和探究意识的养成对于激发兴趣和提高效率有着至关重要的意义。翻转课堂还大幅度增加师生互动环节，发挥网络平台优势有效消除师

生面对面交流的心理不适，使交流互动更加高效，从而激发了学生的积极性。

翻转课堂教学模式实施方法是学生通过网络资源课前掌握课程知识内容，在课中进行丰富多样的协作活动深化和拓展知识，课后深化内容并开展新知识的学习，强调学生学习的主体性和主动性，这有利于满足学生的个体化差异和个性化需求。受家庭、社会、人际关系、身心发展程度等因素的制约，学生们之间存在着个体化差异，有些学生的理性思维强，对理论性知识的理解和接受度较高，更能适应传统课堂教学模式，但有部分学生知识结构、认知能力和理性思维相对较差，常常会成为"后进生"。个体化差异有时体现的很明显，忽视了这些差异必然导致教学效果低下。"翻转课堂"先学后教、以学定教，以学生为中心，强调学生个性化学习。它颠覆了传统思想政治理论课教师先教后学，以教导学的教学模式。在此教学模式下，学生的积极性不高、客观条件受限、传统"教—学"式的师生关系障碍等问题得到很大程度解决。以翻转课堂教学模式调整教学内容和教学方式，有利于实现学生个性化学习，以因材施教、有的放矢保障学生个性化需求的实现。

翻转课堂教学模式适应了当代大学生的学习习惯，为思政教育赢得了学生。当代大学生思想开放，兴趣广泛，视野开阔，对新事物充满好奇心和探索欲，是时代发展潮流的密切追随者。作为一种"灵活式、问题式、快餐式、闯关式"的学习模式，翻转课堂迎合了当代大学生的品位。"灵活式"指的是翻转课堂教学模式改变了传统教学受时间空间限制，进行单向知识传授和缺乏灵活性的弊端，实现了通过多种移动终端随时随地学习。"问题式"是指以真实问题为"材料"设计课堂活动，以"问题"牵引学生。"快餐式"是指微视频时间一般限制在十分钟左右，与当代大学生碎片化时间学习的需求契合。"闯关式"是指微课程添加游戏进阶闯关的"趣味"元素，"闯关"即可获得奖励，"闯关"即可以打开进一步学习的"百宝箱"。这种"灵活式、问题式、快餐式、闯关式"模式的设计贴近大学生的生活和趣味，迎合了大学生的学习习惯，教学效果是比较明显的。

二、思想政治理论课翻转课堂教学模式的困境

思想政治理论课翻转课堂在理论的设计上是很不错的，但真正实施起来并取得成效却是没那么容易。它需要投入大量的时间、精力、人力和物力，同时还需要做好各种条件预设和制度规范。因此，思想政治理论课翻转课堂教学模式在推行过程中难免遭遇不同程度的困境。就目前的发展情况来看，其困境主要体现在两个方面：

一方面，支撑条件尚有待于加厚。思想政治理论课翻转课堂教学模式对教师的"备课"要求很高。这里的备课不是传统意义上地写教案，而是需要前期针对相关内容做好课

程设计以及制作供学生线上学习的微视频，这一项工作的投入量将会大很多。而且微视频的剪辑、制作、审核、发布等一系列工作都需要有相应软硬件设施提供技术支持，这些设施的搭建源自学校的政策倾斜和资金支持，而且平台的维护也需要后续相当数量资金的投入。当前，思政教育受到前所未有的重视，发展形势很"热"，但一时之间观念难以扭转，"喊得好，做得少""喊得热闹，做得冷清""上头部署，下面应付"等现象依然存在，短时期内加大资金和人力投入难以办到。此外，"科研至上"仍是高校绩效考核、职位晋升的主流，高校教师对于教学的投入远远不及科研。因此，思想政治理论课真正实现"翻转"还需要摆脱困境，花上更长时间，付出更大努力。

另一方面，育人效果还需时间证明。思政教育肩负着立德树人的重要使命，关系到社会主义事业的建设者和接班人的培养问题，意义极为重大，不可轻易拿来"试水"。思想政治理论课是高校思政教育的主渠道和主阵地，其教学模式的改革创新一直以来受到国家的特别重视，在时代背景下，思想政治理论课既呼吁教学形式的创新，但又对如"翻转课堂"等类型的具有颠覆意义的教学方式保持"克制"。"创新"中有"不变"是一个根本方向，做好这一点是必须的，但是有难度的。借助网络所进行的新型"翻转课堂"教学模式，在我国目前还处于探索阶段，尚有不足的地方，其教学效果有待进一步观察和总结，小范围"试点"可行，但大面积"推广"还需要慎重对待。此外，翻转课堂实质是将学习决定权"下放"给学生，教师作用一定程度上被淡化。如何既发挥教师的主导作用，对学生进行思想启迪和价值引领，又能彰显学生的自主性，是一个难题。因此，在教学效果还不能完全确定的情况下，很多地区和高校对思想政治理论课翻转课堂教学模式的态度还是比较谨慎的。这限制了翻转课堂教学模式的进一步发展。

总的来看，由于翻转课堂对学校、教师、育人目标的达成都是考验，因此深入推进和全面推广并不顺利，少数实力雄厚的地区和高校在实践过程中取得了一定成功，但仍是小范围的，对于多数地区和高校来说，受学校自身条件和师资力量的限制，思想政治理论课通常采用大班教学，学生少则七八十，多则一百。规模之大，实现个体的互动交流难度是可想而知的，即便是小组讨论，也常常形式大于实际，纪律不易维持，效果更难保证。而且科研压力与学生互动交流和指导学习、制作教学资源等工作同时压在思政课教师们的肩头，精力不足是常有之事。要把翻转课堂教学模式更好地运用于思想政治理论课，还需要一系列物质支持和制度跟进。

三、思想政治理论课翻转课堂教学模式的实施路径

翻转课堂教学模式应用于思想政治理论课的时间并不长，尚处于探索和发展阶段。在

部分高校的实践下，翻转课堂教学模式帮助学生提高了学习主动性，利用起了碎片化时间，课堂教学效果和学生的自主学习效果明显增强。此外，学生的学习能力、资料搜集能力、问题分析能力都有一定程度提高。翻转课堂教学模式的有用性得到证明，也积累了一些可资借鉴的经验。

高校思想政治理论课要推行翻转课堂教学模式，必须从思想认识上给予重视，从多个维度进行探索。无论何种教学模式，都离不开教师作用的发挥。同样地，在翻转课堂中教师的教学风格、人格魅力和教学智慧是关键，没有教师主导作用的彰显，教学活动的顺利组织、有序推进和效果监管是很难实现的。当然，教学是一个系统性工程，在高校思想政治理论课中推行翻转课堂教学模式，单靠教师或者学生的力量是难以支撑的，需要协同合作、形成合力。在翻转课堂实施过程中，处理好多种联系、搞活多元要素、建立多维机制是十分必要且必须的。这就需要学校决策层不断淡化应试教育，大力提倡素质教育，对教学模式改革创新进行合理论证，建立弹性化的组织和管理机制。首先，围绕翻转课堂教学模式，思想政治理论课课程建设应坚持多样化原则。就课程建设主体而言，既要充分挖掘本校的师资潜力，也要礼聘相关领域专家进行指导，并参与到高质量教学视频及学习资料制作的第一线工作中，也可以引进优质线上课程丰富学生的课程选择。在开课模式方面，坚持把传统模式和创新模式结合起来，专家教授、知名学者开课是开课模式的主要选项，"老带新""大牛带青椒"的连带模式也是不错的模式，它可以为传统模式注入新鲜活力，使学生的个性化需求和多样性选择得到保障。其次，以政策倾向调动教师参与翻转课堂建设的积极性。翻转课堂建设工作量大，耗时耗力，不少教师认为这是"吃力不讨好的事情"，况且思想政治理论课教师教学任务普遍较重，科研压力也不小，时间和精力原本有限，"挤"出时间实在勉为其难。为激发、调动和鼓励教师进行翻转课堂教学模式改革，可尝试进行"有效奖励"。即绩效考核中建立鼓励政策，完善配套教学工作量计算、课程建设经费、教学质量考核和劳务报酬机制等。同时，在职称评定时也可以给予一定的政策倾斜，建立相应的关联机制。

营造一个良好的信息化教学环境对于教学模式的"整体升级"至关重要，因此学校的重视是思想政治理论课翻转课堂教学模式落地的首要前提，也是其能够持续发展，避免"雨过地皮湿"的有力保障。在实施翻转课堂教学模式过程中，环境的营造、平台的搭建、提升思政课教师开展翻转课堂教学模式的"热度"和"高度"都离不开学校这只强有力的"推手"。首先，在翻转课堂教学模式下，学生课前的自主学习需要有安全快捷的网络环境托底，学校应有针对性地加大校园网络建设，实现全覆盖。其次，学校应根据实施翻转课堂教学模式的需要，提供合适的环境和物质条件保障，为学生的课前自主学习扫清"条件障碍"。再次，学校要大力投入和支持网络学习平台建设，为师生互动交流开辟广阔通畅的"网络场地"。实施翻转课堂教学模式，学生在课前自主学习的过程中遇到需要解答的问题，可以及时在网络学习平台上寻求帮助，教师也可以通过网络教学平台掌握学生课前自学情况，在课堂上给予有针对性的指导。最后，学校应加大教师培养力度，提供系统培训机会，组织教师参加多种培训活动，帮助教师掌握现代信息技术，如学校可以聘请该领域中的专家学者到校开设讲座，也可以组织学科带头人或青年教师到兄弟院校实地学习和观摩，从而帮助思政课教师学到真本领，掌握真技巧，提高实施翻转课堂教学的能力。

"打铁还需自身硬"，教师应树立创新意识，紧跟时代发展潮流，增强本领，跳出"本领恐慌"。高校思想政治理论课实施翻转课堂教学模式，对思政课教师的专业技术素养有较高的要求，需要教师具备一定的信息素养和信息化教学设计能力。一方面教师要转变观念。课堂中心思想应由传统课堂教学模式下以教师为中心的"以教定学"向以学生为中心的"以学定教"进行转变。教师应意识到自身角色的变化，认识到高校思想政治理论课不应再是"满堂灌"的机械教学，而是学生的自主学习。在翻转课堂教学模式下，教师应扮演好自己的角色，逐步从主角向导演进行转变，在新课程改革的教学理念指导下不断提升自己各方面的能力。另一方面教师要强化本领。学生课前的学习资料不论是简短的微视频还是教学平台上学生需完成的进阶作业，都要求教师提前准备。就这一点来说，它与传统课堂教学模式下教师依靠课本和教参进行的有限备课是截然不同的。这就需要教师不断适应现代化信息技术，有效利用互联网资源，学会使用教学平台，学会筛选截取或录制出生动活泼、情感丰富的微视频，学会把视频上传至教学平台及会做一些教学平台的日常管理。制作生动活泼、深入浅出、富有吸引力的微视频是学生课前进行自主学习的必备条件；利用新媒体技术组织教学活动、提高师生交流互动效率是工作推进的重点。这些本领都需要思政课教师定下心来踏踏实实学懂活用。

科学的考核评价机制是思想政治理论课翻转课堂教学模式行稳致远的重要一招。考核评价是导向，怎样进行考核评价，以什么样的标准进行考核评价都有着重要影响。在翻转课堂教学模式下，教学考核评价模式需根据学情因人而异。当前，翻转课堂教学模式不仅关注学生对所学知识的掌握程度，且更看重学生课前课堂表现，强调对学生进行综合性评价，因此评价方式必须由传统课堂教学模式下的单一评价向多维度的科学评价转变。对学生进行多角度评价，能使学生感受到来自教师的关爱，进而形成正向激励作用。在评价方式上，把过程性评价和结果性评价结合起来，过程性评价顾名思义要贯穿于整个教学过程，在教学过程中抓住细节、抓住重点即时评价。过程性评价既可以全面掌握学生的成长过程，又可以即时了解学习实况，并由此进行教学方式、教学内容等的调整，把问题解决在"过程"中。在评价过程上，小组协作、游戏、情景表演、辩论赛、成果展示等方式都可以被穿插和灵活运用到课堂中来。结果性评价侧重对学生认知能力的评价，主要衡量学生的知识掌握程度。把过程性评价和结果性评价结合起来在理论上和实践上都是可行且理应有效的。总之，建立科学的考核评价机制的方向是正确的，它注重对学生进行全方位的评价，能够发挥翻转课堂教学模式的优势，从而提振教学实效性。

第二节 对分课堂教学模式

一、对分课堂教学模式的解读

对分课堂教学模式的概念最早是由复旦大学张学新教授提出的。张学新教授针对中国高校普遍存在的教学效率不高的问题，进行了大量的调查研究和理论分析，提出了对分课堂教学模式。张学新教授在书中从较全面的理论层次进行分析，将讨论法与讲授法进行综合运用，系统贯彻四大学习理论和三大教学理论，重新审视教学过程中的师生关系，实现了对传统教学的实质性变革。该书系统阐述了对分课堂这一教学模式概念产生的理论依据、主要特点、操作流程，以及相关教育心理学理论原理与建构主义理论分析。2020 年 1月，张学新教授在《核心素养下的新课堂》中进一步着重强调：对分课堂背靠的理论体系还应从脑科学、心理学、学习科学等新型教育理论体系角度出发进行深入研究。这一提法为对分课堂理论的发展提供了全新方向。

对分课堂教学模式的核心理念是"对分"，即把课堂分成两半，一半供教师使用，一半供学生们进行交互式学习。也就是说分配一半课堂时间给教师讲授，另一半给学生讨论，并把讲授和讨论时间错开，使学生在课后有一周时间自主安排学习，进行个性化的内化吸收。对分课堂教学模式下的课堂教学由讲授、内化和讨论三个环节构成，其中的精华是课堂讨论。课堂讨论能够帮助学生解决低层次问题，凝练高层次问题，增强学生对所学知识的理解。与讲述法的被动学习不同，对分法需要全员全程的主动参与。课堂讨论不需要高潮，平和才能持久。课堂安排了多长时间，就用多长时间，靠增加自身吸引力来使学生加倍投入这门课程的老师是失败的，因为这种方法是不可持续的，而做好讨论过程的核心即是做好作业，让学生围绕上课内容进行思考，再根据这些作业将讨论建立起来，最终形成一个良好的对分课堂。

总结起来，对分课堂是一个实现由输入到内化，再由内化到输出的整体化学习过程。教师和学生都实现了从传统课堂向新课堂的跨越。传统课堂中老师设计精美的 PPT 和不断抛出的大量的烦琐问题，其实不过是一个编辑的过程，效率很低，对于学生的学习帮助不大。在对分课堂中，教师更加准确地把握课堂内容的核心，化繁为简，实现有效输出，避免了填鸭式问题。值得一提的是，作业不再依据简单的对错进行批改打分，而是根据学生的态度和创新程度综合量分。通过这种方式，教师批改作业相对轻松，学生也可以更加自主地、更加积极地去完成学习。在对分课堂教学模式下，学生积极性的激发不再是依靠教师的奖赏、组际或组内竞争，而是产生于每个学生自我努力的全过程。在张学新教授看来，"对分课堂"是不漏水的课堂，因为它把每个洞都补住了。它在尊重学生自主性的同时，为每个学生提供了充足的准备时间和内化吸收时间，从而达到更好的学习效果。

二、高校思想政治理论课实施对分课堂教学模式的基本条件

（一）合理定位师生关系

高校思想政治理论课实施对分课堂教学模式的第一个基本条件是合理定位师生关系。高校思想政治理论课传统教学模式中教师是绝对的主导，拥有绝对的权威。学生是被动倾听者和被动接受者，居于从属地位。对分课堂教学模式中，这种主从关系是没有"市场"的，必须进行调整。但这里的"调整"区别于翻转课堂的"翻转"，它并没有也不需要过分强调教师和学生关系的"颠倒"，而是在突出教师主导的同时减弱权威的绝对性，在保持良好课堂秩序的情况下彰显学生的主体性。对分课堂中的师生关系以平等为基本诉求，以和谐师生关系的动态平衡为实现目标。这样的师生关系一定是有利于增强师生、生生互动，有利于激发学生间交流学习兴趣的。

任何一种教学模式的核心问题一定都是师生的关系问题，具体来说就是教师和学生分别扮演着什么样的角色，教师和学生实现怎样的交流互动。"权威性压制"的传统教学模式阻碍了师生交流效果的提高。对分课堂教学模式充分尊重学生的主体地位，但又不会过分淡化教师的主导地位，师生之间是一种真正意义上的教师主导、学生主体的良性关系。在这种师生良性关系中，思想政治理论课教师在整个课堂活动中充当教学环节的组织者和

知识的传授者、讨论环节的指导者和过程的倾听者、评价环节的总结者和升华者。在不同的环节，教师担任不同的角色，完成不同的任务，且根据环节的转变灵活调动。

在对分课堂的各个环节，教师的角色不断调整，学生的角色也根据具体情况相应变化。在讲授环节，学生既要接触大量信息，又要进行归纳、吸收和外化。对分课堂教学模式下的教学是没有预习的，思想政治理论课教师讲授内容框架和大纲知识，学生在此基础上进行归纳、总结、理解，明确教师传递出的内容信息，并由此构建自己的知识轮廓，为内化吸收做好铺垫。在内化吸收环节，学生通过综合教师讲授的要点、自我查阅的资料以及所受到的社会环境的影响，会对目标内容产生由内而外的自我理解，这一自我理解过程是一个动态过程，不断深入和反馈，直到独立完成对知识和问题的内化吸收。在讨论环节，学生处于主体地位，有充分自由，可将自己总结的知识以小组讨论模式与组员交流。在这个环节中，学生始终扮演着知识交流者角色。每一个独立的"交流者"通过思想碰撞，拓宽了理解更为复杂深入概念的思维路径和视野，从而对自己已有的知识建构模式进行删补。总之，在讨论环节，学生始终以独立的主体和协作的交流者身份推动课堂教学进程。

（二）有效选择教学方法

教学方法创新是教育改革的一个重大方向和重要内容，以往的教学方法创新大都是聚焦于某一种教学方法，与此相比，对分课堂教学模式具有前所未有的优势。对分课堂教学模式不是以一种单纯的教学方法组织课堂，而是以多种教学方法交替使用共同推进课堂教学进程。最典型的教学方法就是讲授法、讨论法、多媒体教学法。因此，对分课堂教学模式的改革创新，是讲授法、讨论法和多媒体教学法的综合创新，是融合了多种经过"改造"的教学方法的创新。对分课堂教学模式的一个突出优点是灵活变换教学方法，并取它之长补我之短，致力于教学方法的优势互补。实现好教学方法的高位引流，有效选择可行、可靠的教学方法，是实施对分课堂教学模式的一个基本前提。

讲授法是传统的教学方法，是自有教育以来就被采用的最经典的知识传授法。经过历史的检验和实践的证明，讲授法是行之有效的，其重要性不言而喻。无论进行教学模式上的何种变革，讲授法都不应该也不会被完全抛弃，一定程度上说，抛弃传统讲授法是危险的做法。因此，高校思想政治理论课教学首选的教学方法必然是教师的讲授法，它有着不可替代的优势，只要学生在课堂上认真听讲，就可以通过语言、声音的传递接收到系统、科学的知识，获得大量的间接经验。对分课堂教学模式从不低估讲授法的价值。值得注意的是，讲授式教学获得好效果的前提在于教师传授的内容深入系统、丰富新颖，当网络和教科书提供的知识在这些方面远远超过一般教师时，课堂讲授的吸引力就会大大降低，成为学生学习的鸡肋。这就要求教师在讲授法上下一番"转变"功夫。在坚持讲授法同时，对讲授法进行"改头换面"，闯好质量关，是决定对分课堂是否成功的必要前提。

三、对分课堂教学模式应用于高校思想政治理论课的实施方法

（一）讲授内容直击核心，使学生"听"到重点

思想政治理论课具有特殊性，理论性强、知识点多、趣味性弱，对教师的讲授艺术是一个考验。教师切忌知识内容的一股脑倾倒而出。如果讲授法在课堂教学中"一根杆子打到底"，容易产生疲倦感。因此，教师既要抓好讲授法的精髓，有所讲有所不讲，还要注重培养学生"听"的能力和习惯。学生掌握自主学习能力、培养良好"听课"习惯，对于提升学习效果有着重要作用。在思想政治理论课的讲授环节，教师要确保学生一下子就能听到重点，从而为下一个环节的展开铺好路。

对分课堂教学模式与传统教学模式一样，同样注重讲授法，但对分课堂教学模式下的讲授要求直击核心，牢抓重点，讲清思路和框架，最忌拖沓冗长。比如在讲授马克思主义基本原理概论课的导论部分时，教师只需要把此次课的逻辑思路即"什么是马克思主义""马克思主义的当代价值""马克思主义的创立和发展历程""马克思主义的鲜明特征"及"如何学习和运用马克思主义"等重难点呈现给学生。

有不少学习态度认真的大学生喜欢在课堂跟着老师讲授的节奏记笔记，"好记性不如烂笔头"，这种学习方法固然可取，但要发挥好其效果，需要师生双方的配合。学生为了尽可能多地掌握教师讲授的知识，在记笔记上花了大量精力，反而耽误了听课，在后期的复习中忘了自己所记下的内容真正的内涵是什么，导致较大的教学误差；而只顾着听课的学生很可能因为"课堂记课后忘"，学习效果总体也不佳。在这种情况下，教师的讲授会大打折扣。因此，在对分课堂教学模式下，教师一定要引导学生学会听课，把教"方法"作为讲授环节的一个重点，比如可通过案例和材料分析，给学生进行示范，教学生自我学习的方法，帮助学生掌握分析问题的思路和解决问题的方法。提高学生自主性学习的能力，切实把自主性学习落到实处。

（二）合理介入内化吸收环节，使学生"思"而有道

张学新教授对学生自主内化吸收可能存在的问题做过一个形象的比喻，教师在讲授部

分就好像有间隔地挖洞，学生挖了一段就接通了一个洞，再挖一段又接通了一个，最后比较顺利的贯穿了整个隧道。学生的内化吸收就是打洞的过程，但如果没有教师提前挖好的有间隔的洞，学生自己不一定会挖到哪里去了。这个比喻真实反映了问题所在，为教师在学生内化吸收环节的合理介入提出了现实要求。

确保学生"思"而有道，需要教师做好规划和引导。内化吸收强调的是学生的自主学习，"要求学生自主阅读教材，理解、内化和吸收教材和教师讲授的内容"。由于每次课所学习的内容通常是一章中的一半及以上内容，内容量大，而在当堂对分模式下，学生自主学习的时间只有 15 分钟，有限的时间里所能自主学习的内容是有限的。为了让学生在有限的时间里集中精力完成自主学习任务，可让学生自由选择本次课所讲授内容中的 1 个或 2 个内容进行学习。学生在自主学习的基础上做读书笔记，读书笔记的形式自定，也可按照教师的建议运用思维导图等形式对所学内容进行梳理。即便是以自定形式做读书笔记，教师也需要为学生"画道"。当然，为了给学生更多的"思"的时间，教师可以尝试隔堂对分，使讲授之后的独立学习和独立做作业在教师的统一规划下更富时间弹性。

（三）科学指导讨论环节，使学生"化"为己用

讨论环节是学生对前期所学内容内化吸收之后的反馈阶段，这一阶段在对分课堂教学模式中有着至关重要的地位。讨论环节也即是"亮考帮"，是学生们最终学会知识的"主场"。"亮闪闪"是学生找出并写出本次课所学习内容中最有收获的知识点；"考考你"是学生掌握的比较透彻的知识点并准备考考小组其他成员；"帮帮我"是学生自己无法解答的问题。"亮闪闪""考考你""帮帮我"共同构成讨论环节的系统。在这些工作中，教师不是旁观者，而是组织者和倾听者，应发挥出科学指导的作用。科学指导的重点是引导学生输出自己对知识内容内化的成果，以及引导学生将这些知识内容"化"为己用，在讨论环节有效进行沟通。讨论不是无意义的争辩，更不是"排排坐，吃果果"，而是要主题明确、切入要害，这离不开教师的科学指导。

教师可将讨论环节分解成小组讨论和全班讨论两个有先后衔接顺序的过程，小组讨论的核心是共析疑难、互相帮助，疑难问题先由小组解决，如若无法解决，再通过全班交流或教师答疑解决。这是一个发现问题和解决问题的过程。在小组讨论中，学生按照自由结合的原则，每 3~4 人组成为一组，并形成定例，轻易不作更改，每次上课时，小组成员坐到一起以便于开展讨论。在教师的部署下，小组成员先后阐述自己的"亮闪闪""考考你"和"帮帮我"，相互阐释，相互启发，相互解答问题，营造热烈的交流学习氛围。在

全班交流流程，教师首先是随机抽点提问。可随机抽取 3~4 名学生，请该学生代表本小组阐述讨论重点、已形成的有效成果和未解决的问题。不同的问题要不同对待，比如对于有代表性的问题，教师可先启发其他学生回答，如果学生们回答不了或没有令人满意的答案，教师再回答。如果其他学生回答了一部分但尚有留存空间，教师可以加以补充丰富。然后，教师组织自由提问。请想向教师和同学提问的学生自由提出问题，教师和其他学生合作解答。最后，教师做简要总结。在整个环节中，教师的指导贯穿始终、恰如其分。

总的来说，从内化吸收到讨论交流是每一个学生进行自我展示，实现内化到外化的过程，这一个过程的顺利推进对于学生来说其实是不容易的，很可能存在观点跑偏、执于一念等问题，导致讨论环节归于无效。在这个时候，教师的指导显得十分重要。当有效的讨论进行到一定程度时，大部分学生会就一些观点形成认同，教师要抓住时机做好评价性工作和经验总结工作，这一项工作完成的好，既可以给学生明确的观点判断，也能够为学生做好示范，为学生"化"知识内容能力的提升打好基础。此外，学生在这时也会进行自我总结，无论是被赞同的观点还是被质疑的观点，学生都会在"观点呈现"中通过思考自己讨论的过程来判断自己是否将内化吸收的观点和经验表达到位。由此就从根本上、系统上保障了学生对知识内容的"化"为己用。

第三节　创客教学模式

一、创客教学模式理念的解读

创客，从狭义上说是指酷爱科技创新、热衷创新实践的一群人；从广义上说，凡是有创新意识并勇于将自己的创意和想法变成现实的人都可以被称为创客。所以，从根本方向上看，创客代表着的就是创新、实践。从这个角度说，创客教育就是培养创新人才和实践人才。创客运动传入我国已有十余年，形成了中国特色的创客文化。我国的创客文化与外国的存在一定差异，主要表现在更加注重专业实践、更加强调兴趣和自我实现、更加突出协作共享。由此也造就了我国创客教育理念的本土特色。

重学生实践能力培养。创客教学模式给学生充分选择的空间和权利，使他们可以完全根据自己的兴趣做出课程选择。创客教学与学生们的升学或考试成绩无直接关系，不是为了学生的考试而存在，只是为给学生们提供一个轻松愉快的学习氛围和具有一定技术设备与活动空间可供操作的场所。它让学生们在与学习伙伴的协同下进行知识的融合、工具的选择以及作品的展示与分享。创客教学模式主张"在做中学",学生们在动手操作的过程中学会知识在实际生活中的应用。在创客教学模式下,学生完全是创造的主体、实践的主体,教师的身份更多的是一个创造的辅助者和实践的引导者。

重科技素养培育。信息技术作为创客活动的赋能者,为创客教学模式的实施和深推注入了强大活力。在信息技术的支持下,创意变成新奇实用的产品有了可能性和现实性。创客教学模式以现代科技为基石,其逻辑出发点和落脚点都在于培养学习者的创新能力、实践能力和技术素养。目前,创客教学模式的实施载体主要有创客兴趣小组、以信息技术与实践课程为基础的项目学习、多学科联合的基于体验的学习。这些载体无一例外是把"科技素养"和"实践能力"作为两个支撑,注重学生的实践、合作与分享,注重与新兴科技手段的融合。创客教学模式鼓励学生养成科技素养和运用科学技术的能力,积极参与实践学习,在实践中学会知识以及提出创造性的意见,并能够创造性运用所学知识与技能进一步改造实践,在这样一个过程中,不断提高科技素养和创造意识,成为一个真正的时代"创客"。

重协作共享能力锻炼。我国长期以来实行知识的分科学习,各学科的独立发展和知识学习的人为割裂致使学生知识迁移能力的提高受限,很多学生理论功底较好,但动手操作能力较差;自我学习的意识强,与他人讨论、交流、共享的意识弱。这一问题的存在和迁延,势必会阻滞学生创新能力和创造能力的培养。创客教学模式具有格外强调学生之间协作、交流、共享的优势,且在学习中融入新兴技术手段,对于发展学生的知识整合能力、难题处理能力和协作共享能力提供了前所未有的机会。创客教学模式着意于学生知识的融会贯通、思维的拓展、学科知识综合运用,打破了学科间的壁垒,强化了不同知识的整合。此外,通过项目式学习等方式,创客教学模式达到了增强学生协作学习能力、构建良好人际关系、生生共同发展的目标。

重创客文化社会生态建构。创客教学模式依靠网络和科学技术的极大优势,为学生们提供创新能力、发散思维、创客素养培养的空间。把技术和非技术手段实践创意有机结合起来是创客教学模式设计的理念。要把这一理念从纸上搬到现实中来,需要建构创客文化社会生态。对于教师而言,教师需要做一个创客型教师,善于动脑创新和动手创造,有先进的创客思维,重视学生的思维训练,提升创新创造能力。对于全社会而言,要致力于构建起学校、政府与企业三位一体的协同发展机制,为创新人才培养扫清障碍。创客文化社会生态的建构将为创客教学育人目标的实现奠定扎实可靠的基础。

二、创客教学模式的实施要旨

创客教学模式在我国已经得到实施，并且发展势头良好。在同济大学艺术与传播学院，大一新生一入校就有开源硬件与编程等课程，使学生们从一开始就消除对技术的畏惧感，并在有趣的学习中，了解技术将给他们日后的创作带来什么可能性。清华大学、深圳大学等高校的学生自发地建立了各种形式的"创客空间"。西南交通大学"创客空间"，建成一个为学生的兴趣爱好服务的科创中心，他们经常组织分享会、工作坊、挑战赛、创客集市等活动，并通过一些公开课开展创客技能的培养。国内比较知名的创客空间如雨后春笋，如蘑菇云创客空间、柴火空间等。

经过近十年的创客教育实践，创客教学模式基本形成了系统性思路。创客教学模式一般是学生为主，教师为辅。教师以复杂的项目研究形式为学生创设任务，所创设的任务必须具有挑战性。然后，学生通过不断的探究，创造出主题鲜明、具有创意的有形学习制品，进而在一个互动的环境中学习工程知识和技能、培养创新创造思维。

在此过程中，教师扮演着引导者的角色，学生充分发挥主观能动性和自我创新，在课堂上大胆提出自己的想法和创意。这些想法和创意要主动在课堂中进行展示、协作，在协作学习环境中学习有助于提升学习者沟通交流能力、演讲能力以及问题解决能力，每一个学生所遇到的难题都可以通过与同学的协作进行解决。

创客教育课堂教学模式一般采用情景式教学，强调"在做中学"，格外突出学生在课堂教学过程中的"做"，也就是让学生边做边学，将教学过程转化成"全面去做"的过程，而不仅仅是知识的传授和掌握。对学生进行创客教育不仅仅是为了将创新理念、创新精神输入到学生头脑中，更重要的是教会学生和保障学生把创新理念、创新精神付诸到实践中。创客教学课堂氛围良好，互动性高，活跃性强，老师能够在教学过程中及时了解学生真实情况并做出有效反馈。在创客教学课堂上，教师还可以在适当的时候把生动形象的比喻运用到教学的各个环节，使教学内容和生活实际联系起来，促进课堂教学的"实"化。

三、创客教学模式应用于高校思想政治理论课的路径

（一）主抓"基于项目学习"方式

"基于项目学习"方式具有主动性、互动性和情境性，充分彰显了创客教育理念，有利于提升高校思想政治理论课的亲和力。"基于项目学习"方式把项目确定、资料收集、

作品制作、成品展示整个过程都交给学生，学生能够根据自身的兴趣爱好展开学习。比如有的学生对中国近现代史纲要课程中"洋务运动"相关内容感兴趣，则可以在此主题下找一个切口，确定好项目，按照学习逻辑往下推进。每一个学生都有选择主题，确定项目的自主权。传统的学习方式突出学生之间的竞争关系，而"基于项目学习"方式则把学生之间的合作关系作为支点。对某个学习项目有共同兴趣的学生可以组成学习小组，小组成员之间进行分工、合作学习、讨论和协商。"基于项目学习"方式一个明显的优势是创设了具化的学习情境，学生在学习情境中能够灵活运用所学解决现实问题。

高校思想政治理论课教学采用"基于项目学习"，需要抓好流程细节和过程性管理。"基于项目学习"可分为准备阶段和实践阶段两块。就准备阶段的工作来说，第一，教师首先对本次课所讲授内容进行标注和整体展现，可以采用当堂的口头讲解或者微课视频的形式梳理课程内容、目标和要求，为学生勾勒出整体性框架，帮助学生"画好轮廓"。第二，教师围绕课程重难点或者具有争论的知识点圈定项目范围，学生结合个人兴趣在项目范围中选择具体项目。教师对项目的圈定要有质量，不能含糊了事。太简单的不可取，太难的也不适宜，它们都不能激发学生的项目参与热情。创客教育尽管可以高端，但更重要的还要接地气。创客教育强调在项目和问题引领下，学生运用多学科知识创新性地解决真实问题。创客教育有别于单纯注重能力培养的教育，它不仅重视动手做，更注重以项目为导向实现跨学科学习。简而言之，创客教育项目要可用且有效。即项目的圈定在保证学生够得着的前提下，还需要踮一踮脚尖。项目既要紧扣课程主题，还要与实际相联系，要体现出高校思想政治理论课的现实关怀。当然项目选定权也可交由学生，教师只需要根据情况加以指导，把一把方向即可。第三，项目选定后要制定相关计划，计划必然包括分解的内容、时间的安排、成员的分工。计划制定力求详细，越详细越好，越详细越便于项目的实际操作。

准备阶段的工作为实践阶段的铺开打下了基础，实践阶段是"基于项目学习"方式的核心部分，好则行，不好则废。具体来说，第一，相关计划制定完成后，便开始进行项目实施，这是最关键的一步，直接关系到"基于项目学习"方式的成败。项目实施完全是学生的"主场时刻"。这一环节的进行可在课上，也可在课下，或者最好采用"课上+课下"相结合方式。第二，经过前面一系列工作的铺垫，产品制作有了充分的基础。产品制作过程包含制作前、制作中和制作后三个环节。制作前，小组成员之间要进行研讨，得出最佳创意点，并提出成熟的产品构想和最终设计方案。在制作中，学生要积极充分利用所学知识和技能完善设计方案，在整个小组成员的协作和配合下一步步地完成制作。产品在初步成型后，学生要对产品进行检验及不断优化。比如在学习思想道德修养与法律基础课程中"爱国主义"的相关内容时，可通过制作以爱国主义人物事迹、祖国大好河山、身边的小人物大情怀为主题的微视频、海报、宣传册等文化产品，加深学生们对爱国主义基本内涵的理解、认同和践行。第三，产品制作成功后，各小组对本组的产品进行分享，其他小组进行点评、反思，教师最后进行总结和提炼，为以后的学习找准方向和方法。

（二）创设开展创客教学的有利空间

有利空间是高校思想政治理论课实施创客教学模式的重要平台，有了这样一个平台，教学实践才有了"阵地"。创客教学空间要突出三个特点，第一，共享性。教学空间是开放式的，是面向全体学生的，而不是针对几个人或者少数人的。要保证每一个学生都能以饱满的热情和极大的兴趣参与到思想政治理论课的课堂中来，确保学生中没有一个"局外人"。创客教学空间的共享性还体现在允许校际、域际联系，让各个兄弟院校共同探讨思想政治理论课相关知识，实现集智慧、共学习、同进步。第二，客观性。高校思想政治理论课创客教学空间的构建要遵照客观实际，空间的选址、规模、设施和资源配比都要依学校情况和思想政治理论课的需要而定，既要满足需求，又要恰到好处。第三，安全性。创客教学空间是师生开展教学活动的重要场域，要把安全第一记在心间，无论是设备的选择还是物品的摆放，都要考虑安全首位。

随着高校思政教育内涵的提升和创新方式的推进，线下创客教学空间越来越不能满足思想政治理论课的教学需要，建设线上线下虚实两相结合的思想政治理论课线上创客教学空间成为必然。创客课程从设计、实施到构建与分享都离不开网络资源，丰富化、立体化网络资源可以帮助学习者在开展创造活动时获得更多支撑。思想政治理论课线上创客教学空间能及时更新和筛选信息，为学生提供学习资源、拓宽学习平台，为学生的自主学习和有效探究打开一个"新世界"。在线上创客教学空间里，学生完全能够根据课程要求和自身情况进行选择性学习。教师也可以丰富案例库和试题库，为学生提供更多开放性、多学科融合的学习资源，引导学生探究、思考、创新、分享，培养学生的思想政治素养和科学素养。思想政治理论课线上创客教学空间为师生、生生的讨论交流和研究成果共享开辟了新通道，学生间的合作有了新的快捷的方式，教师的指导和总结也更为方便，弥补了线下创客教学空间资源不足问题。学生还可通过线上创客教学空间整合学习资源，线下创客教学空间实际操作，实现线上创客教学空间和线下创客教学空间优势互补从而提高思想政治理论课的教学成效。需要注意的是，创客教学空间的布局紧扣思想政治理论课的课程要求和课堂特点，合理为上，内容为王。

（三）打造高水平师资队伍

办好思政课，关键在教师。无论时代怎样发展，无论教学方式怎样创新，教师在高校思想政治理论课中的主导地位都不会改变。即便是强调师生角色的"翻转"，教师的作用从根本上说也只是发生了升华而并没有弱化或淡化。作为高校思想政治理论课教师，不应该害怕永远"失效"，更不应该庆幸可以"偷闲"。其实，越是新的教学模式在思想政治理论课中发挥作用，思想政治理论课的教师就越是经受考验，越应该增强本领。高校思想政治理论课实施创客教学模式也是如此。它所提出的第一个要求一定是针对教师队伍提出的。培养能够创新创业的学生创客，亟需既能够设计创客项目、又能指导学生进行创客活动，技术能力、创新能力、教学能力和综合素质强的创客型教师。教师要用好创客教学模式，充当好引导者、指挥者和总结者的身份，就必须焦点式提升，精准式发力。

在高校思想政治理论课中实施创客教学模式，需要教师具备创客教育理念和开展创客式教学的能力。培养具备创客理念和实践能力的思想政治理论课教师，可建立职前职后一体化培养和培训机制。职前培养主要针对高校思政教育专业的学生，他们是未来的高校思政教育的中坚力量。高校思政教育专业可针对创客教育理念，制定专项的具体的可操作的人才培养计划，在课程设置、内容选择和方式优化上重点考虑创客教育理念。职后培训的主体是学校从事思想政治理论课教学工作的教师，他们是创客教学模式的现实执行者。具体来说，有三种可行的方式，第一，制定规范化、体系化、长效化教师培训机制。学校遴选资质较好的教师参加创客教育机构的理论培训。通过学习掌握思想政治理论课融合创客教育需要的多学科知识、创客教学模式实施方法和相关注意事项。为把教师培训工作做出实效，学校应当与社会上口碑优质的创客空间达成合作，共同制定培训方案。第二，组建一支创客式教师团队。在校内招募一批对创客教育感兴趣且具有创客理念的教师，这是精准式发力的重要环节。教师团队要定期开展研讨活动，使团队中的每一个教师都能够在交流中扬长避短、补齐短板。第三，邀请创客教育专家来校讲学。创客教育专家具有很高的创造热情和专业能力，能够有效弥补教师的创客素养不足问题，启发教师的创新思维发展，树立起创客教育理念。

（四）优化基于创客教学模式的考核评价机制

评价是教学的导向，一个合理的评价机制对教学有正向促进作用。在长期的高校思政教育中，考核评价基本形成制度固化和思维定式。创客教学模式对于高校思想政治理论课教学来说是一个新生事物，传统的考核评价与这个新生事物之间必然存在扞格之处。考核评价不转一转"风向"，创客教学模式的长期长效实施将难以实现。因此，优化基于创客教学模式的考核评价机制是一项工作重点。

首先，评价的主体尽量多元。在创客教学模式下，高校思想政治理论课教学尊重学生的主体性和创造性，但学生的认知水平和实践能力毕竟有限，仍需要教师的指导。离开了教师的指导，创客教学很有可能流于形式或偏离方向。教师的最终总结、提炼和评价也是学生不断提升的重要促发源。因此，教师必然是学生学习历程、创造思路、最终作品成绩优劣的最重要评价主体。当然，只依靠教师的单主体评价模式对于学生创造创新、团结协作等能力进行综合评价显然是不够的，且极有可能因评价"不公"导致学生丧失了积极性。有鉴于此，学生作为参与评价的主体应是一个可行的尝试。因为一方面创客教学模式格外突出学生之间的协作共享，在协作中学生们之间的了解是最深的，所得评价也是更为客观的；另一方面创客教育理念强调学生综合能力发展和主体意识激发，把学生作为评价主体可彰显师生的平等地位。当然，需要指出的是，学生评价学生很有可能因彼此间关系要好而"有所照顾"，避免评价结果的"失真"就需要教师严格规范评价标准，综合各项指标。另外，还可以邀请相关专家参与对学生作品、成绩和能力的评价工作。专家的评价更有客观性，理论依据充分，更容易让各方认可。

其次，评价的范围尽量拓宽。一般的思政教育评价机制较为单一，评价的内容基本是学生的考试成绩或课堂考查的表现。对考试成绩或课堂考查的表现进行评价，并作为学生的最终"认定"一定程度上说具有概括性，但总是不全面的。创客教育理念十分强调学生的创造性、创新性、实践能力、协作能力和共享意识，对于高校思想政治理论课来说，这些重点是非常好的考核评价参考指标。因此，可尽量拓宽评价的范围，学生的"点子"、制作的产品、完成的作业、对他人的帮助、对课堂教学提出的优质的建议、对教师和学生做出的中肯评价等内容都可以放到考核评价的范围内。即便某个学生没有完成最终的作品，但他的创意和团队协作精神所获得的分数不应该低于成品，如此才能真正激发学生的创新积极性和创造能力。此外，要明确评价宗旨，落实"以评促学""以评促进"原则。评价不是为了打分，不是为了比出个优劣高低，而是为了让学生找寻自身学习中存在的问题和不足，并能够从多项评价指标中找到努力的方向和方法。

最后，评价的方式尽量多样。要达到综合考量和科学评价的目的，评价方式的多样是保障。当代青年大学生的思想理路和行为方式具有多样性、多元化、可塑性等特点，简单划一、千篇一律的评价在创客教学模式下是行不通的，不但不能反映出学生的水平，可能还会"好心办坏事"。单一的以考试为主导的评价方式只能显其一面，不能呈其全貌。因此，创客教学模式下的高校思想政治理论课的教学评价方式要因时而变，不断向更有益的方向探索，尽量采用过程性评价与总结性评价相结合的方法。具体来说，就是要拿出对学生进行形式多样的评价，不仅关注学生的卷面成绩和成品表现，还要关注学生的个性发展程度、素质提升水平和能力呈现广度。比如可通过建个人档案的形式记录学生的成长经历，抓住每一个细节和每一点进步，以此作为其中一个重要的评价标准。在评价的过程中要特别注重情感评价，认真倾听学生内心的真实想法和见解，对学生可以在适当的批评的同时多进行表扬和鼓励，并对学生给予全面的、合理的、系统化的指导。总的来说，日常作业、学均课时、随堂测验、段末考试等多种方式都应该被调动起来，形成考核评价的"方式合力"，以此激励学生不断努力学习，不断提高积极性与主动性，不断启迪智力和提升素养。

综之，创客教学模式尊重学生的主体地位，注重学生的首创精神，激发学生的创造能力，突出学生的实践活动，目的在于把学生都培养成具有创新意识、创新思维和创新能力的创新人才，这是符合当代社会发展和教育教学改革大方向的人才培养模式。把创客教学模式应用到高校思想政治理论课的教学中来，能有效盘活思想政治理论课的创新元素，对教学理念、教学内容、教学方式和教学评价等四个方面都有不错的"激活"效果。在部分地区和高校，创客教学模式已经在高校思想政治理论课教学中有所呈现，并收到了一定成效。当然，也应该看到，创客教学模式对学校的条件、教师的素质和学生的基础都有较高要求，运用不当难免就会流于形式，打好基础是关键性前提。作为高校思想政治理论课混合式教学的一个表现形式，创客教学模式的创新方向和思路是好的，但还需要巩固基础、做强支点。

第四节 微格教学模式

微格教学（Microteaching）于 20 世纪 60 年代由美国斯坦福大学创立，在 20 世纪 80 年代被引入中国，又可以被称为"微观教学""小型教学"等。微格教学是一个有控制条件的微型教学环境，使教师能够集中掌握某一特定的教学技能和教学内容。微格教学实际上是打造一个训练环境，使平素的课堂教学变得"片段式"或"环节式"。受训者用 10

分钟左右的时间对某一个内容或环节进行试讲，试讲情况由录像机记录，指导教师和受训者一起观看，共同分析优缺点。然后再次训练，直至掌握正确的教学技能。微格教学能使练习者获得大量反馈意见。

微格教学模式是用来训练师范生（准教师）教学技能，提升师范生未来教学能力储备的现代化教育手段。其操作方法和核心理念具有鲜明的实践性、个性化和系统性特点，与高校思想政治理论课教学改革中教师素养提升的诉求总体一致，因此完全可以在高校思想政治理论课教学中进行尝试，用以促进教师发展。在微格教学模式下，理论与实践紧密结合，学习重难点突出，互动交流得以加强。微格教学模式非常能够考验学习者对知识的把控能力和掌握水平，能提升学习者的学、讲、评、协作等多种能力，对提高高校思想政治理论课教师的教学技能和综合素质以及教学实效性具有重要价值，有利于培育思想政治理论课课程精品，有利于做优高校思政教育供给侧结构性改革。

一、微格教学模式的优点

微格教学利用现代教育技术为学习者提供了一个专门的教师教学技能训练和综合素养提升的平台。微格教学模式把教师的课堂教学技能按照环节进行科学细分、逐项训练，有助于学习者通过不断回看、交流、反思和优化快速掌握教学技能，短时期内提升整体水平。微格教学模式与其他各种教学过程不同，它以模拟课堂训练为主要方式，允许多次回看录制的教学录像，为不断试错和多次反思打磨创造了可能性。相比较而言，微格教学是一种有控制的实践系统，可以将复杂的教学过程分解成容易掌握的单一技能，也可以更容易掌握各技能的特点和构成要素，在提升教师技能方面有着明显的优点。

微格教学模式的优点主要体现在精细、全面和灵活上。具体来说，第一，微格教学是针对某一确定的教学技能，把复杂的教学过程条分缕析，划分为可描述、可观察、可培训的模块，并平等看待每一个模块，不偏不废，通过研究、分析和训练做细每一项技能提升工作。在训练过程中学习者可以根据自身情况，侧重训练某一具体的教学技能，矫正自身存在的每一个教学问题，把细节放大，反复练习，在教学技能提质上下一番精细功夫。第二，微格教学利用录播系统，把整个训练过程录制成视频，所以除了接受同事、同行或领导的评价外，学习者可以通过反复观看视频实现自我评价。当然，还可以把录制的视频上传到微格教学平台上，听取更多评价主体对其教学过程的中肯评价。通过把评价工作做全面，可以帮助学习者发现自己所未发现的问题，解决自己所解决不好的问题，不断改进，全面进步。第三，微格教学模式不仅有示范、观察环节，还有实践和反馈环节，在不同环节学习者担任不同的角色。在示范、观察环节，学习者是学生角色，对示范录像进行研究学习；在实践环节，小组中一个学习者担任教师角色，其他成员充当"学生"角色；在评价阶段，学习者转变为评价者角色，既他评又自评。这种多角色的灵活互换，可以帮助学习者从不同角度观察教学过程，从不同方面反思教学中存在的需要改进的地方。

二、微格教学模式应用于高校思想政治理论课教师培训的路径

切实发挥高校思想政治理论课立德树人主渠道作用，增强育人智慧、完善育人手段、优化育人资源供给。新时代，社会深度变迁，对人的思维、行为和心理状态发生着深层次影响，大学生是社会群体中最敏感的群体之一，极易随社会变迁而发生改变。当代大学生的学习"需求"多样化、复杂化、动态化，高校思想政治理论课如果"供给"不足，就必然出现"供不应求"问题。要制造充足的"供给"，就必须优化育人资源；要优化育人资源，就必须首先从教师综合素养的提升着手。近几年，高校思想政治理论课教师如何更新观念，如何增强本领成为教育改革的重要环节。微格教学模式恰可以为这一问题的解决提供一个思路。

一方面，就整个流程来说，可以参照北京林业大学的思想政治理论课"微格法"教学探索其成功经验。"微格法"教学改革实行"三步走"战略，即照镜子、互相评、重回归。第一步是"照镜子"。每一位思政课教师进行课堂全程录像，课后教师回看自己在视频里的上课状态。第二步是"互相评"。学院以教研室为单位组织互评研讨，广泛听取专家和同行意见，通过在课堂板书、讲课姿势、授课内容、案例选取等方面提供建议，为每名教师"量身定做"一套改进方案。第三步是"重回归"。每一位思政课教师根据改进方案备课、录课，并对改进后的微格视频择优上传。教师以"改进"后的风貌重新组织今后的课堂教学。

另一方面，就评价反馈来说，在评价内容上，可从教学技能的综合运用与分项训练两个方面确立综合性评价和分项技能评价两者结合的指标体系。在评价方式上，改进评价环节，从"试讲者自评、同伴评议"的典型模式转为"试讲者自评、同伴评议、专家点评、试讲者回应"的新模式。尤其要发挥思政教学专家点评的作用，让专家在微课教学小组长协助下主持和实施教学评价工作。专家可在学习小组组长、联络员等协助下通过微格教学总控室的观察，全面监督、掌控微格教学的各个环节，恰当地介入各组活动，进行必要的现场调节和指导。也可采用巡回指导的方式与微格教学中各位教师展开合作互动，即在一次微格教学时段中，专家先在一个微格教室中倾听、点评并指导完成一到两个思政课教师

的讲课，然后依次进入第二间、第三间微格教室重复同样的工作，这种评价方式及时、灵活、更具操作性。微格教学中的每一个教师在听完同伴互评、专家点评后的反馈回应是整个评价环节的重要部分。在这个环节，每一个教师在听了别人的评价和建议后，做出具有反思性和总结性的回应，从而为更加全面地自我评价奠定基础。通过系列评价，微格教学中的每一个教师能够有效整合知识、技能、方法、情感、态度等多种"资源"，由此改进了不足、补齐了短板、增长了本领。

综之，微格教学模式迎合了高校思想政治理论课教学改革的方向和要求，从提高教师综合素养上为思政教育供给侧改革助力。通过少数高校思想政治理论课教师微格教学实践的成果，可知微格教学模式是落地有效的。当然，因很多高校还并未把微格教学作为教师培训的重要方式，其有效性、广度和深度的验证还需要一些时间。此外，也应该看到，微格教学有效性的影响因素还有许多，如课堂技能训练的气氛、教学方法与教学设计、师生之间的互动与交流、教师的教学经验与智慧以及班级学生学习风气。因此，微格教学模式的开展需要多方考虑，结合实际，有的放矢。

第五节　PBL 教学模式

PBL（problem-based learning）教学法是以问题为基础的学习模式，强调学生通过合作进行学习，展开一段时期的探究，致力于用创新的方法或方案解决问题，进而形成解决问题的能力。与传统的以教师为中心的教学模式不同，PBL 教学模式是以学生为主体的教学方法，是以学生为小组讨论的形式，在辅导教师的参与和引导下，围绕某一复杂的、多场景的、基于实际问题的专题进行问题的提出、讨论和学习的过程，其核心是以问题为中心，以学生讨论为主体，教师是引导者。发挥出"问题"对学生学习的方向指引和思路指导作用。培养学生的创意思维、批判思维、创新能力和自主学习能力。

一、PBL 教学模式的特点

以学生为中心。在 PBL 教学模式下，学生是问题的解决者，是学习的主体。学生对于知识的获得主要不是从教师，更多是依靠自己与合作，通过自己查询资料、相互讨论和研究及自我反思。学生对教师的依赖性减小，学习主动性和积极性大大增强。PBL 强调的是学生带着"问题"去学习，问题式学习法不仅让学习过程更有趣味性、更引人入胜，而且更能提高学生对学习材料的理解分析能力。问题的解决靠"单打独斗"是较难办到的，还要加强与他人的积极合作，在此过程中，使社会性得以体现和发展。教师与学生站在平等的位置上，扮演的是知识建构的促进者角色，而不再是传统的知识库角色，师生之间建立了一种以信任、尊重、倾听、鼓励为表现的新的关系。在学习过程中，教师不再进行知识的直接传授，而是跳出"讲课"这个小圈子，起着一个"宏观调控"的作用。教师可以在学生的学习过程中进行启发、提问，帮助学生在问题的研究和讨论中进行沟通、评价、整合知识。也就是说，教师和学生都进行了"变身"。

问题源于真实情境。在 PBL 教学模式中，问题非常接近真实情景或者说直接取材于现实世界，所以它能够将所学知识与现实社会联系起来，克服了传统教育模式中课程脱离社会实际的弊端，保证了在将来的工作和学习中学生能够将所学知识有效迁移到实际问题的解决中。PBL 教学模式体现着明显的各学科知识的交叉性。学科知识的综合性是 PBL 教学模式的一个典型特征。在 PBL 教学模式中，尽管问题是以某一学科或某一知识点为中心而设计的，但在解决问题的过程中，需要运用多学科的综合知识进行分析理解，这就是 PBL 教学模式的"跨学科"性。与问题有关的知识呈横向、交叉状态，学生无法单纯依靠某一门学科知识解决问题，必须学会调动多学科知识。因此，PBL 教学模式能锻炼学生利用多种学科知识来解决问题的技能，打破传统教学模式中的知识面狭窄、人为割裂知识的弊端。

强调合作性。拥有独立学习的能力与加强和他人之间的合作，从根本上说是毫不冲突的，不但不冲突，反而更能提高个体的学习效率和问题解决能力。PBL 教学模式强调学生间的分工与合作、团队协作精神，这是有异于传统教学模式的一个创新性优势。PBL 教学模式中确定的问题通常都有"含量"，单靠一个人是无法完成的，需要小组内成员的共同努力，不同背景、不同学习水平的学生更能够看到同一个问题的不同面，可以提出不同的解决方法。PBL 教学模式一个重要核心是思维的碰撞，在碰撞中相互学习，大家共同分析问题、实现思维碰撞、相互鼓励沟通、共同承担责任，形成一个密切合作的学习共同体。这种组内合作的学习模式不仅能够保障学习任务完成的高效率，还能提高学生的理解、沟通与合作学习的能力。

重视对解决实际问题能力的培养。PBL 教学模式的学习内容并不是书本上现存的知识，而是现实生活中的一些实际问题。学生在获得一个问题之后，要收集资料、分析研究，并利用已习得的知识和技能形成最终解决方案。它摆脱了单纯知识性学习的困境，更注意发展学生的理论联系实际、在做中学的品质。与传统的教学模式相比，PBL 教学模式为学生创造了更宽松的学习环境，学生在一系列学习环节中都需要亲自来解决各种问题。简而言之，PBL 教学模式下，学生学习只动动嘴是不行的，还要动动手；只背背知识点是不行的，还要能解决现实问题。

二、PBL 教学模式的优势

PBL 教学法使学生的学习具有探索性、主动性。传统的灌输式教学一般是老师讲，学生听，这种方式是以教师为中心，以知识为本位，学生处于被动的地位，学生的学习只能跟随老师的思路，真的只是为学知识而学习，不能充分发挥学生的探索性和主动性；而 PBL 教学法让学生积极思考，锻炼其分析问题和解决问题的能力，使其由学会到会学，培养了学生研究性学习能力。它是以学生为中心，以问题为基础，学生通过讨论、查资料等多种方式获得解决问题的方法和答案，这就使得学生的学习由被动变为主动探索，由盲目变为有目的的探寻问题的答案和实质。

PBL 教学法使学生学习具有问题性和参与性。PBL 教学法要求学生以"问题"为学习的出发点和逻辑起点，"问题"是活水源头，是下锅的"米"，是材料库。在发现问题、探究问题、解决问题的过程中，学生获得了知识、掌握了方法、锻炼了思维。PBL 教学法很明显是以学生为中心的教学法，它把学生当作鲜活的有着求知欲望和探索能力的主体，鼓励学生参与到探索中来，激发学生解决问题的意识，培养学生解决问题的能力，能最大限度发挥学生的能动性和创造性，进而有利于学生真正理解和掌握知识及多方面能力的培养。PBL 教学法认为学习是在教师引导下学生发现的过程，因此它能使学生在"发现"过程中激发学习兴趣，培养思考和解决问题的能力。

概括起来，所谓以问题为基础的学习其实就是指把问题作为学习的起点，学习活动围绕问题而展开，通过问题的解决过程，不仅能够让学生掌握相关知识，更重要的是能够锻炼学生的自主学习、解决问题和发展思维的能力。PBL 强调的问题是复杂的、真实的、有意义的。问题必须涵盖课程的教学目标，并能与学生所学知识、各种概念和原理有机联系起来，让学生能够根据自己已有的知识去习得、掌握新的基本概念和科学知识。问题本身具有复杂性，现成信息不足以解决，也不是稍加推理就能达成目的，而是需要学生自己去分析问题、查询资料、收集信息，从而进行思考探究，去发现问题的关键所在。同时，问题要与实际生活相关，让学生感觉所解决的问题就是身边的问题。这更能激发学生深入思考、探索知识的动力。

三、PBL教学模式应用于高校思想政治理论课的实施步骤

PBL教学模式的实施分为准备阶段和开展阶段。准备阶段主要是做好教学模式培训、学生分组和"问题"设置三个工作；开展阶段一般以课堂教学和课下自学相结合的方式进行，为达到解决问题、获取知识的目的，开展阶段会多次反复。高校思想政治理论课的每一门课程中都有很多可以研究的"问题"，这些"问题"具有探索性和研究价值。"问题"的解决需要在准备阶段"磨好刀"，在开展阶段反复磋磨。具体来说：

（一）准备阶段

首先，要进行PBL教学模式实施的系统性培训。在教师培训方面，学校应有培训计划，可"引进来"和"走出去"两相结合，拨出资金和场地，支持思想政治理论课教师到其他相关方面表现出色的院校进行培训，或者引进PBL教学方面的专家对本校教师培训。确保每一位思想政治理论课教师通过培训能熟练掌握PBL教学模式的操作方法，编写合格的PBL教学案例，调整自己在课堂教学中的角色，实现思政教育教学理念上的重点转变。在学生培训方面，着重使学生了解PBL教学模式的核心理念，了解自己在PBL教学模式中的主体性地位，了解采用PBL教学模式的优势，从而实现学习观念上的转变；通过给学生介绍PBL教学模式的操作流程和评估方法，为PBL教学模式的顺利实施打下坚实基础；通过有效培训，增长学生发现问题和解决问题的知识，实现学生对PBL教学模式的心理调适，使学生更好地接受PBL教学模式。

其次，做好学生分组工作。分组学习是PBL教学模式的一个重要特征，分好组看起来容易，实则达到最优搭配并不容易，对于一向采用大班制教学模式的思想政治理论课来说更是如此。思想政治理论课教师在分组时需要考虑小组规模、学生搭配、组内结构等几个问题。小组以5人左右一组为宜，人数太少，讨论难以深入；人数太多，人人参与得不到保障，反而会影响课堂节奏。学生搭配上应考虑性别、性格、区域、成绩等因素，尽量实现结构平衡，体现知识和能力的互补互助。有些教师在开展PBL教学时采用自由组合的方式，实施效果也不错。具体到底选择哪种分组方式能够实现要素最优，还需要进一步研究。此外，要把小组活动做实做透，不可流于形式或互相推诿，因此每个小组必须配备一个组长和记录员，组长负责引导和组织组内讨论，总结已取得的成果，确定学习计划，记录员记下讨论过程。小组学习对分工合作要求很高，需要每个小组成员面对共同问题，发挥各自的作用，贡献自身的优势力量，实现个人发展和团队发展的同步进行。

最后，确定情境和问题。PBL 教学模式中的情境是学习活动的起点，学生从情境中发现问题，并在解决问题的过程中不断获取知识和能力。情境的确定要来源于现实或接近现实，不可"虚拟现实"，更不要"高大上"，力求"接地气"。确定情境要坚持一个根本原则，即既要在整体上，又要在细节上利于学生学习知识、提升能力。情境中的问题的确定尤其需要下一番功夫，要有实践性、复杂性、挑战性和多层次性，是"必须真实的、面向完整任务的问题"，伸手就能够到的问题不能要，踮起脚尖跳一跳还是不能够到的问题也要不得，确定的问题要能全面刺激学生，引导学生主动探究。

（二）开展阶段

PBL 教学模式的开展阶段考验耐心和反思能力。一个情境下问题的解决可能需要以课堂和课下相结合的方式进行数轮往复，这里的往复形式上类似，实际上是循序渐进、螺旋上升，在深度上不断递进。

第一次课堂教学活动。工作的第一步是发放案例资料。案例资料要有针对性和精准度，紧紧围绕教学大纲进行编制，需要学生解决的问题要能够被巧妙地设计在案例资料的表述中。每个小组都须有一份以上的案例资料的书面形式。拿到案例资料后，各小组组长负责检查是否有不熟悉的概念和术语，报请思想政治理论课教师进行解答释疑。在确定无字面上的疑难后，开始解读案例和确定问题。各小组通过各种方法，找出需要解决的一组问题。紧接着，在问题的基础上提出假设，假设内容应宽泛，问题产生的原因、后果和对策都尽可能被包括在假设之中。然后，分析问题，找出一组问题间的联系，并确定需要增补的案例资料。最后，制定学习计划，分配学习任务，确定课下学习和工作的内容、步骤和时间期限。

第一次课下自主学习。课后，每个学生依据所分配的任务，展开独立自主的学习。学习方式可根据个人兴趣、能力和知识结构多样选择。比如可通过查阅书籍、上网等各种方式收集资料，也可以请教相关专家获得信息，总结归纳，论证假设。目前，高校思政教育相关的资料平台非常丰富，不少平台不仅美观，而且内容优质，很具有学习价值。思想政治理论课教师可提前向学生进行"批量介绍"，供学生选择。自主学习对学生的资料搜集能力、信息筛选能力、自我组织能力和自控力都是挑战，也是很好的发展机会。有些学生的学习动机和能力很强，通过课下的自主学习能"锦上添花"，部分学生自控力较差，拖延问题较严重，就需要同小组的组长或优秀的组员进行监督，可通过每天定位工作轨迹、日常工作量打卡等方式进行约束。

第二次课堂教学活动。有了第一次课堂教学活动和课下自主学习的基础，第二次课堂教学活动的开展更加有声有色。在这个阶段，每个学生将自己在课下自主学习中所获得的新知识和新信息向小组成员报告。每一个成员都汇报完以后，小组讨论是否完成了上节课确定的学习目标。经过讨论达成一致意见后，教师分发该案例新的资料。各小组对比上节课确定需要增补的案例资料，总结上节课讨论的经验和初步结论，通过对几种资料的拼、组、整、合后，挖掘新信息，发现新问题，提出新假设。然后把第一次课堂教学活动的流程重新过一遍。根据教学大纲和细致化的教学内容，确定往复次数，直至学习目标的完成。

最后一次课堂教学活动。这一阶段包含三个任务：报告学习效果、反思和评价。首先，各小组选派代表进行报告，报告的形式可以采取学术演讲等多种形式，报告的内容要精炼、精准，应该包含学习研究的成果（尤其是闪光点）、遇到的不易解决的难题、今后的发展方向。其次，进入反思阶段。反思的内容应该包括自己学到了哪些知识，哪些知识还没有掌握，为什么会有所遗漏，在小组中每个人做出了什么贡献，等等。最后是评价阶段。学生自评和他评相结合。思想政治理论课教师此时要发挥引导者和总结者的作用，一方面对学生的表现进行评价，评价以鼓励为主，平等对待过程和结果表现；另一方面对本单元知识重点作框架性总结，并从基础知识、自学能力、行为表现、资源准备等方面进行总结。启发学生的思考，为下一个教学内容的 PBL 教学积累经验。

综之，PBL 教学模式强调以学生的自主学习和团队协作为主要形式，格外重视通过"问题"引导学生展开探究，培养学生解决现实问题的意识和能力。PBL 教学模式对学生自主学习和团队协作的方式没有严格规定，但大体上仍要求线上线下的协同。PBL 教学模式是高校思想政治理论课混合式教学改革不错的选择项，它所要求、重视和培养的学生的自主能力、协作意识、问题意识和解决问题的能力也正与高校思政教育的诉求保持一致。把 PBL 教学模式的核心理念和实践方式糅合到高校思想政治理论课教学中必将是大有补益的。当然，也应该看到，PBL 教学模式对学生的问题探究要求很高，需要学生花费大量的时间去完成任务，对于学生而言难免负担加重。此外，高校思想政治理论课的很多内容仍需要以"灌输"为主，并不需要学生通过探究得到结论。因此，在高校思想政治理论课中把 PBL 教学模式用出实效，还应全体思想政治理论课教师细细研究、好好琢磨、稳健推行。

第四章　全媒体在高校思政教育中的创新应用

第一节　智能手机媒体在高校思政教育中的创新应用

一、智能手机媒体与思政教育载体的概念厘清

(一) 智能手机媒体及其信息传播特点

1. 全媒体与智能手机媒体的含义

"全媒体"并非新兴词汇，最早可以追溯到 20 世纪 80 年代。事实上"全媒体"是一个相对的概念，在不同时期"全媒体"的内涵是不同的。学术界对全媒体相关概念的界定尚未达成共识。目前，较为主流的定义是：全媒体是依托数字技术、网络技术，以互联网、卫星、无线通信网等为渠道，以手机、电脑、数字电视机等为终端，向大众提供信息和多种服务的传播介质和形态。就其外延而言，全媒体主要包括光纤电缆通信网、都市型双向传播有线电视网、图文电视、电子计算机通信网、互联网、手机和多媒体信息互动平台、多媒体技术以及利用数字技术播放的广播网等。全媒体集虚拟性、开放性、交互性、超时空性和族群化等多种特点于一身，在虚拟的全媒体环境中，避免了"把关中心"的内容审核，省去了烦琐的审核程序，每个个体既是接收者又是传播者。这种特征下，出现了越来越多的草根明星。全媒体双向互动的特点，很好地满足了受众获取信息、表达意见、成为焦点的需求，真正实现了"零屏障"和"零时间"。个人与个人之间、个人与群组之间、群组与群组之间都能通过不同的交流方式和媒体途径取得联系，相互交流。

智能手机媒体不仅通过传统的手机短信、手机报等文字形式来传递信息，以语音为时代标志的微信、实时对话（互动式语音应答）已然成为一种新的信息潮流。智能手机媒体以其深受大众喜爱的、形式多样的附加值业务，毫无争议地成为最佳个人移动多媒体，承

载着整个世界的信息。

2. 智能手机媒体的传播特点

为满足信息传播的需求，智能手机媒体将网络化、社区化、工具化、全球化、互动化和个人化六个基本要求融于一体，同时还具有完全的个人隐私性、携带的便利性和强大的多媒体功能。其具体传播特点如下：

第一，传播范围广。随着信息技术的不断发展，手机网络成为潮流的宠儿以及高速通信的象征。智能手机是当代大学生的不二选择，其与全球传播网的互动，将促使人类的信息传播系统发挥越来越重要的作用，并为教育信息的广泛传播创造良好的发展环境。

第二，传播互动性强。互动性包括两层含义：一是指信息发布者与受众之间的信息互动交流，二是指信息受众在交流过程中有把控权。报纸、广播、电视、电影等传统传播方式往往是单向的，电话、面谈能很好地实现双向互动。手机媒体信息传播的双向互动优势更加明显：受众可以通过手机邮件客户端、手机短信、手机微博和各种 App 应用等多种方式实现交流互动；同时，手机媒体便携性和私密性的特点，让受众敢于在网络中展现真实的自我，并充分利用碎片化时间实现信息的共享和交流。这种互动性使过去一以贯之的单方面的灌输式教育方式，被教育主客体之间的有效互动所取代，从而营造出更为融洽和谐的教育氛围。

第三，传播内容丰富。5G 环境下的手机媒体，拥有得天独厚的互联网环境。伴随着移动通信技术的发展升级，带宽数据越来越多，信息存储量越来越大，类型复杂多元，手机就像一台微型计算机，能够有效实现手机媒体与电脑的信息共享，用户能够更快更好地获取信息。同时，手机媒体能够通过文字、图片、音频和视频等丰富多样的传播方式，将呆板的教育信息以生动形象的形式表达出来。而且随着"三网融合"技术的不断推进，实现了手机网络、互联网络和广播电视网络"三位一体"，网络上传输的数据更加丰富，"三网融合"的受益者无疑是广大手机用户群体。

第四，传播个性化特点突出。大众传播媒介打破了传统教育传播方式。同质化的教育内容通过大众媒介可以高效、快速、无差别地传播给受众。全媒体的出现，加剧了信息的分众性，催生了信息的个性化。分众的对象已经不再是模糊的某类群体，而是具体的具有某些相同特点的某一类人。在教育实践活动中，受众特点各异，需求千差万别，同质化的教育内容不再能满足受教育者对信息多元化的需求。对于手机媒体而言，一部手机对应一个号码，一个号码对应一个用户，个众传播、个性化信息服务订制的效用十分明显。个性化、个体化的信息传播特点在此基础上也愈加突显，催发了受众对象从大众到分众的转变，最后只针对受教育者个人。每一位手机用户可以根据自身需求和特点订制不同的教育服务内容，信息传播的增值效用不仅越来越强，服务的个性化特点也越来越明显。

(二) 思政教育载体及其类型

1. 高校思政教育载体的含义

20世纪90年代初，载体一词开始出现于思政教育领域，思政教育载体这一概念既要符合一般载体的含义，又必须包含思政教育领域的特殊要求。经综合分析，思政教育载体是指能够承载、传导思政教育因素，能为思政教育主体所运用且主客体可以借此形式相互作用的一种思政教育活动形式。

在科学技术日新月异、国内外环境日渐复杂的环境下，大学生的思想多元性、道德麻木性、素质弱化性都必须引起教育者的重视。教育者必须密切关注学生发展，要结合时代发展新背景，在传统思政教育的基础上，与时俱进、迎难而上，不断丰富载体形式。教育对象的特定性是高校思政教育的鲜明特点。活动的顺利开展，必须依靠一定的载体。基于上述思政教育载体概念可以得出，高校思政教育载体指的是高校思政教育工作者（主体）在向思政教育受教育者（客体）施以思政教育的过程中，承载和传递思政教育内容和信息，能为思政教育主体所运用，且主客体可以借其相互作用的一种思政教育活动形式。

2. 高校思政教育载体的本质特征

特征是一事物区别于其他事物的显著标志，从不同理论角度定义，高校思政教育载体会呈现不同的表征。本文从其内涵着手，归纳出高校思政教育载体有如下特性：第一，活动性。活动性决定了高校思政教育载体的特殊性。载体的设置及其作用的发挥，依赖于教育者和受教育者的直接参与，离开了受教育者的参与，载体就失去了存在的价值。第二，承载性。承载性是指思政教育载体承载着信息，如教育目标、教育内容、教育原则和教育任务等。抽象的思想观点、政治观念和道德规范不会被人们主动地接受、内化，也就是说人们不会主动地接受那些抽象的思想观点，并将其内化为自己的思想，外化为自己的行为。因此，如果没有有效的思政教育载体来承载、分解这些抽象的教育内容，是很难达到教育目标和教育要求的；也唯有通过有效载体分解、催生出具体化、形象化、生动化的内容，这些抽象的信息才能对客体产生影响，各种信息之间才会实现互动交流。第三，传导性。高校开展思政教育的目的是将社会所要求的思想观点、政治观念和道德规范传导给学生，要求学生内化为自我意识，并以此指导自己的行为。传导性的实现是以承载性为基础的。第四，关联性。思政教育载体的缺位，会导致教育主客体之间无法有效联系。当教育客体需要教育主体的引导、帮助时，会因为缺乏有效的载体而无所适从。缺乏有效的沟通交流，信息就不能很好地传递，那么思政教育载体的传导性也就无用武之地了。第五，互动性。在思政教育主客体相互作用的过程中，主体需要借用一定的载体作用于客体，客体也需要通过一定的载体作用于主体，正是因为二者之间有了载体这个实践活动形式，主体和客体才能真正形成一种双向互动关系。也就是说，只有在主客体相互关联的基础上，互动性才能成为可能。第六，可操作性。如何有效地运用思政教育载体，教育主体依然是关键。虽然移动互联网的发展和大学生自主意识的提高，使得学生主观能动性越来越强，但这并不意味着教育主体主导地位的丧失。

3. 高校思政教育载体的主要类型

思政教育工作是做人的工作，高校思政教育工作是做学生的工作。学生思想品德和道德素质的高低受到社会、媒体、家庭、学校和同辈群体等多方面的影响和制约。面对不同的影响环境，有针对性地选择思政教育工作载体，能够达到良好的教育效果。从本文的研究指向出发，本文将高校思政教育载体的类型主要划分为以下五种：

一是课程教学载体。高等学校思政理论课承担着对学生进行系统的马克思主义理论教育的任务，是对学生进行思政教育的主渠道。当前高校思政课教学要充分按照体现当代马克思主义最新成果的要求，全面加强学科建设、课程建设、教材建设和教师队伍建设，增强思政课教育的时代感、针对性和实效性。

二是活动载体。利用形式多样的活动，把思政教育内容渗透到轻松愉快的活动中，能够让广大师生在参与活动的过程中自觉接受纯洁思想和高尚情操的熏陶。活动载体具有如下特征：其一，活动载体具有不确定的对象性。高校利用各种形式开展校园活动，面向的是全体在校学生，但是活动最终效果会如何是无法全部预见的，也不能确定会有多少学生参与活动。其二，活动载体具有明确的目的性。承载思政教育内容的活动，不论以怎样的形式开展，也不论活动何时开展和在哪里开展，可以明确的一点是这些活动都是围绕党在各个时期的中心工作，以学习文件精神和反映社会现实为主题，以全面提高学生的道德素养为根本目的的。活动载体的目标越明确，其针对性就越强。其三，活动载体具有广泛的群众性。大学校园里最不缺少的就是一呼百应的热血青年，开展的活动能否有效地吸引学生参与，是活动成功的前提条件。校园活动吸引的学生越多，实效性就越强，离思政教育工作想要达到的目的就越近。其四，活动载体具有实践性。校园活动有很强的实践性，学生能够直接参与其中，而学生参与活动后，思想上是否有了量的积累和质的飞跃，也同样需要实践来检验。

三是文化载体。以文化为载体有利于增强思政教育的吸引力，一切的人都是文化里的人，一切的物都是文化的产物，校园文化无处不在。高校思政教育并非上级领导或上级文件的传声筒，究其根本，高校思政教育是一门具有高度理论性及思想深度的学科。增强思政教育的吸引力和渗透力是教育工作者的当务之急，而良好的校园文化为思政教育开辟了一条绿色通道。文化具有渗透力强、影响力广、生动形象的特点。校园文化继承了文化的优良传统，且更具有亲和力和可接受性，实际上，大学生对校园文化的接受和认同，就是接受良好文化熏陶的过程。

四是管理载体。管理是一种硬约束，每个人的学习生活都离不开管理的制约，在学校生活中管理更是必不可少的。教学过程中运用管理载体，必须要把握好度的问题，不能期望把思想教育的全部内容都寓于管理活动中，这样做既不现实，其后果也不堪设想。不论思政教育活动针对的对象是谁，其终极目标始终都是思想的内化，而管理活动恰恰是帮助人们将思想品德内化的一种外在手段。这种外在手段往往不乐于被接受，但是人们在潜移默化中会自觉地接受这种规范、制度、纪律的约束，并完成理性的反思，进而将反思内化为一种习惯。学生们经常会对学校的各种规章制度持抵触情绪，这些表现首先会直接反映在管理活动的过程中。以管理为载体，能够及时地发现问题，快速地对症下药，实事求是地分析可能存在的问题。学生思想品德的形成是一种他律的过程，管理活动这种通过相关的规章制度来制约、规范和协调学生行为的方式，有助于学生良好行为习惯的养成。

五是大众传播载体。大众传播载体是一个常说常新的话题，在不同时期有不同的表现形式，众多媒介"过气"之后虽不再是主流传播媒介，影响力有所削减，但是其影响依然存在。随着历史的进步和科学技术的飞跃发展，大众传播媒介从传统的纸质媒体一跃成为"指尖"媒体：只要轻轻触碰手机或电脑屏幕便可获得一手信息。继报纸杂志、广播、电视、互联网之后，移动网络——"第五媒体"的出现，让思政教育的大众传播载体更加丰富。

总之，高校思政教育的主阵地依然是课堂。在充分发挥各种大众媒介优势的同时，也要注重管理载体、文化载体、活动载体的建设。必须坚守思政教育的主课堂，将思政教育资源多渠道地整合起来；注重传统与新型载体的融合，形成内容上的互补，方式上的强强联合，时效上的彼此互动，让不同载体发挥不同的思政教育作用；根据不同媒体的特点，不同载体的特征，构建交叉立体、广覆盖的传播网络，确保信息的完整度和全面性，保证受教育者获得及时、全面、准确的信息，以增强与提高思政教育的权威性与实效性。

（三）高校思政教育智能手机载体的内涵界定

智能手机媒体是承载、传递高校思政教育内容和信息的有效载体，是大众媒介载体中传播速度最快、蕴含信息最丰富、互动性最强的新媒介。高校思政教育智能手机载体的指向性十分明确，本文对其含义的界定是：在高等教育领域内，针对在校大学生的认知特点和心理变化，依托新兴智能手机媒体，承载、传递思政教育的内容和信息，用正向、丰富、积极的手机媒体信息引导大学生的思想观点、政治观念，在此过程中，教育者和受教育者能够实现双向互动，并且能为教育者所操作的一种思政教育活动形式。手机媒体具备了成为思政教育载体的必备条件。其内涵的具体说明如下：

第一，能够承载和传导思政教育信息。纵观媒体发展史，手机比任何一种媒体都更具备兼容性、整合性和互动性，比任何一种媒体都更能拉近人与人之间的距离，比任何一种媒体都更能提升用户的自主性。手机媒体除了具备新兴媒体的互动性、及时性特点外，还兼具便携性、多媒体性和覆盖范围广等特点。手机媒体作为一种媒介载体，必然承载着丰富的信息内容。思政教育载体具有工具性和中介性，但是最重要的一点是，思政教育载体具有很强的目的性，具体表现在，思政教育载体的设置与应用就是为提高思政教育工作的效果而服务的。

第二，能够为思政教育主体所操作。手机的普及，突破了网络思政教育对复杂的电脑设备的操作局限，降低了对工作人员的技术要求。虽然手机媒体的功能日新月异，但其中一些基础的软件都能够被教育主体很好地运用。事实上，现在很多学校教师都注册了校内网、微博，活络一些的学生会主动关注教师。这样，教师发表的言论、对时事的见解、转载的文章都会对学生起到潜移默化的影响，不仅无形中实现了思政教育主体的愿望和目的，同时又能将健康向上的信息传递给教育客体。

第三，是联系主客体的一种物质形式，主客体可以借此形式发生相互作用。手机媒体的特点之一就是交互性，交互性可以促进彼此沟通，拉近人与人之间的距离。从此种意义上说，手机媒体是天然的联系主客体的一种物质形式，主客体之间地位的平等，话语沟通的随意性都能够较好地实现彼此之间的互动。将手机媒体作为高校思政教育载体并不是在信息时代赶时髦，而是因为智能手机媒体确实具备了成为思政教育载体的基本要素。

二、智能手机媒体作为思政教育载体的必要性及可行性

(一) 智能手机媒体对大学生的影响

1. 智能手机媒体对大学生的积极影响

第一，智能手机媒体扩展了大学生思想进步的空间。各种即时交互的交流软件备受学生青睐，使用比例也比较高。显然，在信息横流的时代，智能手机媒体对学生的相互交流起到了纽带作用。大学生通过手机网络搜索自己关注的内容，如当前热点问题、思政理论课案例等，同时这些浏览数据可以同步存储。相对于传统的书籍、电视、广播等媒体，手机媒体使学生获取资讯的速度、效率及质量大幅提高，这些改变不仅有助于学生视野的扩宽、意见的互相交流，也有助于培养学生的爱国主义情怀和忧国忧民的意识，引导其树立正确的价值观。

第二，智能手机媒体扩宽了大学生自主发展的平台。手机游戏、手机应用、手机视频的盛行，在为运营商带来经济利益，为学生带来欢乐的同时，也激发了部分学生的创新思维。开发一些小型的手机单机游戏，拍摄一些搞笑视频，改编一些网络流行歌曲等，都对学生创新思维能力的提高有很大的帮助。海量的信息传播和不同文化观念的交流碰撞让大学生的生存空间"愈大又愈小"，使他们在期望获得更多人理解和认可的同时，也更加努力地展示自我，凸显自己的个性。以智能手机媒体为平台，拓展交往范围，为自我发展提供了便利，智能手机媒体让受众的自主创新性得到空前增强，使美化生活、推崇个性成为共识。

第三，智能手机媒体丰富了大学生的校园文化生活。手机的娱乐影音功能作为手机媒体功能的一个重要分支，极大地丰富了手机媒体的内涵，深受大学生的欢迎。宽范围、广覆盖的手机媒体信息，让大学生对于获取一手信息司空见惯；对热点事件的点评、转发、收藏让大学生不再是被动的信息接收者；不断接触新鲜事物，更加扩宽了大学生的视野。智能手机媒体为大学生提供了独立思考的时间和空间，有助于提升他们的思想境界和精神素养。另外，随着"一站到底""汉字英雄""成语英雄"等益智类综合节目的火热播出，同款手机 App 软件也全面上线，受众可以随时登陆这些节目的官方微博，和节目组进行互动。这些益智类手机模拟游戏，在丰富大学生课余生活的同时，对提高大学生的文化素养，增长其国学文化知识，增强其民族自豪感也起到了很好的作用。

2. 智能手机媒体对大学生的消极影响

第一，智能手机媒体导致部分大学生产生认知偏差。手机媒体传播的信息中掺杂了各种别有意图的服务信息以及诈骗信息和谣言。这些信息快速传播，多层次交叉传递，在不同程度上影响着大学生的思想和行为。网络语境中的"去中心化"，客观上消解了主流意识观念的影响力，而大学生缺乏明确的价值指引，容易滋生对主流文化的反叛态度，转而陷入迷惑性较强的舆论氛围中。网络"公知"们的口舌之战，使网络信息更加扑朔迷离，容易导致部分大学生产生认知偏差。手机媒体是大学生获取信息的主渠道，如果打开网页搜索到的头条新闻总是真假难辨，或总是负面的、虚假的信息，那么对大学生正确价值观的形成将造成很大的负面影响。另外，同辈群体之间的影响往往更具渗透力和广泛性，如身边同学用某一款智能手机，容易刺激起周围同学的嫉妒心和购买欲。同时，电视节目中大量植入的软广告，也会刺激学生产生不正常的消费心理。

第二，智能手机媒体导致部分大学生形成情感脱节。大学生在享受手机上网带来的便捷与愉悦的同时，由于过分依赖手机媒体，也容易成为手机的"奴隶"和手机网络的"受害者"。大学生对新鲜事物的接受程度往往较快，紧跟时尚潮流，但是问题也随之而来。热衷于手机上网的青年学生，对手机过分依赖，哪怕一小会儿不碰手机，都会觉得无所适从、心烦气躁，甚至对现实生活失去了兴趣。智能手机的过度使用，容易让大学生沉溺于手机虚拟的世界中无法自拔，就如患上了网瘾一般，忽视了现实中的人际交往和真实的情感需要。课上课下"机不离身"，花费大量时间玩手机，导致学习成绩下降，生物钟颠倒，现实人际关系淡化，情感冷漠、萎缩。一切注意力都聚集在小小的手机媒体上，关注手机另一端的"陌生人"，却忽视了周围的朋友。

第三，智能手机媒体导致部分大学生出现行为失范。大学时期是青少年的"第二心理断乳期"，他们承受着各方面的压力，情绪起伏波动很大。除了学业压力之外，还受到工作压力、人际交往压力、情感压力等多方面的困扰。手机媒体其可携带性、互动交流性、娱乐性等独特的优势恰好迎合了大学生的心理需求，自然而然成为他们逃避现实、排遣寂寞、纾解压力的"小贴士"。大学生的校园生活和社会实践活动多姿多彩，因为社团活动、学生会活动、课外兼职甚至是辅导员的手机召唤等诸多原因，离开课堂的学生不在少数。

（二）智能手机媒体作为思政教育载体的必要性

1. 党和国家关于运用全媒体开展思政教育的要求

推动媒体融合发展、建设全媒体成为我们面临的一项紧迫课题。推动媒体融合发展，是要做大做强主流舆论，巩固全党全国人民团结奋斗的共同思想基础，为实现"两个一百年"奋斗目标、实现中华民族伟大复兴的中国梦提供强大精神力量和舆论支持。要加快推动媒体融合发展，使主流媒体具有强大传播力、引导力、影响力、公信力，形成网上网下同心圆，让正能量更强劲、主旋律更高昂。

2. 思政教育载体与时俱进的体现与要求

一方面，手机媒体已经成为大学生必不可少的生活用品。互联网的出现真正对于社会发生影响作用的是其带来的人与人之间的信息传播与互动方式的变革。互联网是推动智能手机发展的技术支撑，学生获取资讯的主要方式已经由纸媒过渡到手机媒体，手机媒体已然成为信息集散地和民意聚集地，不仅对学生的价值观念、知识储备、技能训练、性格培养和人际互动有着不可忽视的影响，同时也对高校思政教育的发展有着不可估量的作用。

另一方面，思政教育载体在实践中不断更新发展。随着时代的发展、科技的进步，思政教育载体的形式更加丰富多样，可利用的大众媒介也越来越多。可以说，高校思政教育载体的创新是信息时代的应有之义，是与时俱进的体现和要求。思政教育的内容在充实，形式在丰富，环境在变化，如果死守僵硬固化的老路，思政教育信息将得不到顺利传播，思政教育理念的内化将失去生存的土壤，思政教育的效果将事倍功半。高校思政教育的发展必须利用好智能手机媒体，方能有效引导舆论氛围。只有随着时代的发展、技术的进步走在手机媒体发展的前列，不断更新高校思政教育的手段，才能有效利用智能手机媒体为思政教育工作服务。

(三) 智能手机媒体作为思政教育载体的可行性

1. 智能手机媒体的功能为拓展思政教育阵地提供了技术平台

智能手机媒体承载量大、移动性强、传播速度快、覆盖面广、互动性突出的优势，扩宽了高校思政教育的教学阵地。高校思政教育工作既可以借助手机媒体丰富的信息源，又可以借助传统媒介和传统教育手段来开展思政教育活动，从而可以大范围地、快速地、主动地向大学生传播正向的思想观念、政治观点和价值理念。如对相关理论政策的解读，可以在第一时间让学生知晓；学生在学习哲学经典、马克思主义经典著作及相关理论时，如果遇到难题和困难，可以随时随地利用智能手机媒体上网查询相关资料，并和老师、同学互动交流。智能手机媒体这种得天独厚的优势为高校思政教育内容和手段的不断创新创造了条件。智能手机媒体的发展，催生了各种应用程序，中国知网、维普网等知名学术网站都有自己的手机 App 程序。利用手机媒体新技术，随时了解学科前沿理论，掌握第一手热点资讯，有利于提高思政教育工作的效率。

2. 智能手机媒体的特点为增强思政教育的针对性奠定了基础

传统思政教育的对象通常是群体，很难针对学生的个体情况开展思政教育。究其原因一是学生个人信息状况有隐蔽性和私密性，难以悉数掌握；二是没有足够的人力物力，难以深入介入学生生活实际。以往思政教育工作者在实际工作中经常会出现为了某个学生、某件事情"跑断了腿，磨破了嘴"的现象。现如今手机信息传播是"点对点""点对面"的传播方式，教育工作者发送信息的对象是固定的学生群体，对信息发送的内容、结果和效果都可以很好地进行预判，这在很大程度上提高了思政教育的实效性。智能手机媒体让信息的及时送达、反馈成为可能。随着高速网络的普及，智能手机媒体的广泛运用，及时交互的手机通信软件、网络空间和微博等都可以成为思想教育工作者及时捕获学生思想动态的工具，教师一旦发现不良苗头，便可以果断出击，及早做好学生思政教育工作，确保学生群体思想积极向上、情绪乐观稳定，让思政教育工作更具有针对性。手机媒体的个性传播方式，避免了教育过程中千篇一律的信息传播模式。世界上每一个个体都是独立的个体，每一个学生都是独一无二的学生。重共性、轻个性的教育方式与新时期广大青年的发展趋势相逆，也不利于创新型人才的培养。为此，教育工作者应顺应形势，利用智能手机媒介功能为不同的学生个体量体打造不同的教育方案，为学生个性化的发展创造条件。

3. 教育对象的接受习惯使他们对智能手机媒体有着天然的亲近感

移动通信网络环境下的手机媒体已经当之无愧地成为第五媒体，无论是网络还是手机都对青少年有着一种难以名状的吸引力。

首先，浅阅读模式符合新时期大学生的需求。正是由于公众对信息的渴求和关注，智能手机媒体才拥有了更大的舞台。手机媒体的个性化特征，App软件的个性化运用，都让充满好奇心、对信息有强烈渴求愿望的大学生向而往之。生活的压力、繁忙的工作、焦虑的心情和复杂的人际关系导致人们很难有多余的精力接触视线以外的信息，而智能手机媒体的发展，多种新闻应用工具的成熟商用，改变了传统的阅读方式。新型的碎片化的阅读模式让人们随时随地可以了解时事新闻、娱乐八卦和生活趣闻。

其次，自我参与意识滋润了手机媒体在学生中发展的土壤。随着社会的发展，人们的自主意识、独立意识和参与精神都得到了空前的增强。人们更加重视个人价值，话语权增加，人人都想成为公众焦点，这一点恰好迎合了当代大学生敢于表现、善于表达的个性。手机网络的普及更是为广大青年提供了个性发展的广阔空间，手机媒体存储的海量信息和可以及时获取信息的特点，不但扩大了大学生的视野，更重要的是正在改变着大学生获取信息的方式，同时使得解决问题的方式也更快捷、更简单。

再次，智能手机媒体体积小、隐秘性强，这是它受到学生欢迎的重要原因之一。手机媒体的便携性，改变了过去面对面式的谈话方式，让话题涵盖的范围更广，内容更丰富。大学生生活在一个集约化程度、受关注程度相对较高和网络高度发达的社会，小错误会被无限放大，这给大学生带来了很大的不安全感。而手机媒体始终不遗余力地保护着用户的隐私。很多隐私保护类 App 应运而生，如隐私管理大师、隐私卫士、隐私空间、隐私锁屏和隐私日记等，尽管这些应用程序还存在一些问题，但是不可否认的是这些软件的开发与运用确实在很大程度上改善了人们私人空间被侵犯的现状。手机媒体已经改变了大学生的生活，网络购物、网络交友、网络娱乐、网络学习都可以通过小小的手机来实现。方便快捷的一站式服务，使智能手机媒体吸引的对象不再局限于商务人士、大学生，越来越多的普通人，都真真切切地体会到了智能手机媒体给人们生活带来的便利。

三、以智能手机媒体为载体加强高校思政教育的对策

（一）依托智能手机媒体构建高校思政教育平台

首先，运用智能手机媒体进行"一对一"思政教育。思政教育工作者可积极运用手机收发信息的隐秘性、便捷性等特征，基于手机微信实施"一对一"思政教育和心理指导。利用手机微信这种不需要面对面、立即做出反应的沟通方式，通过亲切的语言、精练的内容来展开师生交流，这种摆脱有限空间的非面对面沟通方式，可以充分缓解学生的紧张情绪，更好地减轻他们的心理负担，也更有利于拉近师生间的距离，以及促进两者间的和谐交流。此外，利用手机微信来强化信息的搜集与反馈，能够让思政教育融入学生日常学习生活当中，有利于教师全方位地照顾学生，并掌握学生的思想动态，了解他们的真实情况，从而提高思政教育的针对性及实效性。

其次，依托微信公众平台扩大思政教育的覆盖范围。随着思政教育的积极创新，单方面的信息发布已经无法满足当代大学生的学习需求，原有的网站及博客等方式的信息传送无法保证每位学生都会查看。对此，高校可利用微信公众号，将相关信息及时推送给每位学生，提高学生的阅读量，让他们更乐于接受思政教育。与此同时，高校可以利用公众号发布一些广大学生较为关注的信息内容，包括学生课程安排、专业考试等方面的信息，还可以指定专门人员针对学生提出的问题及时进行回复，在沟通交流过程中进一步提升高校思政教育水平及质量。

（二）利用智能手机媒体推动他律与自律机制的结合

由于大学生社会经验较少，心智发育尚未成熟，他们对好多事物的判断力及识别能力还存在明显不足，难以对复杂多样的媒体信息进行理性的审视和客观的接纳。再加上社会、院校对智能手机媒体缺少严格的监控与管理，这在一定程度上导致了当代大学生在筛选智能手机媒体信息时会出现错误的选择，进而产生道德行为上的不良现象。针对这样的情况，推动他律体制与自律体制的相互融合，不失为有效提高广大学生认知分辨能力的重要途径。从他律体制角度来看，应加强对运营商、手机网站等方面的监控，仔细审查智能手机媒体中各个层面的内容，从源头上加强对手机媒体的管理；规范并完善手机媒体的管理机制，倡导积极向上的意识与行为，抵制消极、偏激的观念及做法；主动开发手机媒体安全性能方面的先进技术，创建信息防火墙，优化智能手机媒体环境，通过技术来解决智能手机媒体不良信息的控制问题。从思政教育工作者的角度来说，要加强智能手机媒体道德的建设力度，将我国社会主义核心价值观作为引领智能手机媒体发展的主旋律，促使大学生个人道德素养的提升，帮助他们树立正确的社会荣辱观，主动抵制负面信息及不良风气。从自律体制层面上看，教师要引导广大学生高度重视并加强学习，使其学会定期自我总结与反省，检查个人思想行为是否违背法律和道德的基本要求；要规定学生时刻注意自己的言行，小心谨慎，努力提高个人修养。

（三）发挥智能手机媒体在校园文化建设中的作用

在高校校园文化建设过程中，应始终坚持先进文化的前进方向，宣传主旋律，大力推广展现主流价值形态的当代媒体文化，以良好的人文环境来构建积极向上的校园文化环境。思政教育工作者可以将智能手机媒体文化中健康、正能量的内容以当代大学生喜欢的方式，生动形象地呈现在他们面前。这样才能让思政教育内容变得更加丰富有趣，才能在无形中让广大学生的思想及精神得到升华。此外，也要积极组织丰富多彩的校园文化活动，努力拓展校园文化建设的途径及空间，引导与鼓励大学生参与手机媒体文化相关活动，将主流意识和道德标准融入大学生思想体系中，让智能手机媒体文化与校园文化有机结合、相互影响、相互促进，打造培育当代大学生高尚情操、优秀品格的大课堂。

第二节　主题网站在高校思政教育中的创新应用

一、主题网站与高校思政教育的概念厘清

(一) 网络的界定

对网络的界定，有一个不断认识、发展和深化的过程。在《现代汉语词典》中，"网"字有以下几种含义：第一，用绳线等结成的捕鱼捉鸟的器具；第二，像网的东西；第三，像网一样的组织或系统；第四，用网捕捉；第五，像网似的笼罩着。《现代汉语词典》中对网络是这样界定的：在电的系统中，由若干元件组成的用来使电信号按一定要求传输的电路或这种电路中的部分，叫作网络。网络的种类有很多，具有不同的形式和功能。

(二) 网络的特点及其对当前思政教育的影响

计算机网络作为一种新型的信息载体，具有传播速度快、信息容量大、覆盖范围广、可进行多媒体传播、高开放性和全球交互性等特点，这些特点超越了传统思政教育工作媒体的优势，对当前的思政教育工作具有以下影响：

第一，网络信息传播的快捷性和即时性，为加强和改进高校思政教育工作提供了可能性，增强了高校思政教育工作及时性和强力渗透性的优势。高校思政教育工作贵在及时，要求信息的收集、传递和使用要快。只有做到"快"，才能将工作做到前头，取得思政教育工作的主动权。计算机网络被喻为信息的"高速公路"，它的应用与快速发展为快速、便捷地掌握高校思政教育工作领域的信息提供了可能。由于信息传递方便、快捷，即使万里之外，也可以"当面"讨论问题、交流思想、传递信息，克服了自然条件和地理环境所造成的障碍，缩短了时空距离，大大提高了高校思政教育工作中信息资源的利用率和工作效率。

第二，网络信息内容的广泛性和跨时空性，为加强和改进高校思政教育工作提供了广阔的教育空间，增强了思政教育工作的辐射力、说服力和感染力。一项有效的教育，一堂成功的思政课，总是需要大量的信息。现今高校思政教育工作普遍存在的问题是信息容量

小，视野不够开阔，内容不够丰富，很难引起学生思想的共鸣，因而缺乏教育的说服力和有效性，使得教育效果大打折扣。而网络信息的传播内容是非常丰富的，它涉及政治、经济、文化、科技、教育和卫生等各大领域，覆盖面很广，从而丰富了高校思政教育工作资源，开阔了学生视野，扩展了高校思政领域，为切实加强和做好学生思政教育工作提供了新的开放性环境和广阔的空间。

第三，网络信息形式的灵活性和互动性，为加强和改进高校思政教育工作提供了新的方式和手段，增强了高校思政教育工作的趣味性、针对性和实效性。高校传统的思政教育工作方式，基本上是一块黑板、一支粉笔，外加教师的一张嘴。面对日益现代化的信息传播手段和伴随着信息时代一道成长起来的学生，这样的思政教育工作方式很难有吸引力和感染力。网络信息的传播形式已不仅是文字，还包括声音、图片、动画甚至是图文音像并茂的影视画面，这种多媒体技术为思政教育工作的手段、方式、条件和效果等带来了全新的变化和拓展，它可以同时触发学生的多种感官，使之犹如身临其境，这大大改变了沿袭多年的高校思政教育工作的方式和手段，收到了极佳的思政教育工作效果。在网上，每个学生都有很大的自由空间，自主接收信息的意识也越来越强。因此，充分利用好网络技术，能彻底改变高校思政教育工作手段滞后的现象，其过程中所蕴含的对思政教育工作知识的感知、对思政教育工作情感的体验等都是传统思政教育工作手段所无法比拟的。

第四，网络信息使用的自由性和可选择性，能够凸显以学生为主体的思政教育工作模式，彻底改变传统、封闭的育人方式。在高校思政教育工作中，将网络思政工作与高等学校面对面的教育方式有机结合起来，能改变学生以往在教育中的从属地位，使之摆脱时间和空间的限制。学生可利用课余时间，通过有效的媒体，自主地选择教师和教育内容，并在自己与教师及其他学生之间建立起多向互动的学习网络。另外，网络思政教育工作有机互动性强，可以突出学生在教育中的主体地位，有助于调动学生的主观能动性，加强其人际沟通能力，从而充分体现大学生在思政教育工作中"自我教育""自我帮助"的本质特征。

第五，网络信息的资源共享的特点，扩大了高校思政教育工作的范围。网上的信息为全人类所共有，每一个人都可以获得、拥有。同时，网上信息共享还有另一层含义，即每个人也应尽自己的可能向别人提供信息。网络的资源共享性使高校思政教育工作在网络中占有了市场，并可以通过网络对大学生进行思政教育，这在一定程度上克服了传统思政教育工作影响面较小的缺点。

（三）思政教育进网络的必要性

互联网作为一种新兴信息传媒工具，越来越成为当代大学生获取知识和各种信息的重要渠道。面临新形势、新情况，努力创新思政教育工作是十分必要的。

1. 思政教育进网络是加强高校思政教育工作的需要

互联网在我国发展迅速。我国所有高等院校基本上都已经建立了自己的局域网，大学生们在图书馆、教学楼、实验室，甚至在宿舍里都能够上网学习、交际和娱乐。网络在当代大学生的学习和生活中发挥着越来越重要的作用，它不仅是大学生们获取知识和信息的一个重要来源和渠道，也日益成为他们自由表达思想和进行感情交流的主要场所，对大学生的学习、生活乃至思想观念产生了广泛而深刻的影响。高校思政教育工作者应该清醒地认识到，一方面，网络技术的发展和普及，拓展了高校思政教育工作的渠道和手段，为加强和改进高校思政教育工作带来了新的机遇。通过网络，可以快捷、准确地了解师生的思想状况和他们关心的热点问题，并促进彼此间的沟通、交流；可以及时获取大量有价值的信息，丰富思政教育的资源，开阔学生的视野；利用网络开放性、交互性、及时性等特点，可以开展形式多样、生动活泼的思政教育活动。另一方面，网络技术的发展和普及也带来了一些新的问题。例如，网上鱼龙混杂的信息，增加了人们特别是青年学生辨别信息真伪的难度；一些人在网上发表的不负责任的言论易引发人们产生某些思想混乱；敌对分子利用网络进行煽动，可能影响高校和社会的政治稳定等。

2. 思政教育进网络是用先进文化占领新的思想阵地的迫切要求

网络已经成为一个重要的思想阵地，随着互联网覆盖面越来越广，受众越来越多，网络这一思想阵地的影响也会越来越大。网络的受众主要集中在知识层次较高、思维较活跃、年纪较轻的人群中，因而大学生被认为是目前最有影响力的受众人群。做好这部分人的思政教育，不仅关系到他们的思想道德素质的提高，而且对提升其他人群的思想道德素质也会产生重要影响。因此，高校领导和教育工作者应该把握好这一时代特征，高度重视和充分利用网络这一新的信息传播手段，抓紧构建网络这一新的思政教育阵地，以更好地教育、引导青年去开拓自身发展的新空间。

二、高校思政教育主题网站的建设

（一）高校思政教育主题网站提高了思政教育工作的社会化程度

传统的大学生思政教育往往限于课堂说教和校园文化的陶冶。网络的出现，破除了横亘在学校和社会之间的围墙，同时把偌大的世界变为了极易"涉足"的地球村。学生不再被囿于象牙塔内，他们可以在广阔的网络天地里驰骋纵横，充分领略种种思想观点、文化思潮、学术流派，乃至风土人情。这使得思政教育的社会化程度大大提高，从而有助于拓展思政教育工作的新思路，消除学校教育和社会实际脱节的弊端，进一步夯实思政教育的效果。

（二）高校思政教育主题网站打破了思政教育的时空限制

网络的发展打破了思政教育的时空界限，进一步增强了思政教育的影响力。传统的思政教育一般是集中在同一时间、地点，进行同一内容的教育，具体表现在以"两课"教学为主渠道，以课堂讲授、政治学习、师生谈心等形式来进行，由于受时间、空间的影响，其覆盖面有限。而网络的发展则打破了这一时空限制，学生可以在网上自由地与老师、家长、同学交流思想问题，及时了解社会上各种资讯。这就有利于把大学生思政教育与学校、社会、家庭融为一体，通过网络，把社会的要求、学校的期冀、家长的希望传递给学生，使原先相对狭小的思政教育空间变成全社会性的、开放的思政教育空间，使原先滞后于学生思想发展的思政教育内容变得更具有前瞻性、时空性，从而使思政教育的空间扩展到整个网络，网络空间即是思政教育的空间。

（三）高校思政教育主题网站使受教育者变被动为主动

通过网络可以掌握学生更加真实的思想动态，使思政教育工作更具有针对性。通过网络进行思政教育，由学习者自己操作客户终端浏览教育者提供的学习资源，实质上是变被动学习为主动学习，变"说教"为自主探索求证。学习内容由过去的单层次的资源变成多层次的大量文章，图文并茂的各种资料使各层次的受教育者在同一时间里都有适合自己的内容可选择；另外，在丰富的学习资料中，再穿插大量生动的娱乐内容，制造鲜明清晰的视觉印象，可以使受教育者在十分放松的心情下，自由地、松弛有度地选择浏览对象，在主动搜索新的视觉内容的过程中，潜移默化地接受教育者的观点。同时，对一些普遍关注的校园和社会热点问题，大学生会在网上发表自己的观点和意见，进行交流及讨论，这些都是学生真实思想的流露。思政教育工作者可以把网络作为了解学生思想动态的重要渠道，也可以把它作为师生交流思想的重要渠道。通过对网络上各种信息的收集、整理和分析，找出对策，既可以不失时机地、有针对性地做好教育引导工作，也可以直接与学生进行网上聊天、对话，有针对性地组织主题讨论，引导学生思考和探索，使思政教育工作向深入、细致、高效的方向发展。例如，中南大学为了加大校园网络建设和思政教育工作力度，先后投入近4000万元，建成跨越长沙市三个校区的千兆高速光纤互联校园网入网主机近万台，注册网络用户15000余个，将所有的计算机教学机房、多功能教室和绝大部分学生宿舍都联入了校园网；在此基础上，学校根据"修好路、造好车、供好货"的工作思路，积极构建网上思政教育工作体系，不断增强网上思政教育工作的吸引力，发挥网络教育形式多样、形象直观的优势，实施网上教学，用科学的理论教育学生；学校还组织有关专家编辑制作了一系列多媒体网络课件，推动思政课教学内容进网络。

（四）高校思政教育主题网站充实了思政教育的资源和内容

互联网是交互性的多媒体网络载体，它将分散在全世界的信息和资源汇集在一起，使之成为容量大、速度快的数据传输系统。网络媒体的及时性、交互性、高容量性等特征，为思政教育带来了极其丰富的教育资源。丰富的信息资源为人们的工作和学习提供了巨大的便利，开阔了人们的眼界。网络技术超越了时间和空间，将许多历史的、抽象的内容生动形象地呈现在学生的面前，使学生产生更为深刻的情绪体验。网络也可以把党的方针政策、改革开放的重大成就等内容，以学生喜闻乐见的形式阐释、展现出来，在轻松愉悦的氛围下提高学生的政治思想水平和道德境界。因此，网络传播的多媒体特性可以使思政教育发挥更大的作用和产生更大的效果。

三、加强高校思政教育主题网站建设的对策

（一）转变思想观念

网络的发展有利于大学生解放思想、更新观念、提高素质；网络的发展拓宽了人们的视野，使人们可以更好地了解世界；网络的发展为人们自觉学习新知识，培养科学的思维方式，提高自身素质提供了更大的空间；同时，网络的发展为加强对外宣传，树立良好的国际形象，增强民族自信心与自豪感，提供了更好的舞台。如今，思政教育不再是居高临下的训导，而是平等的研究与探讨；思政教育不再是教师和学生工作者的专职，而是必须树立学校全员育人的思想，树立学校管理者的一举一动都对学生具有更大的时机教育功能的意识；思政教育不再是背诵几条原理进行宣传，而是依事说理、敢于直面不同意见和反对意见，在现实中显示思政教育的威力；思政教育不再是按部就班地运作，而是要培养反应迅速、能打硬仗的学者和战士；思政教育工作者不再是依赖教材、照本宣科的"教书

匠"，而是意识观念领域的大师，关心青少年成长的指导者。

因此，新形势下，要促使传统思政教育工作中的说服型教育模式，向务实型教育模式转变，要正视网络条件下思政教育管理面临的机遇和挑战，消除对网络的不信任感和距离感，要充分认识网络技术的发展和普及给思政教育管理工作带来的各种影响，不断更新观念，这样才能保持与时俱进的精神风貌，才能赋予思政教育鲜活的时代特征；要利用好网络信息量大、功能突出、生动而富有感染力的优势，坚持趋利避害的原则，不断进行网络教育内容和方式的创新，在网上创造一种轻松自由、民主平等、相互尊重、相互学习的环境，使思政教育真正收到实效；要坚持输导结合，网络条件下思政教育管理工作是长期和艰巨的，由于网络的开放性，在网络面前思政教育工作者不再具有信息上的优势和权威，因此重要的是要善于引导，在尊重和维护学生主体地位的前提下，引导学生正确地分析和利用信息，引导学生以积极的姿态开展网上讨论，正确进行思考和判断。

（二）加强队伍建设

21 世纪采用网络教育已是大势所趋，网络教育在未来的教育中必将占据主导地位。要运用网络开展思政教育，最重要的条件是要有一大批能够利用网络教育信息，并熟练地运用计算机网络的思政教育工作者。没有这样一批人才，网络思政教育就无从谈起。

首先，网络环境中的教师角色需要重新定位。随着全球范围内计算机、通信和网络成为一个整体，从某种意义上来说，不同层次的教育工作者将成为受教育者和教育资源之间的联系人，成为不同于传统教师的新型教育工作者。在网络教育中新型思政教育工作者必须能够承担以下三种角色：①信息咨询员。这一角色要求对互联网上的各种教育信息进行观察、整理，以帮助受教育者区分各种信息的先进与落后、新颖与陈旧、正确与谬误，同时教会他们如何筛选有用的信息。②信息分析员。网络时代的思政教育工作者应能够为受教育者提供具有较高使用价值、较高技术含量的信息。在网络空间里，信息提供者为了达到自己的目的，往往会发布一些无用的，或用以混淆他人视听等的信息，这就需要教育工作者不停地向网上投放注意力，及时向受教育者澄清信息。③系统管理员。网络时代的新型教育者在具备上述两项素质的同时，还应当能够对网络自动化系统的各个环节，如系统的规划、设计、安装、调试、运行、维护和受教育者培训等环节进行管理，在本系统与外部信息网络之间起到衔接和协调作用，确保信息公路的畅通无阻，同时必须对大量的应用软件具有很强的操作能力。

其次，要对思政教育者进行计算机网络基本知识和技能的普及性培训。在计算机网络日益普及的情况下，思政教育工作者必须更新观念，强化自身网络素质修养。这不仅是开展网上思政教育的需要，也是做好网下思政教育的需要。因为现今网络已经深入社会生活的各个层面，影响着人们的思想观念、思维方式、工作方式、生活方式乃至人们的语言习惯，一个全然不懂计算机网络的教育者，在与教育对象特别是青少年教育对象进行交流和沟通时就会出现掣肘现象，从而影响工作成效。因此，有关部门应对思政教育工作者进行计算机网络知识普及性培训，以增强思政教育的有效性：一是要帮助思政教育工作者了解和掌握网络的体系构架和工作原理，包括网络的基本技术参数和术语、网络的基本类型及特点、网络的基本体系结构及网络的工作原理等，只有对这些技术和知识有了基本的了解和掌握，教育者才能深入"网民世界"，对其思想状况有切实的把握，从而有针对性地开展网上思政教育；二是要帮助教育者熟悉和掌握常用网络软件工具和有关技术，包括电子邮件的收发工具、网络浏览工具、网络下载工具、搜索引擎及网页制作技术、网络信息视觉效果技术、服务器网站建设技术等，只有较为熟练地掌握这些工具和技术，才能自如地开展网上思政教育，促进思政教育网络化的发展。

再次，要重点培养一批能够熟练运用和管理思政教育网络的师资人才。要建设和运用好思政教育网站，除了普遍对广大思政教育工作者进行网络知识培训外，还要重点培养一批既具有较高的思政素质和思政教育理论素养，又具有较高的计算机网络技术水平的思政教育工作者，使其成为网络思政教育的骨干。为此，要加大人力、物力、财力的投入，在上述思政教育网络知识普及性培训的基础上，挑选出一批骨干，通过送往高校计算机专业进行学习，或参加专门培训班等形式，对他们进行更为专业化的网络知识教育，使他们具备自主运用网络工具制作思政教育网页、建设思政教育网站的能力以及开发运用思政教育网络软件的能力。有了这样一批思政教育"网络专家"，思政教育与计算机网络的有机结合才有可能实现，"红色网站"的建设才有了最基本的保障，网络思政教育就能顺利进行。网络能改变人，作为网络的主体——人，也可以改变网络。思政教育工作者可通过网络阵地提高学生的思政教育水平，再通过有着较高思政素养的学生进一步改变网络，如此形成良性循环。因此，应大力培养既有思政教育工作经验又掌握网络理论和操作经验的，具有创新能力的复合型师资人才。

最后，高校思政教育工作者要转变工作方法。传统的思政教育教学模式通常是以教师为中心，知识的传递主要靠教师对学生的灌输，教师填鸭式地讲解，学生被动地接受，作为认知主体的学生在教学过程中自始至终处于被动状态。这种教学模式很难激发起学生的学习兴趣，很难使其发挥主观能动性，不利于培养学生的发散性思维、批判性思维和创造性思维，也不利于创造型人才的培养。另外，在传统教学的课堂里，教师面对的是全班学生，往往满足不了学生个体差异性的要求，致使教师提供的信息量不仅有限，而且缺乏针对性。新时期，面对新形势，必须不断创新思政教育方法，积极开展双向交流活动，拓展人与人之间的交往渠道，使教师与学生的交往、沟通趋向多样平等。这里需要注意的是，由于这种平等而双向的交往是依靠"人—机—人"的交往方式实现的，必然会造成通过机器相连的人之间认知的缺失、情感的缺失以及师生之间情感交流的减少。在这种情况下，一方面，教育者应该充分利用自己高尚的道德品质、渊博的专业知识、高超的教育教学艺术和优秀的人格魅力来建立以情感沟通为核心的教学交往模式形成师生双方的心智交流、情感交流；另一方面，利用网络论坛或网上对话，通过教育者与受教育者彼此敞开心扉进行深层次的心理交流，来解决受教育者在其心理成长过程中所遇到的问题。由于网络的匿名性，学生通过网络可以把平时不便说、不敢说和不愿说的话吐露出来，包括学习上、生活上的困惑，同学之间的矛盾，对老师和学校的意见，对校园和社会上普遍关注的热点问题的看法等。教育者可以从中了解到学生的真实情感、真实思想，及时发现问题并及时做出针对性的引导和教育。

（三）加强网络思政教育管理

充分发挥网络的思政教育功能，对思政教育网站的管理是必不可少的。要加强对网络的监控和管理，建立网络信息管理的常设机构，制定网络行为准则，通过审查、监控来规范大学生的网络行为，防止有害信息对大学生思想的侵蚀，以提高大学生的综合素质，增强其自身抗干扰能力和免疫能力；通过分析监控，及时发现大学生中存在的思想问题并及时进行针对性教育，做到"防微杜渐"，从而在高校校园形成一种健康的、是非分明的惩恶扬善的网络环境；要提高网络宣传的针对性和宣传质量，及时了解网上信息状态，对网上的一些有害信息，要针锋相对地澄清是非曲直，进行"解毒""消毒"。在长期的思政教育工作中，高校积累了丰富的思政教育管理经验。这些经验对网络思政教育的管理当然也具有指导意义，但由于网络思政教育的管理活动与一般思政教育管理有所不同，因而在一般思政教育管理制度的基础上，探讨网络思政教育管理，是非常必要的。

综上所述，高校思政教育网站的发展离不开制度的保障。当然网络思政教育才刚刚起步，其管理还在不断地探索和架构，相信随着网络思政教育的发展和成熟，随着人们对其认识的不断深入，网络思政教育的管理制度会更加健全与完善。

（四）充分运用网络技术开展思政教育

思政教育应该有针对性、前瞻性和预测性，不能老是"马后炮""讲旧闻"，要随时更新"网页"的内容，增加吸引力和说服力，提供丰富多彩、形式多样、生动活泼的内容，使受众能从中受益，还能得到乐趣。这样，思政教育工作才能收到预期的成效。

第一，高校思政教育网站要以充实的页面内容为受众提供精彩、全面、及时的教育信息。思政教育网络信息只有精彩、全面、及时，才能吸引广大网民的关注，提高网站的点击率。思政网站应借鉴现有门户网站的信息结构模式，将当日重要的信息置顶网站首页，旗帜鲜明地展现网站信息的思政教育导向；要将首页中的思政教育信息按照不同的主题进行科学的分类，使网民能够较为方便、全面地获取教育信息；要尽量减少信息标题与具体内容之间的衔接环节，争取"一链到位"，以缩短搜寻信息的时间，提高思政教育信息传输的速度，以方便快捷的特性留住网民。

第二，充分利用网络论坛开展思政教育的双向互动。电子公告板为大学生网上信息交流提供了便捷的条件，大学生思政教育工作者应利用好这一平台，以实现平时面对面教育所不能达到的良好效果。论坛、聊天室等交流平台，常常可以使教育工作者化身为"网友"，从而以更成熟的思想，平等地与大学生朋友恣意沟通和交流。没有居高临下，也没有震慑强迫，有的只是娓娓道来的引导。这种四两拨千斤的指点，往往收效更好，因为它解除了当面进行思想教育时学生的排斥、防备心理。心贴得越近，言语说得越直接，成效也就越显著。

第三，加强和改进高校思政教育网站的建设。首先，高校领导要真正重视思政教育进网络工作，将建设思政教育网站由"务虚"变为"务实"。要将思政教育网站建设列入党委工作议事日程，切实解决网站建设所需人员、技术、设备、资金和场地等问题；通过书记信箱、校长信箱等途径，以及在网上举办"校领导接待日"等活动，广泛听取意见；尽量抽出时间亲自参与到论坛乃至聊天室中去，与师生网民交朋友，取得开展思政教育工作的第一手资料。其次，高校思政教育的主体不能缺位，但可以泛化。谈到思政教育工作的主体和对象，必然要涉及教育过程的主体和对象。长期以来，教育主体是与受教育者矛盾对立的特定教育者，他们是高高在上的思想权威，其主要职责是进行思想灌输。在教育过程中，形成了教师教、学生学的过程，即教师（广义）是主体，学生是对象。这不仅在客观上确立了一种不科学的主客体关系，而且给思政教育工作的开展带来了诸多矛盾和问题进而影响了这一工作的成效。事实上，开展高校思政教育工作是一项浩大的系统工程，它需要全体师生的共同努力，甚至需要全社会的共同努力。在完成这一系统工程过程中，高校里的每一个人既是主体，又是对象，教师和学生在思政教育工作中是一种良性的社会关系。也就是说，在高校思政教育工作的主体、对象问题上，没有绝对的主体，也没有绝对的对象，大家都是积极的参与者（当然这里有主次之分）。只有对主体、对象及其关系有了科学的认识，才能使高校思政教育工作取得理想的效果。

最后，思政教育能否在网络上顺利开展并取得效果，一个重要的检验标准就是看相关信息的点击率。思政教育信息的点击率高，说明网上思政教育的影响力大；反之，则说明其影响力小。因此，在网站设计理念上应坚持特色化，避免做成"大而全"。各校应从本校实际出发，在立足政治宣传的基础上，结合本校办学理念、人才培养目标、校训、校风和校园文化等，创建出具有本校特色的、与其他院校风格迥异的特色主题网站，让网民感受到"此网站非彼网站"；建立健全以思政教育为主题的网站，以精彩的动感画面和丰富的内容吸引受众，以提供方便快捷的服务赢得人们的信赖；同时，还可以开发和运用其他网站的思政教育信息资源，以形成全方位的网上思政教育新态势。

第三节　抖音在大学生思政教育中的创新应用

互联网时代背景下，人们逐渐进入短视频 App 多元应用的时代发展中。当下最流行的新型社交工具就是抖音，抖音平台在应用与发展中，不仅是一种网络工具，还能对大学生价值观产生导向作用。抖音中包含丰富多样的视频内容，还包含一些传递社会主义核心价值观和道德理念的教育视频，这对培养学生良好的思想意识产生深远影响。但是，抖音平台中还包含一些因为监管不力而出现的低俗内容，这些内容给大学生思政教育带来严重冲击。为强化大学生辨别信息的能力，提升学生思政教育工作水平，需要结合抖音在大学生思政教育中的运用问题以及价值，具有针对性地探究抖音在大学生思政教育中的应用方法，进而实现对学生有效的思想引领和教育。

短视频爆发式增长是在 2017 年的上半年阶段，通过短视频的形式推动各类网络新型社交媒体的创新发展。以抖音为主的音乐社交短视频，不仅收获上亿大学生粉丝，还在传承与发展的过程中，提升其良好的影响力。思政教育与抖音短视频的融合，也可以拓宽思政教育渠道，提升学生的整体学习水平和效率。

一、抖音在大学生群体发展中受到欢迎的原因

第一，针对性强、操作简单是抖音开发的主要特征。大学生群体在应用抖音以及制作短视频的过程中，不仅具有操作简单、成本低的特点，还能更好参与到抖音短视频互动和交流中。同时，抖音符合年轻大学生的气质，凭借手机就可以在抖音 App 中了解相应的背景音乐，还能通过背景音乐唱歌、跳舞等形式，实现生活的有效互动和交流。抖音 App 中还包含编辑、美化、特效的功能，通过这些功能也能更好吸引广大学生。大学生在发布和制作短视频的过程中，有可能被推送到热门，从而引发更多网友观看、点赞、评论等，还能让一些内容得到受众的关注和认同。这对传递大学生群体内心想法等方面带来积极影响，能够让大学生更好地将内心想法和感受传递出去。打开下载的抖音 App 就可以让大学生观看到自己感兴趣的内容，还会与视频的发布者以及明星之间进行互动，从而更好地提升抖音在大学生群体中的吸引力。抖音是根据年轻人而设计的，这种操作简单的形式，也能帮助学生在网络中获得收获感，促进和扩大抖音的影响力。第二，视频内容丰富是抖音的主要特点之一，可以满足大学生群体在心理方面的需求。抖音不仅极具大学生的人气，还强调平等、追求个性的情感沟通方式，让其更好地满足大学生在日常交流和沟通等方面的心理需求。目前许多大学生在学习和生活中面对各方面的压力，为有效对自我心理问题进行转换，就需要结合不同的渠道放松自己的身心。抖音是人们减压和丰富生活的选择方式之一，录制抖音期间能够表达大学生群体的很多表情和动作，还能将截然不同的自我展现出来。在视频观看以及制作期间也可以让大学生发泄压力，进而愉悦心情。大学生也是抖音的受众者，通过观看普通人抖音视频、明星抖音视频等形式，吸引大学生的注意力，从而再一次推动抖音的创新发展，使抖音迅速风靡全国。

二、抖音在大学生思政教育中的运用价值

在大学生思政教育中，大学生为将自己的诉求、风采、价值表达出去，可以运用短视频社交软件，帮助大学生在社交领域减轻生活压力以及思想等方面的问题。抖音短视频通过上下滑动的形式，让其成为学生消遣、评论交流、互动的主要方式之一。大学生还可以运用评论交流的方式寻找归属感，进而让其心理和思想更好寻求社会认同，这对培养学生正确的思想意识和价值理念也会产生深远影响。大学生思政教育中，抖音短视频的应用可以优化思政教育方式。教师可以结合思政教育内容，为学生制作抖音短视频。并且通过网络平台上传等形式，让学生结合抖音短视频就能了解到思政教育知识。教师也可以通过评

论的形式与学生之间进行互动，这与传统课堂教学模式相比，能够让教学内容变得更加具有吸引力、影响力，促进学生学习能力和水平的提升。在抖音短视频的应用中，教师还能为学生丰富思政教育的内容和素材，比如可以挖掘抖音思政教育元素、短视频教育内容，丰富学生学习的知识面和视野范围。这样也能开阔学生在抖音思政教育学习中的思维，培养学生正确的人生观和价值观。抖音短视频与学生思政教育的有机融合，也可以增强学生参与课堂学习的主动性。抖音短视频深受大学生群体的喜爱，他们通过拍摄视频、观看视频、交流互动等形式，有效地参与到抖音的网络平台互动和学习中。教师可以抓住这一机遇，引导学生在短视频平台中进行有效的知识学习，同时，教师也可以在课堂教学中，为学生引入与抖音短视频中有关的实时热点和政治问题，引发学生对问题的有效探究和思考。这种形式也能让学生直观地了解思政教育内容，加强学生对抖音短视频中相关文化意识和思想意识的理解，促使大学生能够在抖音 App 应用和实践的过程中树立正确的价值观，提高信息识别和思想问题的解决能力。

三、抖音在大学生思政教育中的运用策略

（一）做好抖音思政教育的引领工作

首先，思政教育工作者需要充分分析抖音短视频使用方法、教育知识传递方法。还要结合大学生群体在抖音视频观看中的思想意识和行为，具有针对性地开展抖音思政教育引领和推动的工作。思政教育工作者可以通过抖音运营平台组织与传统文化相关的活动，要求大学生合理参与到优秀传统文化的传播和思政学习中。这种抖音传播方式也能深受学生的欢迎，达到帮助学生有效评论、沟通、互动、学习的目的。其次，在思政教育工作引领中，教师也可以结合丰富多彩的抖音短视频内容强化抖音短视频的层次，采用将思政教育与抖音媒介之间结合等形式，通过抖音的形式和方法传递思政教育内容。这样也能增强学生对抖音思政教育内容的共鸣，让学生从网络的角度来了解思想政治学习的知识，提升思政教育的学习水平。最后，在抖音思政教育工作的引领中，学校也可以打造针对学生思政教育的官方网站、短视频平台，要求学生采用观看、学习等形式，有效了解当前学校在思政教育和信息传播方面的实际情况，也可以让学生采用分享、下载、评论等形式，参与到富有与思政教育工作者的交流和互动中。这样也能提升学生在抖音思想政治学习中的主体地位，做好有关学生思想的引领工作。

（二）校园文化建设与抖音平台结合

在抖音应用的过程中，可以将校园文化建设与抖音平台结合。校园文化作为充分体现社会主义先进文化、时代精神的文化内容之一，需要采用多样化的校园文化建设方式，让学生有序地参与到大学特色的文化活动中。一方面，思政教育工作者可以通过网络平台组织和开展校园文化活动，要求全体学生有序地参与其中，充分挖掘网络中的有意义的事情。例如，以高校的樱花为例，樱花盛开的季节是三四月份，为营造良好的校园文化，思政教育工作者可以号召爱好樱花的学生一起对本校樱花文化进行宣传，提升本校的知名度，这样也能吸引更多优秀学子报考本校。思政教育工作者可以和学生共同制作基于樱花文化的短视频，通过短视频的形式更好地对校园文化进行传播，也可以让学生通过短视频平台与其他学校学生之间互动，进而能够吸引更多学生参与到本校校园文化建设和文化传承的氛围中。高校在校园文化建设中，一些校园文化形式也可以采用在线推广的方式，将其有效地传播到抖音等应用软件中。思政教育工作者可以采用直播的形式宣传优秀传统文化和校园文化，也可以根据学生的学习需求和特征，挖掘和借鉴其他高校的校园文化建设方式，这样也能达到营造良好思想教育氛围的发展目的。

（三）加强抖音思政教育监管的力度

在互联网快速发展背景下，抖音创作作品呈现出良莠不齐的现象。一些低俗、炫富等视频经常出现在抖音短视频中，这样不仅会给学生带来不好的体验，还会导致学生价值观念发生变化。学校在思政教育工作中，可以联合社会、家庭加强抖音思政教育监督与管理的力度，加大抖音短视频内容的审核力度，及时清除不良信息内容。同时，在思政教育的开展中，还要充分发挥社会舆论的力量与作用。可以采用高校思政教育与社会新闻、短视频等部门之间合作、联系等形式，提升抖音思政教育的监管力度。这样也能促进思政教育工作科学化和社会化发展，不断为学生营造良好的抖音思政学习氛围和环境。此外，要加强思政教育工作与社会大众之间的有效互动，正确传递具有价值的抖音短视频内容，加强学生正确价值观的培养。这样也能发挥抖音对于学生思政教育工作的作用和优势，提升学生的文化理念和网络素养。

在我国网民群体中，学生人数是占据最多的，大部分的学生群体喜欢通过网络来了解相关教育内容和社会问题。在大学生思政教育工作与抖音短视频结合中，需要做好抖音思政教育的引领工作，使学生能够在网络技术发达的时代下，了解更多正确的网络信息资源和思政教育方式与内容。

第四节　高校思政课微电影教学的创新应用

一、高校思政课微电影教学的概念与特征

（一）高校思政课微电影教学的概念

为了紧跟新时代的改革方向，盘活高校思政课实践教学，高校进行了多种探索，最终发现将微电影应用于思政课实践教学中能够促进思政课育人效果的提升。微电影是在"微文化"的背景下从传统电影中蜕变而来的。思政课微电影又是众多微电影中的特殊影片之一，它的特殊性在于承担着思政课的育人功能。

微电影作为新媒体时代的一种新兴产物，实际上是对电影短片的继承与发展。微电影是相对于电影而言的一种艺术形式，它的"微"表现为微时长、微制作、微投资。微电影不仅有"三微"特征，而且还具有制作精美、故事情节完整、不限制播放平台等优点。它的体裁灵活多样，不仅仅局限于叙事体，还包括动画、电视新闻、街头采访、现场记录等体裁。

虽然微电影应用于思政课实践教学的时间不长，但它的发展速度之快令人惊叹。它因为蕴含着独特的教育功能，所以引起各高校的广泛关注。微电影教学具有时代特色，适合年轻人的学习习惯，使学习不再局限于课堂之上。微电影作为思政课实践教学的一种有效方式，承担着思政课的育人功能。

（二）高校思政课微电影教学的特征

思政课微电影教学是高校思政课实践教学的众多方式之一，它既符合思政课实践教学的基本特征，同时又具有其他传统方式所没有的特点。

1. 成本低

思政课实践教学要想顺利完成，必须有一定的经费作为保障。一直以来，很多高校虽也都相继设立了思政课实践教学的专项资金，用来保障实践教学的顺利开展，但是在实际的教学过程中总会出现经费不足，甚至挪作他用等一系列问题，导致实践教学不能按原计划进行，让教学效果大打折扣。例如，在参观革命圣地这种实践教学活动中，不仅会产生

乘车费用、门票费用，有时甚至还会产生食宿费用。因此，整个实践教学活动中的花费并不低，这就导致经费不足问题的出现。有些任课教师因为经费不足的问题，只能选择带学生去离学校近且免门票的红色圣地进行参观和学习，这就大大限制了实践教学的开展。

2. 成效快

虽然高校思政课实践教学的开展方式有很多种，也取得不少的成效，但要想提高思政课实践教学的育人成效，就需要革新实践教学的形式，采用大学生喜闻乐见的方式。这样一来，学生才不会对教学活动产生抵触情绪，而真正参与到实践教学活动中。

思政课微电影教学紧跟时代潮流，能够满足大学生的好奇心理。这种新颖的方式可以吸引大学生的眼球，让大学生乐于参与到这一过程中。主题的确定、剧本的撰写、中期的拍摄、后期的剪辑等一系列的实践活动的推进，不仅仅使学生深化了对思政课知识的理解，更促进了其各方面能力的提升，这样能使思政课的实效性明显增强。

3. 可复制

思政课微电影教学具有思政课传统实践教学所无法媲美的优点，即它有可复制性。思政课传统实践教学如参观革命圣地和重大事件纪念馆等都具有极大的地域限制，这类实践教学活动只能在红色资源丰富的地区的高校开展，对处于红色资源相对贫瘠的地区的高校参考价值不大。而思政课微电影教学作为一种通用的方式可以被绝大多数高校所运用，它具有很强的可复制性。高校教师和学生可以根据自身所掌握的理论知识和对社会热点问题的不同认识来确定思政课微电影的主题，使其不仅具有与时俱进的特点，而且具有深刻的内涵。

思政课微电影教学在时间和地域上也相对自由，没有那么多的限制条件，且容易上手，具有简单易操作的特征。优秀的微电影作品通过互联网的传播会让更多的人关注到思政课微电影教学这种新型实践教学方式，为想尝试此方法的高校提供参考，最终可以让更多的高校师生从中受益。

4. 传播广

与高校思政课传统实践教学方式相比，思政课微电影教学有更广泛的传播性。具体原因有以下三点：

首先，微电影以微小著称，它是新媒体时代特有的产物，是新鲜事物的代表。它主要依靠手机、平板电脑等移动媒体传播，同时具有浓厚的艺术气息和无穷的魅力，所以受到许多青年群体的青睐。

其次，我国网民的数量正在逐年上升，尤其是青年群体占很大比例。思政课微电影不仅可以在各大网站、QQ、微信公众号上观看，而且可以被下载和转发。由于互联网的传播速度极快，优秀思政课微电影的传播范围便可以不断扩大，优秀的思政课微电影的传播效果也会不断增强。

最后，由于当代大学生生活在新事物层出不穷的时代，他们思维敏捷，想法新颖，有勇于表达自己想法的欲望和勇气。他们从自身的学习生活出发，用自身的所观、所感拍摄出的具有生活气息的思政课微电影，更能引起大学生这一群体的关注，从而引起大学生群体感情上的共鸣。

二、高校思政课微电影教学的优势

（一）有利于发挥大学生的主体作用

思政课实践教学的开设符合大学生的现实需要，是大学生践行课堂所学的重要途径。大学生在实践过程中的参与程度越高，主体作用发挥越强，对思政课的认同感就会越高。新时代大学生大都思维活跃，动手能力强，有一颗迫切展现自我的心。然而传统的实践教学方式，如小组讨论、制作调研报告等活动，都容易忽略大学生内心的感受，削弱大学生的主体作用，让部分大学生只能被动地接受实践任务，从而减少对实践教学的心理期待。在思政课传统实践教学中，大部分学生只是一味地简单分析，甚至复制拼凑，像完成任务一般匆匆结束实践教学。长此以往，部分学生会对思政课形成因循守旧、空洞乏味的印象，甚至还会产生厌恶的情绪，更不会有获得感。

（二）有利于帮助大学生获得对知识的体验

体验知识在学生学习新知识的整个过程中处于关键环节。然而，传统方式并没有很好地调动起学生的积极性，让学生全身心地投入实践之中。在实践时，大部分学生迫于学校和教师的压力，只能走马观花式地参与其中，并没有真正地进行了解，更别说能够有所思考和启发。所以，发掘新型实践教学方式迫在眉睫。

由于互联网和新媒体的蓬勃发展，微电影应运而生。微电影教学是体验式学习最好的辅助载体之一。在思政课微电影教学中，学生要想拍摄一部高质量的思政课微电影作品，要从三个方面做起：首先，他们要对思政课抽象的理论进行深入的理解和思考，这样才能保证所拍摄的微电影具有思想性；其次，他们需要结合自身的所见所闻，将思政课抽象的理论与实际生活结合起来，找到二者链接的最佳契合点，进行主题的创作；最后，在拍摄过程中，他们自己要亲身经历拍摄全过程，用行动对思政课的理论知识进行再一次的体验和感悟，以使得自己的思想得到洗涤和升华。随着思政课微电影作品的完成，思政课的育人效果也会得到提高。

（三）有利于提高大学生的综合实践能力

在制作思政课微电影的一系列活动中，学生作为实践教学的主体，发挥着主人翁作用。从自由成组到主题的确定、任务的分工布置、剧本的创作和修改，再到拍摄，直至最后的剪辑、配乐、加字幕等一系列活动无不锻炼大学生的综合实践能力。

首先，从自由成组来说，大学生有很大的自主权，可以选择各方面互补的同学组成一个实践能力较强的小组。这就锻炼了学生的辨识能力，同时也大幅增加了同学之间的友谊，提高了学生的团结合作能力。

其次，主题的确定可以促使学生搭设理论与现实之间的桥梁，锻炼学生的知识转化能力。任务的分工布置可以发掘学生的各种潜能，如领导才能、策划才能、表演才能等。在剧本的创作和修改环节，学生从艺术审美的角度进行剧本创作，可以加快对剧本创作专业知识的学习，同时激发自身的创造力。

再次，微电影拍摄可以加强学生的团队协作精神，磨炼学生的意志，锻炼学生的沟通能力，提升其视频拍摄技能。

最后，从思政课微电影的后期制作方面来看，视频的剪辑、配乐、加字幕，可以让学生直接接触新鲜事物，紧跟时代潮流，促使学生掌握制作微电影的相关新技能。

（四）有利于培养大学生的创新意识和艺术修养

大学生是青年群体的佼佼者和领头羊，高校要培养大学生的创新创造能力。微电影教学是一种新型实践教学方式，需要学生具备强烈的创新意识。学生在微电影剧本创作和镜头拍摄中，可以充分发挥想象力，其无限的创造潜力得以被激发出来。思政课微电影教学能够给大学生提供创造的舞台，让大学生在这个属于自己的舞台上尽情展示独特的创造才华。

（五）有利于培育大学生的社会主义核心价值观

青年是国家的前途、民族的希望，高校应该注重对其社会主义核心价值观的培育。但由于新时代的大学生生活在物资充足、条件优渥的年代，没有经历过新中国革命、建设、改革过程中的种种磨难。加之新时代大环境的种种改变，以及各种错误思潮的负面影响，正确价值观的培育遇到很大的阻力。因此解决大学生正确价值观培育的问题刻不容缓。

思政课微电影教学能够发挥正确价值观的引领作用，高校可以运用这一实践方式来培育学生正确的价值观。学生能够从心理上接受并在行动中践行这种崭新的实践方式。一部具有价值性、思想性的微电影的诞生，需要创作者在每一个环节都倾注大量的心血。因此学生在自己制作思政课微电影的过程中，为了撰写剧本需要搜集大量的资料，并进行整理加工，甚至有时也需要实地进行采访调研，这一环节可以培养学生鉴别信息和独立思考的能力，助推正确价值观的形成。拍摄微电影时，学生通过亲身演绎能够表达自我的真实想法，身边的平凡人和平凡事能够引起其共鸣、直击其灵魂，使其产生浓烈的爱党、爱国情感，进而有利于培育其社会责任感，使其深刻领悟社会主义核心价值观。在思政课微电影成片后，学生利用发达的网络对优秀的思政课微电影进行传播，增加互动性和感染力，发挥其最大的育人效果，吸引更多的大学生参与其中，让社会主义核心价值观渗透到每一个人的心灵深处。

三、高校思政课微电影教学的应用原则

（一）第一课堂与第二课堂相统一的原则

要将微电影恰如其分地应用于高校思政课实践教学中，就必须坚持第一课堂与第二课堂相统一的原则。

第一课堂主要强调理论教学，是进行实践教学的前提条件。第一课堂是思政课教学的主干道，在整个思政课教学中占有重要地位。思政课的内容包罗万象，部分内容还较为深奥，学生理解起来有一定的难度，教师必须在课堂上深入浅出地夯实学生的理论基础，这是保证思政课微电影具有理论深度的前提。

第二课堂主要强调实践教学，是指学生在教师的指导下参与与课堂相关的实践活动，是学生感悟思政课理论知识、提升自身素质的重要方式之一。思政课微电影教学正好可以让学生把理论知识与动手实践紧密地结合起来，用充满时代感的实践方式既让学生领悟思政课理论，又增强学生的实践经验。

（二）内容为王与形式为辅相统一的原则

虽然思政课微电影教学是一种前景广阔、吸引力强、深受大学生喜爱的教学方法，但

它始终是思政课教学的一种辅助手段。在制作思政课微电影时，学生必须遵从思政课教学大纲，与课程内容相契合，强调内容为王。学生如果在实践过程中本末倒置，只是一味地将心思花在内容的呈现形式上，而不考虑所表达的思想，让形式喧宾夺主，就会造成思政课微电影教学空有其表的现象。

（三）教师主导与学生占主体地位相统一的原则

在思政课实践过程中，教师和学生如果没有弄清楚自己的地位，那么就有可能削弱思政课微电影教学的育人效果。如果思政课微电影教学只关注教师的主导作用，而忽视实践教学中学生这一重要主体，那么这样的实践教学是不完整的。思政课微电影教学要想让学生通过实践教学深化思政课理论知识，就应该既发挥教师的主导作用又发挥学生的主体作用。总的来说，实践教学应该是由教师占主导地位、学生占主体地位的一个师生双向互动的过程。

思政课微电影教学作为实践教学方式的一种新尝试，对于大学生来说是新奇且充满挑战的。尤其是在主题的选择方面，思政课微电影教学必须发挥教师的主导作用，让思政课理论知识扎实的教师来为学生把关，此刻的思政课教师犹如牵制风筝的那根线，必须牢牢把握整个实践活动的大方向，保证思政课微电影教学的理论性。同样，在影片拍摄、后期制作等方面教师也不能缺席，这样才能保证思政课微电影教学的顺利完成。但是，在教师充分发挥主导作用的前提下，学生如果没有积极主动地参与其中，教师的主导也将会是徒劳无功的。

（四）相互借鉴与守正创新相统一的原则

与其他传统实践教学方式相比，思政课微电影教学的兴起时间较短，可改进空间较大，因此学校在之后的应用中要借鉴其他高校在实践中的有益经验，不断创新和完善自身的教学方式。

所谓相互借鉴，是指思政课教师在组织思政课微电影教学时，借鉴那些思政课微电影教学发展较好、取得较大成效的高校的成功经验。在优秀的思政课微电影中汲取营养，才能使自身茁壮成长。

所谓守正创新，是指思政课微电影教学始终要坚守马克思主义的基本立场之"正"，不断开创对话性、引领性、直观性、巩固性、体验性微电影教学之"新"。因为马克思主义的基本立场是思政课一切实践活动的基础，是创新实践方式的出发点和基本理论依据，所以教师在进行思政课微电影教学时首先要守正，其次才要创新。在创新的过程中，教师要注重营造师生平等交流的氛围；要利用微电影这种新方式将知识更直观地呈现在学生面前；要通过思政课微电影教学打造一个具有全局性、完备性的知识体系，将新旧知识贯穿起来，达到温故而知新的目的；要通过学生自己拍摄制作思政课微电影，将硬性的知识灌输转化成快乐的知识体验；要注重唤醒学生内心深处向善的力量。

四、高校思政课微电影教学的创新策略

（一）社会层面

虽然高校是思政课微电影教学的主阵地，在实践过程中起着重要的组织和协调作用，但是社会也在其中发挥着不可替代的作用。只有整个社会高度重视思政课微电影教学，才能为思政课微电影教学的顺利开展创造良好的条件。要想充分发挥社会的作用，高校就应该统筹校内外各种资源，协调各方关系，在全社会营造浓厚的思政课微电影教学的氛围。

首先，政府通过引导，让企事业单位将大学生的实践能力作为招聘人才的一项指标。这样不仅可以引起大学生对思政课微电影教学的高度重视，而且也可以引发高校的重视，促使大学生在思政课微电影教学中积极主动地培养自己各方面能力，来满足企事业单位的用人要求。这一措施的实施容易凝聚各方面的力量，团结一致为提高大学生的综合素质而努力，最终达到多赢的目的。

其次，社会发动各个层面的力量解决拍摄场地问题，为思政课微电影的制作提供便利。现存的思政课微电影，大多数都以宿舍、教室、食堂和校园为拍摄场地，拍摄作品的背景大同小异，不能吸引观众的眼球。这是由于场地难以协调，学生只能选择在校内拍摄。

再次，企事业单位可以在资金上对高校思政课微电影教学进行支持。由于实践过程中经费有限，学生并不能大展拳脚。在拍摄过程中由于学生没有专业的拍摄设备，大部分只能用手机进行拍摄，这就有可能造成画面不稳定、不清晰的问题，大大降低了思政课微电影的质量。企事业单位如果能够在实践结束时根据所完成作品的质量进行优秀作品的评选，并给予制作优秀作品的学生一定的现金奖励，来弥补一些他们为制作思政课微电影所产生的费用，就能大大减轻高校的经济负担以及学生的思想负担，让学生能够轻装上阵，将脑海中的故事用微电影这一形式表达出来。

最后，高校和企事业单位联合举办思政课微电影大赛，同时加强权威媒体的宣传。在

大学生思政课微电影大赛的赛前和赛后，高校和企事业单位应该运用各级官方微博、微信公众号、视频网站、报纸、广播、电视等多种媒体分不同时段宣传思政课微电影的赛况以及展播优秀作品，在全社会形成制作思政课微电影的良好氛围。权威媒体关注思政课微电影教学对高校是一种宣传和激励，也能吸引更多的大学生加入其中，推进微电影在高校思政课实践教学中的应用，能够促进品牌效应的形成，最终产生以赛促学的效果。

（二）高校层面

1. 各级领导要提高责任意识，组建专业的指导团队

首先，各级领导要认识到微电影对思政课实践教学的重大促进作用，高校党委和相关部门领导应该主动承担起领导责任，形成强有力的领导队伍，将思政课微电影教学纳入高校规划中，让相关部门细化思政课微电影教学的各个环节，将教学要求和教学流程制度化，分清责任主体，形成人人有事管、事事有人做的局面。这样不仅能够保证学生思政课微电影拍摄的顺利完成，也为指导教师具体工作的推进提供了有效的制度保障。

其次，要配足思政课微电影教学的教师。学校可以按照现有的学生数量配备充足的专任思政课教师，这样可以减少教师因学生过多以及自己时间和精力有限而缺乏对学生进行有效指导的问题。如果思政课教师数量充足，师生配比协调，则教师既可以有更多的时间来优化实践教学环节，又可以为学生提供精细化的指导。这将有利于整个思政课微电影教学的开展。

再次，学校还可以共享校内优秀师资。如引入校党委教师和校团委教师，让他们在大学生思政课微电影教学中发挥自身的特殊引领作用；聘请艺术学院和新闻中心的教师当思政课微电影教学的顾问，从微电影的艺术性、拍摄的技术性方面进行指导。这样既壮大了实践教学的教师队伍，又使教师队伍的配备更加合理化和科学化，有利于提高思政课微电影作品的质量。

最后，各个部门要形成合力。在具体实践中，思政课微电影教学不仅需要马克思主义学院教师的严格把关，更需要各个部门的通力合作。因此教务处、学工处和宣传部等各个部门不能各自为政，应该在高校党委的指引下，紧密配合马克思主义学院教师的相关工作。各部门要凝聚力量，群力群策，众志成城，共同推动实践的顺利完成，支持、鼓励和引导大学生就大学生成长、青春与理想、校园文化生活、道德观察等话题进行拍摄，制作微电影，根据其兴趣爱好选择不同的风格和题材，在唱响时代主旋律的同时，传播社会正能量。

2. 完善保障机制

思政课微电影教学在实施中经常会遇到学时不够、资金不足、缺乏培训等问题。要解决这些问题，避免思政课微电影教学虎头蛇尾，就要建立详细的规章制度，形成一定的规范，让实践教学的一切活动都有章可循、有据可依。

首先，要想使精品思政课微电影大量涌现，就必须有相应的资金支持。因为在目前的实践中，演员的服饰装扮、场地布置、拍摄设备等，大部分都是由学生自行准备的，这会影响思政课微电影的质量。在制作思政课微电影前，学生需要开展深入的走访调查，需要一定的资金支持，高校可以按照教育部的文件为思政课微电影教学投入充足的资金，而且要做到专款专用。在实施过程中，为了避免资金被挪作他用，学校可以采取在实践教学结束后报销核算的方式来促进学生规范使用资金。在拍摄思政课微电影时，由于设备的租借费用较高，学生只能用手机进行拍摄，这不仅影响微电影作品的质量，也影响学生的积极性、主动性和专注度。如果高校能购置专门的拍摄设备，供学生借用，将促使学生全心全意地投入到思政课微电影教学之中。

其次，思政课微电影是新兴事物，一直以来大部分师生都只是作为旁观者来欣赏它，而现在学生需要在教师的指导下变成思政课微电影的制作人，不免有人会有各种担忧和畏难情绪。因此，高校的学工处应该针对教师和学生分别制定关于制作思政课微电影的详细培训计划，并在思政课微电影教学开始之前，定期开展形式多样的培训活动，让师生都能在培训中克服畏难心理，能够有所收获、有所提高，为思政课微电影教学打好基础。

最后，展播和推广分为线上和线下两个层面。从线上来看，高校应该为优秀的思政课微电影开发多渠道的展播平台，例如建设专门的思政课微电影库，吸纳兄弟院校的优秀作品，着力打造全国思政课微电影教学基地，让优秀的思政课微电影不仅可以得到永久保存，而且可以走出校门实现共享。从线下来看，高校可以在重要节日在校内外同时举办大型的展播活动和规格较高的表彰活动，优秀师生可以畅谈自己的成功经验，让其他学生借鉴和学习。这样既能够使优秀的思政课微电影得到宣传，又能够使优秀师生获得荣誉，让他们的价值得到肯定，有利于调动广大师生的参与热情。

3. 完善评价机制

思政课微电影教学的评价是检验学生实践效果的有效方式。一套全面、科学的评价机制不仅能够肯定师生的实践成果，而且可以发现实践中存在的不足，为以后的改进和提高指明方向。要完善现有的评价机制，高校应该从以下两个方面入手。

一方面，完善思政课教师的评价机制。高校可以制作相关的量化考评表，其中包括教师把关思政课微电影的主题情况、教师解决思政课微电影拍摄中技术问题的情况、教师点评思政课微电影教学的情况等。量化考评表可以帮助教师及时了解学生对教师的评价，促进教师从思想上重视思政课微电影教学，引导教师全身心投入其中，充分发挥教师的主导作用。

另一方面，完善学生的评价机制。在评价学生时，高校应该着重把握实践过程与实践结果并重的原则，建立多元考核评价机制。

在对实践过程进行评价时，由于学生团结协作、沟通交流、发现问题、解决问题的能力更多是通过观察实践过程体现出来的，而不能从思政课微电影作品中直观体现出来，所以高校不能一味地只看结果，而忽视学生在实践过程中的表现。因此，在实践教学结束时，高校既要让学生以小组为单位提交思政课微电影作品、组员实践照片、花絮、剧本等，又要让每个学生提交一份详细的总结材料，内容着重从自己在思政课微电影拍摄过程中所充当的角色、所做的事情、所得的收获等几个方面进行总结。教师通过详细的总结材料可以充分了解每个学生在实践过程中的收获。

（三）教师层面

一部成功的思政课微电影不仅是学生努力的结果，也是教师用心血浇灌出来的果实。在思政课微电影教学中，思政课教师是重要的引导者和参与者，他们在整个实践过程中起着主导作用。但目前思政课教师也存在着角色转换不及时、自身综合能力不强等问题。因此，思政课教师要采用一系列的措施来改善此类情况。

1. 思政课教师要尽快完成角色的转变

大部分思政课教师没有很好地转换自己的角色，导致出现了两种情况：一种是教师依旧是实践教学的主角，学生主体作用的发挥受限；另一种是教师没有扮演好主导者的角色，而是把工作全权交给学生，导致学生自由度过大。要避免这两种情况的出现，教师就需要尽快转换自己的角色，发挥自己的主导作用。

教师要对思政课微电影教学有正确的认识，从思想上高度重视自己在实践过程中所充当的角色，认识到发挥自身主导作用的重要性。教师既不能大包大揽，也不能放任自流，要抓牢自己手中的指挥棒，为学生的实践指明方向。例如，在思政课微电影选题方面，现在许多学生将思维固定在课堂所展示的优秀影片上，很难突破局限，导致影片内容缺乏创意。一部分学生又过多地将自己个人偏好应用于影片当中。为了解决选题问题，教师既不忽略学生的主体地位，也不能一味地放任学生自由选题，而应该通过集体研讨、集思广益给出选题范围，让学生在指定范围内进行选题。这样既尊重了学生，又保证了思政课微电影主题的正确性，使思政课微电影作品能够反映德行善举，传递人间大爱，有一定的育人价值。

2. 思政课教师要提高自身的综合能力

在指导学生时，教师需要不断提升自我，提高运用微电影开展教学的业务水平和综合能力。这样有利于提高思政课微电影教学的实效。

首先，教师要定期参加微电影制作的培训活动。在形式各样的培训活动中，教师可以紧跟时代步伐，汲取信息化教学的养分，逐步更新自己的知识库和技能库，让自己从微电影领域的小白成长为带领学生制作微电影的"领头羊"，为学生制作思政课微电影把关，促使思政课微电影从量多向质优转变。

其次，教师要走出校门，走入其他高校的思政课微电影阵地进行参观，积极和其他教师进行交流研讨，学习思政课微电影教学的宝贵经验，为自己在指导思政课微电影教学时提供借鉴，促使学生的思政课微电影作品逐渐克服剧情空洞、制作粗糙等问题，使思政课的精髓能够和微电影达到形神合一。

最后，思政课教师也可以以小组为单位，踊跃参加高校联合举办的针对思政课教师的思政课微电影大赛。以赛促学可以调动教师的实践积极性，教师只有亲自投身思政课微电影的制作中，才可以完整体验整个实践过程，增强实战经验，提升自身实践能力，不至于在指导学生时只是纸上谈兵，而能抓住要害给学生提出具有可行性的建议。

（四）学生层面

一直以来，学生都是思政课实践教学的主要参与者、体验者以及受益者，他们在整个过程中充当主角。思政课微电影教学应该激活学生朝气蓬勃的原动力，发挥学生的主体作用。但在目前的实践中，学生存在的积极性不高、综合能力不强等问题，影响着学生主体作用的发挥。因此，教师和学生应当及时采取措施解决这些问题。

一方面，教师要调动学生的积极性。大学生是最富激情和最具创造力的群体，他们身上有巨大的潜力和无限的可能。要想将学生的心理从被动转变为主动，使其能够做思政课微电影教学的主人，教师可以将实践教学的重点向拍摄思政课微电影倾斜，让学生积极主动地参与到微电影教学中，全心全意地进行实践并不断总结，最终既能够快乐地体验思政课理论知识，也能努力提升自己的实践能力。

另一方面，学生要提高自身的综合素质。思政课微电影教学是目前最新颖的实践方式之一，学生接触较少，不够熟悉，在思政课微电影的制作过程中，学生各方面的能力都有所欠缺。学生的综合素质和实践能力都直接影响实践教学的进程，要想使思政课微电影教学顺利开展，学生就必须通过各式各样的培训活动来提高自身的综合素质。

第五节　高校思政课教学中 VR 技术的创新应用

一、VR+思政课教学的应用背景

互联网和移动新媒体正在不断影响着我们的生活，也不断重构着知识教育及信息传递的格局与模式，对传统教学模式造成冲击。如何在"微语境"下不断提升高校思政工作的"存在感"，成为当前高校思政工作改革创新的重要契机。要想实现高校思政工作内容、教育载体和互动机制的创新，真正让高校思政工作活起来，科技界、教育界和产业界需要加强沟通交流。由此观之，将新媒体、新技术嵌入高校思政课已然成为社会发展的趋势，其具备的显著优势是传统思政课无法比拟的。VR（virtualreality，虚拟现实）技术作为一种新型应用技术，具备独特的优越性，能让学生完全融入虚拟的教学情景中。VR技术视域下开展高校思政课教学与时代同步伐，与教育共命运，具有独特的研究价值。

VR技术视域下高校思政课教学模式的出现顺应了历史发展的趋势。在新时代背景下，未来高校思政课教学需要改革创新，在改革创新的过程中，将更加注重推进"思政课程"与"课程思政"建设，加强"显性教育"与"隐性教育"互补，倡导"线上教育"与"线下教育"联动等诸多教学模式的开展，注重向课堂要实效、向教学要新意、向时代要新人，时刻坚持以人为中心，坚持立德树人的宗旨，致力于打造多渠道、多形式、多内容，有意义、有实效的课程体系。

VR技术视域下高校思政课教学也是一个整体，要想实现其教学效果最优化，其内部各个组成部分就需要齐心协力，避免短板束缚、因小失大。其中，科学技术在VR技术视域下的高校思政课教学研究过程中发挥着不可或缺的作用，是高校思政课教学发展链条上的重要一环。随着社会各领域的日益发展，VR设备更是层出不穷，便携式VR头盔、头戴式VR头盔的构造更趋人性化、舒适化、科技化，辅助配套技术日渐成熟。此外，5G时代的到来，为实现VR视域下高校思政课教学提供了强大的网络技术支撑。

二、VR+思政课教学的应用优势

（一）打破时空维度，节约教学资源

高校思政课教学，尤其是实践教学，往往存在受时空限制、教学资源浪费等诸多问题。VR 技术视域下的高校思政课教学对于打破时空限制、更好地节约教学资源提供了可行方案。VR 技术的应用完全使学生置身于一个沉浸式的 VR 世界中，这个虚拟现实的世界完全打破了以往的时空限制，可以使教师足不出户完成相应的教学任务。与传统的实践教学相比，VR 技术视域下的实践教学更加方便，有利于节约教学资源，并且能够使学生完全沉浸其中，接受逼真的教学信息。VR 技术的应用可以使教师在天津的课堂上带领学生参观庄严肃穆的南京中山陵，让学生对伟人肃然起敬；可以使教师在北京的课堂上带领学生领略泰山的雄伟，让学生感受祖国山川景秀的壮美；可以使教师在河南的课堂上带领学生接受井冈山红色文化教育，让学生接受革命文化的熏陶。VR 技术拥有强大的创造力、超现实力，其远程虚拟现实功能强大，为打破时空限制、节约教学资源、提高学生学习效率奠定了基础。

（二）内容丰富，教学效果显著

随着时代的变迁、科学技术的飞速发展，VR 技术的虚拟现实场景更加信息化、逼真化、人性化。教师通过 VR 技术模拟书本上的人物、事件，操控客户端，有重点、有计划、有目的地引导学生参与课堂教学。学生则完全可以通过 VR 设备与历史人物对话、参与历史事件。学生在虚拟现实的世界中以自然的方式与历史人物进行交互，相互影响，从而产生身临其境的感受和体验。VR 技术的操作实施依附庞大的数据库，在沉浸式 VR 的情境中，学生可以通过 VR 设备主动检索大量信息，产生思维灵感，提高自身的动手、动脑能力。这大大提高了思政课教学的实效性，能够达到"思政+信息技术"的创新。同时，针对思政课中含有的抽象的难以理解的内容，VR 技术还能够变抽象为具体，将理论知识转化为通俗易懂的文字图片，从而大大降低学生的理解难度，通过化文为图，有效降低思政课堂的单调性、乏味性。

（三）迎合学生特点，使教学更接"地气"

作为青年一代，学生具有独特的思维方式、新颖的生活习惯，这就要求高校思政课教

学模式要不断与时俱进、不断创新。高校思政课的开展是在"青年人头脑里搞建设"，必然要考虑青年人自身的特点。高校思政课教学要以人为中心，在教学设计、教学过程中注重突破传统教学模式的弊端，构建适应新时代大学生求知特性的教学模式。随着"两微一端"的迅速普及，互联网和移动新媒体正逐渐改变着青年人的生活方式。无人不网，无日不网，无处不网的现象已然成为主流社会常态。将 VR 技术嵌入思政课堂，能够有效发展学生的动手、动脑能力，不断激发其学习热情，充分调动学生在思政课堂上的积极性、主动性、创造性。同时，VR+高校思政课课堂将改变传统的单调乏味的课堂教学模式，时刻以人为本，围绕学生开展教学，将"以师为尊"转变为"师生双主体"，充分尊重学生的主体地位。在 VR 技术应用于思政课教学的过程中，教师借助 VR 技术，可以通过操控平台及时掌握学生动态，便于加强师生之间的良性互动，让思政课堂更加接"地气"，更具活力。

（四）降低教学风险，均衡教育资源

VR 技术具有虚拟现实性，能够打破时空限制。未来高校思政课教学将实现足不出户完成相应的实践教学任务。相较于以往长途跋涉、跨区域进行的实践教学形式，VR 课堂形式对学生的可控性更有保障，可以避免过多意外事件的发生，将危险系数降到最低。同时，VR 技术在某种程度上具有均衡不同高校、不同区域教育资源的优势。教师利用 VR 技术可以实现区域之间教育资源的共享，使不同区域、不同高校的教育资源之间的均衡成为可能，实现教育的协调化与均衡化发展。目前，我国区域经济发展水平不均衡，势必造成教育资源差距悬殊的现实问题。同时，高校之间师资力量分布不均匀等问题也十分严重。面对这些现实问题，VR 技术可以完全突破时空限制，打破传统实践教学模式的弊端。在虚拟的学习环境中，不同高校、不同区域的教学资源可以实现共享。

三、VR+思政课教学的实施原则

（一）思政内容为体，VR 技术为用

技术永远为内容服务，这既是基础也是原则。高校将 VR 技术嵌入思政课堂，可以打破思政课教学的固有弊端，在追求课堂教学实效性的基础上，进一步探索创新型课堂教学，寻求新时代下的教学新形式。

高校思政课教学的初衷是内容为王、技术为用，高校要合理把控二者所占比重，防止

舍本逐末，因小失大。高校思政课在学生人格塑造过程中发挥着重要作用，是立德树人的关键课程。思政课教学的初衷和实质都是追求教学实效性的最大化，时刻秉持"以人为本"，将教化与培养学生作为出发点、落脚点。

（二）思政教师为主，VR 技术为辅

教师作为思政课教学的双主体之一，其重要性不言而喻。VR 技术被视为高校思政课教学的"渠道"之一，自然是辅助思政课教学的工具。在高校思政课教学中，教师应该扮演言传身教、循循善诱的引导者的角色，要正视 VR 技术的优势与劣势，使其充分发挥优越性以辅助思政课教学，实现思政课教学效果的最优化。

（三）实现形式多样，贯穿课堂始终

在新媒体、新技术热的大环境下，"互联网+教育"盛行，极其火热。VR 嵌入高校思政课教学被大力提倡，更是能够实现技术与思政教育的高度融合，实现思政教学效果的最大化。在日益激烈的竞争中，诸多高校争相发力寻找自己的立足点，群策群力，搞科研、兴教育，打造独特的精品课程。高校在思政课教学科研领域，注重立足现实，在创新中抓实效，在改革中探路径，在发展中谋生存。

高校要想实现思政课教学形式由单一化向多样化的方向发展，就需要采用 VR+思政课的教学形式，形成新布局、新实效的高校思政课教学形式，并将这些教学形式始终贯穿到高校思政课教学过程中，悉心打造新时代下的具有实效性、创新性的 VR+思政课课堂。

（四）实时检测实效，技术运用有度

VR+思政课教学能否取得良好的教学效果，这是诸多人质疑 VR 技术服务于思政课教学的有效性的主要因素。实效性监测机制的建立，有助于及时反馈学生对知识的掌握情况，并可以用来衡量 VR+思政课的实效性。建构 VR+思政课教学体系，需要清楚教学要达到一个怎样的效果、学生在课堂教学过程中的收获如何、如何对学生进行客观的评价等。因此，高校思政课教学工作的开展，要注意制定合情合理的实效性检测机制。同时，VR 技术嵌入高校思政课教学要把控一个"度"的问题，技术要永远服务于教学，这个原则不能变。

四、VR+思政课教学的创新思路

（一）VR+思政课课堂教学的创新实现

在"互联网+教育"成为教育主流，各个学科争相构建"互联网+"模式的时代潮流下，高校思政课作为构筑意识观念的主阵地，要扛起社会主义的鲜明旗帜，同时也要成为立德树人的重要课程，承担着培养德智体美劳全面发展的社会主义接班人的重任。

高校思政课教学模式改革已然成为大势所趋，成为高校打造精品思政课程的着力点。将 VR 技术嵌入高校思政课教学，需要从以下三个方面着手：

第一，构建线下 VR+思政课课堂教学。着力打造现实版精品 VR 思政课课堂教学模式，充分挖掘 VR 技术的优势，加大硬件设施建设，渲染思政课课堂文化氛围，创新思政课课堂教学理念，致力于打造形式新、内容新、理念新、实效新的思政课课堂，实现新时代下与时俱进的 VR+思政课课堂教学。

第二，打造线上 VR+思政课课堂教学。VR+思政课课堂教学需要充分发挥互联网的积极作用，依据互联网的优势，实现不同院校、不同区域的 VR+思政课课堂教学资源的共享，实现足不出户跨时空学习的目的，充分发挥线上 VR+思政课课堂教学的作用，构建平台共享、资源共享、教学共享的高校思政课教育教学模式，充分发挥线上 VR+思政课课堂教学的积极作用。

第三，打造线上线下双结合的 VR+思政课课堂教学模式。VR+思政课课堂教学要与时俱进，打造多领域、多平台、多方位的思政课课堂教学模式，打造线上线下协同发展的 VR+思政课课堂教学模式。

（二）VR+思政实践教学的创新实现

在高校思政课教学过程中，理论知识固然重要，但是实践教学亦不可忽视。

要想更好地开展 VR+思政实践教学，高校需从以下角度思考：

第一，现场实践教学与虚拟实践教学互补。思政课教学不仅要让学生学懂、学通、学透理论知识，更要让学生有所思、有所悟，学以致用，践行于实际。学生在参观纪念馆、博物馆的实践教学过程中，亦可借助 VR 设备，体验虚拟现实中的纪念馆、博物馆，发现自己在现实世界与虚拟世界中不一样的感受，真正做到观有所感、学有所获。

第二，促进 VR+思政实践教学资源共享。VR+思政实践教学可以借助 VR 虚拟现实的强大功能，打破时空限制，使学生足不出户就可体验不同区域的实践教学。同时，随着"互联网+教育"及大数据的发展，教学资源共享已然成为共识，不同高校在倾力打造精品 VR+思政实践教学课程的同时，还要实现协同发展、资源共享。

第三，创新 VR+思政实践教学。一切现象的呈现皆源于现实，VR+思政实践教学的内容制作及教学设计的过程不是一成不变的，高校要在原有实践教学的基础上，以历史事实为依据，进行内容的融合、升华、创新，打造与众不同、内容丰盈有趣的 VR+思政实践教学课程。

（三）VR+课程思政教学的创新实现

良好的思政教育的发展，需要实现"思政课程"与"课程思政"的良性互动。在 VR+课程思政教学的过程中，高校需要从以下角度思考：

第一，借助课程的相关性。诸多学科之间存在着共性与特殊性，知识内容之间也存在着相关性。高校要利用课程之间的共性，将 VR+课程思政教学嵌入不同课程中，为不同的课程增添思政教育的内涵，增强课程的学理性、教育性。

第二，辨析课程的区别性。教师需要悉心深究，方能发现不同课程之间的差别。面对不同学科之间的差别，教师要将 VR+课程思政教学嵌入不同的课程中，需要加入符合本课程特色的思政教学内容，只有这样才会达到 VR+课程思政教学的初衷。

第三，立足课程，创新 VR 教学。从课程教学到课程思政教学，从思政课程教学到课程思政教学，概念的延伸，教学目的、教学意义的变化显而易见。从 VR+思政课程到 VR+课程思政的转变，无疑会给广大教育者带来新的挑战。教师要立足原本课程，打造适合本课程的 VR+课程思政教学。

第五章　高校思政教育与心理健康教育的融合

第一节　高校思政教育与心理健康教育结合的必要性和可行性

一、高校思政教育与心理健康教育结合的必要性

高校思政教育与心理健康教育相结合有利于二者的共同发展。高校思政教育在长期实践中，已形成行之有效的原则和方法，如理论与实践相结合的原则及灌输、评价的方法等。这些原则与方法之所以有效，是因为它既符合思政教育的客观规律，也符合人们的心理活动规律。所以这些科学的原则和方法是值得高校心理健康教育借鉴和使用的，这样才能更有利于心理健康教育的科学发展。二者的有机结合，有非常重要的意义，可以更好地促进二者的共同发展。

第一，高校思政教育和高校心理健康教育相结合极大地丰富二者的内涵。思政教育工作者不仅是心理健康教育的主导者和权威者，更是协助者和治疗者。首先，思政教育工作者不仅仅是教育活动的组织者，而且还应当作学生的知心朋友，时刻关注学生，了解学生，与学生亲密接触。再就是，思政教育者除了教授学生道德知识，还应当收集学生的内在信息，注重学生潜能的开发。高校思政教育的目标是注重提高学生的全面素质，促进大学生德、智、体、美、劳等诸方面能力的发展，把学生培养成适应社会发展需要的人。我国现阶段思政教育的目标就是要培养"四有"新人。这是思政教育培养目标的总要求，它包括思想素质目标、政治素质目标、新形势下高职思政教育与心理健康教育。高校心理健康教育的目标主要是提高学生的心理素质，维护和增进学生的心理健康水平，增强学生的心理承受力，培养学生坚忍不拔的意志品质，增强学生适应社会生活的能力，全面推进素质教育，培养身心健康、具有创新精神和实践能力的高素质人才。从这两种目标我们可以看到高校心理健康教育是思政教育的重要组成部分，思政教育包含了心理健康教育的内容，没有心理健康教育，思政教育是不完整的，二者有效结合，缺一不可。

第二，二者的结合会拓宽传统思政教育的方式和渠道。前面我们提到过，传统的高校思政教育对学生进行教育采用的方法主要包括说服、灌输和评价等，通过这种方式的教育培养和提高学生的思想和道德素质。虽然这些不失为重要的方法，但在具体运用时往往强调外在强化，强调社会要求等外在的影响。而在心理健康教育中，教育者的地位由主导者和权威者变为协助者和治疗者。因此，心理健康的教育者往往根据精神分析和行为科学等原理，采用一些方法来发掘学生心理中的潜意识力量，让学生用他们自己的力量和能力来解决他们的心理存在的问题，以达到促使学生心理健康发展的目标。另外，传统的思政教育是将学生置于社会这个大背景下，将其作为一个社会角色来看待；而在心理健康教育中，学生的人格得到尊重，是把其置于人际关系这个背景下，当做具体的人的要求来处理。高校的思政教育的活动中有了心理教育的融合，会拓宽思政的教育方式，提高教育的科学性和有效性。

第三，二者的结合会使二者的内容都得到有效的完善和补充。传统的思政教育主要是使学生在政治观念、世界观、人生观上形成正确的价值取向，而学生的一些最基本的人格内容和学生的一些心理状况被忽视了，如学生的社会适应能力、应对挫折的能力、情绪调适及人际沟通和交往等问题。而心理健康教育本身是包括健全的人格、心理调适和人际交往等内容的，它所包括的这些内容补偿了思政教育欠缺的一些内容。这样一来，心理健康教育与思政教育相结合，可以弥补和完善思政教育内容的一些欠缺和它所顾及不到的边边角角，二者的结合更能丰富教育的内容。另外，高校的思政教育是对学生群体实施的，它关注的是整个学生的整体，这样一来，这种教育会忽视对个别学生的思想状况和心理状况的分析和教育。但是，现在的大学生的思想是非常活跃的，尤其是在网络盛行的条件下，大学生通过使用网络所接触到的新鲜事物和事情也会增加，这样更会使得大学生的思想状况日益多元化和复杂化。马克思主义认为，虽然整体的功能大于部分的功能，但是关键部分也会对整体有重大的影响。在这里就是说，如果忽视学生个体的思想状况就会影响到整个集体观念的形成。思政教育可以与心理健康教育结合，针对个别学生存在的思想和心理问题，给以启发和教育，清除他们思想形成以及发展中存在的心理障碍，帮助他们意识到问题所在的根源，转变看问题的思维方式，树立积极进取的精神，从而填补思想政治工作中顾及不到的角落，使思政教育得以完善。

第四，二者的结合有效地增强了高校思政教育所取得的教育效果。影响思政教育的效果的因素很多，既涉及外在的教育者的素质和教学方式、策略，也包括学生内在的心理状态。因为内心起决定所用，所以学生的内在的心理状况对思政教育效果的影响发挥着重要的作用。学生如果存在某些不良的思想或心理因素，就会表现为不同程度的消极态度和消极行为，教育的效果就会被大大地降低。就大学生而言，这些心理障碍是时刻存在的。大学生思维敏捷，容易接受新生事物，定力和自制力较差，容易被社会中存在的一些不良现象和不良思想所影响。高校思想政治工作的根本目的和任务，就在于培养德、智、体等全面发展的社会主义建设者和接班人。在传统的教育模式影响下，我们的思想政治工作主要是从思想和道德这两个方面出发。一般的思想问题，通过传统的思政教育的方法就可以解决，而一些心理方面的问题，如果还是采用那些方法，所达到的效果是事倍功半的，甚至根本起不到有效的作用。对于这类问题，由于没有找到问题关键所在即没有解决学生的心理问题，使得思想政治工作往往成效不大。这说明，仅仅把思政教育出发点放在思想和道德品质两方面的方式是不理想的。从这方面来说，心理健康教育在高校的开展拓宽了思想政治工作的视野，加强了思想政治工作的策略和方法，让我们从一个全新的角度更全面的把握问题。

第五，二者结合可以健全大学生人格，促进大学生健康成长。众所周知，学校教育绝不仅仅是为了教育而教育，不单纯是向大学生灌输书本知识，更重要的是教学生学会做人。一个健康的人，既应当有强健的身体，也要有健康稳定的心理。大学生正处于青年期，这是人生一个很重要的时期，不但身心发展急剧变化，而且在这个时期形成的一些观念和经验会对以后的人生产生重大的影响。他们处于成熟与不成熟的边缘之间，社会的变化对他们的影响很大。

二、高校思政教育与心理健康教育结合的可行性

我们之所以提出要实现高校思政教育与心理健康教育的结合，不仅因为二者的结合具有必要性，还因为二者的结合具有一定的可行性。无论我们做任何事情，都必须既要考虑其必要性，又要考虑其可行性。只有可行性，而没有必要性的事情，是没有意义的；而只有必要性，没有可行性的事情，则是无法完成的。二者结合的可行性，主要体现在以下方面。

（一）大学生的内在需要是二者结合的重要的前提条件

高校思政教育的对象是高校学生，可以说，高校的思政教育工作是研究和正确引导高校学生需求的学科，是激励和调动大学生的创造性和主动性的学科。高校思政教育工作的目的之一包括调节学生的心理，尤其是这种需要心理。在这个角度上讲，从高校学生的需

要心理上说，高校的思政教育与心理健康教育有结合上的必要性。那么，在这，我们首先要对这种需要心理进行一些必要的认识和阐述。

人的本质并不是单个人所固有的抽象物。在现实性上，它是一切社会关系的总和，明确地表明了人的根本属性在于人区别于动物的社会属性，而不是人的自然属性。正是由于人的需要及活动具有特殊性，人才表现出区别于动物性的独特性，这种独特性即人性。人的需要与人性是密切联系的，以至于可以说：他们的需要即他们的本性。这些都说明了人的需要的重要性。

任何人如果不同时为了自己的需要和为了这种需要的器官而做事，也就什么也不能做……每一种革命和革命的结果都是由这些关系决定的，是由需要决定的，……一个行动纲领，如果不同人的实际需要相结合，即使他在理论上是基本正确的，那也毫无实际用处。

人的行为都是由他的思想动机所支配的，但思想动机并不是产生行为的最根本的原因，思想动机归根结底就是由人的需要引起的。马克思认为，个体的人应该以一种全面的方式，也就是说，作为一个完整的人，把自己的全面的本质据为己有。说明需要是人的本性。一般来说，当人有某种需要，但这种需要并未得到实现的时候，他便会产生一种紧张的心理状态，如果遇到了能够帮他实现这种需要目标的时候，这种紧张的心理状态就会自然而然的转化成动机，正是需要激发了动机，引发了行为，然后产生新的欲望和需要，继续转化成动机促进行为的发生，这是一个不断循环往复的过程，使人不断追求和进步。

由于人的需要有质的区别，决定了由于需要的不同也会产生截然不同的性质状态和社会效果，而思政教育工作作为一门正确引导人的需求的学科，在如何调节人的心理需要方面，则要求合理地把思政教育与心理健康教育结合起来。高校思政教育工作者要切实地了解大学生的心理状况和心理需要，培养学生积极向上、健康的心理需要，对学生存在的一些不合理的心理需要及时地进行疏导，将高校的思政教育和心理健康教育结合起来促进大学生的全面发展。

高校思政教育研究高校学生的需要的目的，就是要准确把握大学生的心理需要，端正其思想动机，引导其正确的行为，这是高校思政教育的出发点和归宿点。学生的心理是非常复杂的，复杂的心理采取简单的方法和行政命令都是很难奏效的。高校的思政教育工作者必须深入的了解大学生的心理，洞察其内心世界，才能因势利导，加之采取必要的心理健康教育，在二者的结合下解决学生存在的思想问题。

再就是，从事高校思政教育的人员，还要正视大学生需要的多样性和层次合理性，从大学生的实际需要出发，客观分析并满足其的合理需要，激发其高尚的动机，在帮助他们不断修正和满足需要的过程中，发现并了解学生存在的一些心理问题，对其进行一定程度的心理健康教育，有利于促进学生的身心健康，也有利于学生形成健全的人格，并向少数有心理困扰和心理障碍的学生，开展补救性和矫治性的心理咨询和辅导，通过思政教育与心理健康教育二者的结合，促进学生的健康发展。

（二）思政教育与心理健康教育的互补性是二者结合的重要基础

首先，二者在教育效果上具有互补性。一方面，由于高校的思政教育对学生个人的思想道德给予了过多地关注，它培养学生树立正确的世界观、人生观和价值观，树立正确的理想信念，养成高尚的道德品格。高校的思政教育活动教会了学生认识自然和社会，教导学生如何正确处理个人利益和国家利益、集体利益的关系，一定程度上提高了学生的思想道德素质，但是它对指导学生如何客观地认识自己和审视自己，如何处理好人际关系，如何排除心理障碍，教导学生如何择业等方面的问题关注得不够，总而言之，它对提高学生的心理素质重视程度不够，而这些问题恰好是高校的心理健康教育所要解决的重点问题。从这一角度上讲，高校的心理健康教育活动适当扩充和完善了高校思政教育所需要完善的内容。高校的心理健康教育以它自身的优势和特点弥补了高校思政教育在教育效果上的一些不足，有利于培养学生完整健全的人格，有利于提高学生的心理素质和应挫能力，有利于促进大学生的全面发展。

其次，在对大学生进行心理健康教育的过程中，需要思政教育给予一些指导。我们知道，心理作用发生的根源在于主体内部更为隐性的思想意识。比如个人对与自身的意识，个人对群体的意识，个人对社会的意识，这些制约着人的心理作用的发挥。而这些思想意识都是大学生这一群体在学习和生活中，在受高校的思政教育这一活动中慢慢积累和形成的，大学生逐渐形成的世界观、人生观和价值观制约着他的思想意识。这表明了心理健康的大学生必须具备观念明确又有一定程度弹性的道德。此外，大量的材料也表明，价值观的问题也是引发许多心理问题的诱因。那么，在引导大学生树立正确的价值观这一问题上，高校的思政教育则发挥了不可或缺的作用，它可以弥补心理健康教育的效果。因此，作为促进个体和群体的心理健康的手段和途径，高校心理健康教育需要思政教育的参与乃至干预是必要的，也是必然的。

再就是，二者在工作方法上也具有互补性。在高校思政教育工作中，大学生的一些思想道德问题很多是出心理障碍所致，所以在思政教育的过程中，应当掌握大学生心理活动的规律，才能做到"对症下药"。良好的心理健康教育是思政教育的稳定器。在高校的思政教育过程中辅以必要的心理咨询活动，教育工作者以诚恳的态度与学生进行探讨和对其进行疏导，可以使教育者与学生处于心理相容的状态，能切实的解决学生的一些心理困惑，增强高校思政教育的感染力和吸引力。

高校思政教育工作者不仅要以马克思主义的观点和方法为指导，而且还要掌握心理学的有关知识，运用心理学的理论和方法来开展思政教育活动。发挥心理健康教育方法的补充效应是拓宽高校思政教育方法的有效手段。高校的思政教育工作者可以借鉴心理健康教育中的一些方法帮助学生扫除他们的人际关系障碍、情绪障碍和心理障碍。对于一些心理问题，高校的思政教育工作者往往心有余而力不足，而心理健康教育工作者则往往能游刃有余，得心应手，可以填补思政教育顾及不到的死角。将心理健康教育融入高校思政教育中，会强化心理健康教育工作者对心理健康教育在思政教育中的作用和重要的地位的认识，从更高层次上正确地教育和引导学生。与此同时，也能使高校的思政教育者意识到自身教育工作和教育方法上的一些局限性，从而主动地借鉴心理健康教育的一些教育方法，提高二者的教育效果，提高学生的品德素质和心理素质。

高校的心理健康教育也必须围绕高校思政教育工作的指导原则来开展，坚持正确的政治方向，根据学生行为中存在的问题，采取有效的心理咨询和辅导的方法，使学生明确学习和生活目的，提高学生心理素质，从而帮助他们走出心理误区。高校的心理咨询工作，为高校的思政教育工作者开展工作提供了新方法，对思政教育的系统化和科学化起到了积极的推动作用。高校思政教育要增强科学性、预见性和针对性，也必须采用心理健康教育的一些方法。塑造健全人格、最佳心态、良好情绪等心理素质是思政教育过程中一项不可缺少的内容，也是社会主义精神文明的一项重要的心理建设。从这个意义上说，把心理健康教育看做是思政教育工作的重要补充，不但没有否定思政教育的根本宗旨，也没有改变心理咨询的性质和内容，相反，却可以扩大思政教育的范围，强化思政教育的功能，发挥心理咨询的效应。

第二节　高校思政教育与心理健康教育结合的途径

通过对于思政教育与心理健康教育的解读，我们对二者的联系和区别有了更加深刻的认识。我们可以清楚地看到，思政教育与心理健康教育的结合不仅是一种必然，更是一种可能。如何顺应这种必然，实现这种可能，则需要我们进一步对二者结合的途径做进一步的分析。

无论是思政教育，还是心理健康教育，都具有内容丰富、结构复杂等特点，所以二者结合的途径也应该是多样的、多层次的。

一、树立以人为本的教育理念，在观念上达成二者的结合

二者的结合首先应当是在观念上的结合。无论进行何种理论创新和实践变革，都需要有一定的理念做指引和先导，没有了理念的指导，就无法实现思政教育与心理健康教育的有效结合。

（一）明确心理健康教育在高校思政教育中的定位

要实现高校思政教育与心理健康教育的有效结合，首先要给心理健康教育以明确、合理的定位，要明确心理健康教育在高校思政教育工作中的地位。通过对于心理健康教育和思政教育内涵的解读，以及对于二者关系的分析，我们发现心理健康教育与思政教育是相互区别、但又密切联系的。随着高校里学生各种心理问题的出现，我们的思政教育也受到了这些问题的影响和冲击。所以，我们不能再忽视心理健康教育的重要性，而应该积极地将心理健康教育纳入高校思政教育的体系中来，通过二者的有机结合，实现学生心理问题的解决，进而引导学生构建良好的思想品德，树立正确的世界观、人生观、价值观。

事实上，从某种角度上来讲，心理健康教育它应该是高校中对大学生所实施思政教育的应有之义。我们通常所说的思政教育，一般由三方面构成。首先是政治教育，主要是培养学生的政治素质，使学生树立正确的政治立场和坚定的政治信念；其次是思想教育与道德教育，它们主要是通过各种方法和手段，引导学生树立良好的道德观念，培养良好的思想品质。通过深入分析政治教育、思想教育、道德教育三者的过程，我们就会发现，心理要素是思政教育过程中一个重要的要素。心理是思想政治品德的基础因素，任何人的思想政治品德都是建立在一定的心理机制、心理形式基础之上的。而且，任何人的任何一个思想政治品德的形成，无不从知、情、信、意、行这几个心理过程的基本要素的运动变化开始。所以，从这个角度说，心理健康教育是高校的思政教育不可或缺的重要内容。

心理健康教育不仅应是高校思政教育的重要组成部分，而且更是当前应该重点加强的部分。由于大学生正处于朝气蓬勃的青年时期，他们渴望新知、渴望交流、渴望成功；他们有着积极参与社会政治、文化的热情和愿望。但是，由于我国经济、政治体制改革的深

人，社会环境的变化，很多大学生不能很好地适应这种变化，从而出现了诸如焦虑、烦躁、偏执、忧郁等心理问题，对于自己或周围的同学的生活产生了不良影响。而且，由于这些心理问题的出现，很多大学生对于他人与社会产生了不信任感，甚至是抵触心理。同时由于复杂的社会文化环境的影响，在当代大学生中，拜金主义、享乐主义、个人主义等现象也有所发生。这些心理问题和思想问题的出现，不仅对于大学生的身心健康发展非常不利，而且也严重阻碍了高校思政教育工作目标的实现，必须积极地采取有效措施改变这种状况。所以，加强心理健康教育，不仅应成为高校思政教育的重要组成部分，而且是必须予以加强的部分。

（二）树立以人为本的共同的教育理念

教育理念，是确定教育内容、方法、载体等教育体系中其他要素的基础和前提条件，对于其他要素的确定具有指导作用，是教育改革与发展的指向标。而要实现思政教育与心理健康教育的有机结合，首先就是要实现两种教育理念的有机结合，只有找到适合于二者的共同的教育理念，才能以此为指导，探索二者在其他方面的有机结合的途径。

任何教育，无论是思政教育，还是心理健康教育，都是对人的教育，都是为人的教育。虽然，思政教育具有巩固社会意识与社会规范，维护社会稳定的目标与作用，但是归根结底，它也是为人的进步和发展服务的。而心理健康教育本身就是为了解决人自身的心理健康问题而生的，所以，以人为本，理应成为思政教育与心理健康教育共同的教育理念。而要真正地使"以人为本"成为思政教育与心理健康教育共同的教育理念，还需要对当前高校的思政教育工作与心理健康教育工作进行必要的改革。

具体到高校来说，无论是在思政教育过程中，还是在心理健康教育过程中，我们都要树立以学生为中心的理念。以学生为中心，就是以学生的需要和发展作为制定教育内容与方法的出发点；以学生为中心，就是以学生的特点作为制定教育内容与方法的依据；以学生为中心，就是以学生的身心健康发展作为教育的最终目标。

只有在高校思政教育与心理健康教育的过程中认真贯彻"以人为本"的教育理念，才能使高校思政教育与心理健康教育收到实际的效果，才能使大学生在思政教育与心理健康教育中受益，也才能为思政教育与心理健康教育在内容、方法等方面实现有机结合提供坚实的基础和保证，才能使思政教育与心理健康教育的有机结合顺利进行。

二、在教育目标与内容上实现二者的有机结合

由于在现有的高校范围内，无论是对于思政教育来说，还是对于心理健康教育来说，

在其体系构建中，教育目标与内容都是不可或缺的重要的要素。在教育理念的指引下，确定适当的教育目标与内容是开展思政教育和心理健康教育必不可少的过程。而且，通过前面的分析，我们可以看到，思政教育与心理健康教育，在目标与内容上是有联系的，是有整合的空间的。

（一）二者在教育目标上的有机结合

事实上，思政教育和心理健康教育的最终目标都是为了培养高素质人才，为了实现个人与社会的和谐发展。正是基于这样的前提条件，二者的结合才有了可能性，但是二者在具体的目标上又不尽相同，二者有着各自的侧重点。思政教育是指社会或社会群体用一定的思想观念、政治观点、道德规范，对其成员施加有目的、有计划、有组织的影响，使他们形成符合一定社会所要求的思想品德的社会实践活动。这点在前面已经说过，也就是说，思政教育的侧重点是使人们树立符合社会要求的"思想品德"。而思想政治品德是指人们在一定社会一定阶级的思想体系指导下，按照一定的言行规范行动时，集中表现在个体身上的相对稳定的心理特点、思想倾向和行为习惯的总和。也就是说，人的思想政治品德包含心理、思想、行为等三个方面。而思政教育的目标也应该包含心理、思想、行为等三个层次。心理健康教育，则主要侧重于对于人的心理层次的关注，它主要通过对学生的自我意识、情绪管理、挫折应对、人格培养等方面的教育，改善和提高学生的心理健康状况。思政教育教育目标较之心理健康教育更加宏观，而心理健康教育的目标较之思政教育则显得更加细致。所以说，只有将思政教育的目标与心理健康教育的目标相结合，才能从宏观和微观上对大学生的心理问题进行观照，才能使得思政教育与心理健康教育得到共同发展。

一方面，在思政教育工作中，要加强对学生的人文关怀和心理疏导。在新形势下，我们的思政教育工作，应对大学生的心理需求和心理发展予以高度关注，要深入把握大学生的心理特点，充分尊重大学生的独立个性。在积极引导学生建构自我的正确的价值观体系的同时，注重对其心理的疏导，帮助其进行心理调节，培养其良好的心理素质；在思政教育工作中，既要遵循大学生思想品德发展，又要遵循心理健康发展的规律；要多尝试从大学生心理的角度入手，运用心理健康教育的专业知识和方法，帮助学生解除心理困惑和忧虑，并逐步提高学生自我心理调节和应对心理问题的能力。这样做既有助于学生心理问题的解决，有利于学生身心发展；同时，也为学生进一步接受思政教育创造了良好的心理基础，有利于增强思政教育的有效性。

另一方面，在心理健康教育工作中，要将价值引导渗透其中。在新形势下，心理健康教育不应只是单纯的关注大学生个体自身的心理问题。由于经济和社会的飞速发展，人与人的交往变得日益密切，社会环境也变得日趋复杂。大学生心理问题的出现，不只是由于自身因素所造成的，而是越来越受到外界环境和因素的影响。要真正解决大学生的心理问题，就需要引导学生建立起一套适应个人和社会发展的价值体系。只有这样，才能使学生在面对复杂的经济社会环境的时候，能够对现实有清醒的认识，进而做出正确的价值判断。所以说，在心理健康教育工作中，要对学生进行价值引导，只有这样才能从根本上解决学生的心理问题，才能将心理健康教育提高到更高的层次。

（二）二者在具体内容上的有机结合

事实上，对大学生进行的思政教育在内容上是与心理健康教育有较多的交叉重叠的。比如说，在高校思政教育中，对于学生意志品质的培养和理想信念的培养，也是心理健康教育内容的组成部分。所以，将高校思政教育的内容与心理健康教育的内容进行有机结合，既有必要性，也有可行性。而且，二者结合的教育内容应该是多方面的。

第一，高校思政教育应注重培养学生树立正确的人生观、道德观、价值观。培养学生科学的世界观、人生观和价值观，不仅是解决学生心理问题的根本手段，保证学生身心健康发展的重要基础，同时也是高校思政教育重要目标。而培养学生正确的人生观、世界观、价值观，不能单纯地依靠生硬的理论灌输，而是应该结合心理健康教育，对学生遇到的实际问题，进行深入的分析，以大学生的心理需求为基础，在帮助学生解决自身心理问题的同时，引导其树立正确的世界观、人生观、价值观。

第二，二者的结合应促成学生树立崇高的理想信念。我们高校思政教育应该通过与心理健康教育的结合，使学生懂得作为接受高等教育的青年群体，面对纷繁复杂的社会环境，理应树立崇高的理想信念。我们要引导学生抵制个人主义、拜金主义等腐朽思想的侵蚀，要在社会的发展中实现个人的价值，贡献自己的力量。摒弃对于低级的生物性、物质性的需要，而应追求高级的社会性、精神性需要。

第三，二者的结合还应该使学生有正确的自我认知和自我意识。简单地说，自我意识，就是自己对自己的认识。这种认识，既包括对于自身的生理状况和心理特点的认识，同时也包括对于自己与他人关系的认识。而要实现真正的自我意识，还应包括认识自我、认同自我、自信三个层次。高校思政教育应首先使学生对自身各个方面的素质有一个清醒的认识，一个人只有对自身有一个清醒的认识，才能在此基础上，实现自我认同，进而对自己产生信心，达到自信的层次。

第四，二者的结合应培养学生高尚的意志品质。意志品质，是人在克服种种困难和障碍，实现目标过程中，表现出来的特殊能力，是一个人整体素质的组成部分。大学生作为处在由学校走向社会的特殊时期的青年群体，他们通常面对着学习、生活、人际关系、爱情等多方面的问题与矛盾。很多大学生都因为这种种的问题与矛盾而苦恼，日积月累，便容易产生各种各样的心理问题。只有通过高校思政教育与心理健康教育的结合，培养大学生良好的意志品质，才能避免各种生活、学习的压力对大学生身心造成不良的影响，也才能使大学生以良好的心态认识和解决这些问题。

第五，高校思政教育应努力提高学生应对挫折的能力。大学生正处于人生成长的关键时期。人在大学阶段，通常会遇到这样或那样的挫折，挫折是每个人成长道路上都必须经历的。很多时候，对于挫折处理的得当与否，直接关系到大学生的身心健康，甚至关系到大学生世界观、人生观、价值观的树立。所以，提高学生应对挫折的能力，理应成为高校思政教育与心理健康教育结合的重要内容。要使大学生能够应对挫折，首先要使其对于挫折有清醒和正确的认识。高校思政教育工作者要使学生明白，我们既不能夸大挫折，也不能轻视挫折，而是要对挫折给予客观的评价和认识。只有这样，才能使我们的大学生面对挫折不会无所适从、盲目应对。但是，单是帮助学生认识挫折，还不是高校思政教育任务的全部，我们还应增强学生对于挫折的承受能力和接受能力。通常一个人对于挫折的承受能力，也是其心理健康水平的重要标志。

而这种能力的提高则离不开大学生自身阅历的提高和经验的积累，同时也离不开思政教育工作者的鼓励和帮助。然而，一味地承受挫折带来的压力，并不是应对挫折的主要任务和全部内容。对于挫折的应对，还应包括对于挫折带来的压力的排解。只有将挫折带给大学生的压力化解掉，或者转化为动力，才能够从根本上避免挫折对于大学生身心健康的产生的不利影响，才能为思政教育工作的进一步开展打下良好的基础。

在课程设置上，应该把心理健康教育纳入"两课"教学中去，或者通过开设各种与心理健康教育相关的公共选修课，将心理健康教育融入思政教育的课程中去。只有这样，才能使二者的结合真正的落到实处。

三、在教育策略和方法手段上的结合

在现代高校的教育工作中，思政教育与心理健康教育都有各自的一些教育方法，那么，为了取得更好的教育效果，高校思政教育的教学过程中应当合理地借鉴和运用心理健康教育的一些工作方法，使高校心理健康教育与思政教育工作能够彼此促进，融会贯通，形成互相渗透和互相促进的局面，这样会更好地促进高校思想政治工作和心理健康教育工作。高校思政教育与心理健康教育在方法和手段上既有相同又有不同，我们要取长补短，发挥他们各自的优势。

高校思政教育和心理健康教育在方法和手段上既有相同又有不同，在具体的教学工作中，应当取长补短，发挥各自的优势，在二者的方法和手段的结合运用中取得良好的教育效果。

（一）在全社会营造一个与两者相融合的教育环境

我们都知道，大学生的心理健康教育与思政教育这两项工程都是复杂和艰巨的，仅仅依靠教师的单纯教育是不够的，它需要学校、家庭和社会的共同努力和紧密配合，创造与二者相融合的教育环境，只有这样，思政教育工作和心理咨询工作才能在大学生的成长过程中显示出更为明显的作用。

首先，学校应当营造和建设健康向上、积极进取的校园文化环境，为高校思政工作和心理健康教育工作的实施创造良好的文化氛围，从而形成良好的校风和学风，培养出一个群体心理健康的教育氛围和环境。其次，高校思政教育和心理健康教育的开展也要将国外的一些先进的科学的教育理念与我国高校大学生的具体实际相结合，力求建立有中国特色的大学生思政教育制度和心理健康教育制度。更为重要的是，我们全社会，包括家长们都要正确地面对和正视大学生的心理健康问题，这要求家长和学校对学生的心理状况重视并从基础教育抓紧，注重培养学生的自我教育、自我管理和自我约束的能力。

再就是，我们提倡应当尽快推进全方位的大学生心理健康教育。所谓全方位的心理健康教育是指将大学生心理健康教育置于开放式的大教育环境中，通过学校内部的教育、教学、管理活动全过程，以及通过指导家庭教育、充分利用社会资源，对学生心理加以积极的、正面的影响的一种心理教育。这样全方位的心理健康教育，学校和家庭共同参与，更有利于教育目标的实现。它实施的方法和途径主要有以下方面：第一，给所有学生进行心理健康辅导，开展心理咨询课程；第二，对个别学生进行单独的心理咨询和心理辅导；第三，对学生的心理状况进行深入地了解并填写学生的心理档案；第四，尊重学生的主体地位，创设一些活动情境，从而强化学生的行为和心理培训；第五，指导学生建立良好和谐的人际关系，为心理健康教育的实施创造良好的心理环境；第六，提高教师的心理修养和心理素质，凸显教师的心理角色；第七，实现全方位的心理健康教育，还要充分利用各种资源。在这里，我们主要阐述一下利用网络资源来促进二者的结合。充分利用网络资源，构建思政教育和心理健康教育相结合的网络教育体系。教育工作者可以充分利用网络的直观性和双向互动等性质，全方位、多角度地实施思想政治和心理健康教育。因为网络它具有一定的虚拟性、自由性和隐蔽性，大学生能够直接而真实地表达自己内心的抑郁和苦闷，毫无顾忌地畅所欲言，寻求心理的释放和依赖。这样一来，教育工作者可以通过网络及时和准确地了解学生的一些心理动态和思想实际，通过分析研究，对症下药，及时引导，沟通化解。利用网络将思政教育和心理教育有机结合起来，使原本单调枯燥的说教式教育方式，变成了相对平等信任的网络教育形式，通过这种形式，不仅能让大学生乐于接受，而且还增强了高校思政教育工作的针对性和实效性。

高校领导在制定教育目标的时候，要充分理解心理健康教育是教育过程中的非常重要的环节，要深入了解学生，关注学生，尊重学生并发展他们的个性，培养他们良好的心理素质，以便更好地开发其内在的心理潜能。

（二）在实施过程中注重教育策略的整体性要求

大学生表现得较为普遍的心理问题主要包括学习中存在的一些问题、人际交往和沟通的问题、恋爱困惑等，对于他们存在的这些问题，要有针对性地进行集体分析和咨询，尤其是在公共课和理论课的授课过程中，要把所讲的一些理论知识与大学生的思想实际相结合，用理论来分析实际；同时，教育工作者还应当正确引导每个学生树立起自我保护的意识。有的学生在进入大学之前，他们就多多少少地存在一些心理问题，只是可能在生活中表现得不是很明显，因此，在他们刚刚入学的时候，非常有必要对大学生进行心理状况的检查和测量。具体的措施包括利用心理测量仪器，根据测量的结果给学生建立起关于其心理状况的心理档案，并对检测出存在心理问题的一些学生进行备案，然后经常地给这些学生以关注和重视，并对他们进行心理的一些指导。此外，随着信息技术的飞速发展，越来越多的人已经使用网络，大学生也不例外，他们利用网络查阅资料、娱乐、交友，等等，上网已经成为大学生学习和生活的重要组成部分，他们是使用网络的重要群体。那么，根据这一点，教育工作者应当利用网络来正确地开展心理健康的教育。通过使用网络这一媒介进行心理健康教育的普及是有很多好处的。首先是快速性。由于网络的方便性和快捷性，大学生在网上学习心理健康的知识是很迅速的，它是不受时间和空间的限制的，只要打开心理健康教育相关的网页，一些关于心理健康的信息就会大量浮现，大学生就可以在短时间内接受这些观念。其次是广泛性和多样性。因为网上提供的信息量要比书本上的知识要多很多，而且相当丰富，涉及的方面也较为广阔，这样，网络上提供的信息量可以满足大学生不同阶层、不同群体的心理健康发展需求。最后是渗透性。由于网络的运用是适用于大学生的心理发展特点的，在使用网络的过程中，网上的一些知识能够在轻松自由的氛围中渗透在大学生的头脑中，容易被大学生所接受。而且大学生通过网络接受关于心理健康教育的知识，可以消除顾虑，正视自己，更真实地客观地认识自己、剖析自己，准确地找到出现心理问题的症结所在，所以，通过运用网络资源对大学生进行心理健康教育，有利于增强心理健康教育的针对性和有效性。

（三）注重教育和引导方法的相互补充与促进

无论做什么工作，要取得良好的效果，在具体的工作中必须要做到有的放矢。这就是说，无论实施思政教育工作还是心理健康教育工作，都要注重因人而异，根据教育对象的个性特点采取相对应的教育方法，这样就不会引起受教育者的心理抵抗。在二者方法的结合中，思政教育可以通过小组讨论和课堂教育等方式进行，在这样的过程中，可以引导学生建立心理健康这一概念以及对心理健康教育的重视，提高自我适应和自我调适的能力。

在高等院校中，要培养全面发展的综合型人才，对学生进行思政教育和心理健康教育都是必不可少的环节，两者都是高校的教育中不容忽视的力量，对培养全面发展的建设性人才发挥着越来越重要的作用。二者在具体的教育过程中要相互借鉴和结合。在思政教育的过程中，要加强心理健康的教育和其他相关的学科建设。不但要有开拓创新的思政教育队伍，还要有与时俱进的心理健康教育的教师。不但要培养从事思政教育工作的专业人才，还要实施高校思政教育队伍的人才培育工程。另外，在重点培养具有我国高校特色的心理学家的同时，也应该对一般的心理健康教育工作者进行强化的培训，对他们进行规范化的管理，逐步形成专门的对大学生进行心理健康教育的资格认证体系。最终要形成以学校心理学家为龙头，以一般专职心理健康教育者为骨干，以专兼职德育教师和广大学生政工干部为主体的心理健康教育三级梯队队伍结构。

四、高校思政教育和心理健康教育的结合应注重队伍的建设

高校思政教育的发展和建设已经有多年的基础，发展是比较成熟的。但是高校的心理健康教育的发展相对来说是比较薄弱的，尤其是对怎样把心理健康教育融入思政教育工作中的指导和经验相对较少。高校的思政和心理健康教育结合的重点在建设，思政教育的队伍和心理健康教育的队伍作为高校进行思政工作和心理教育工作的实施者，发挥着不可忽

视的作用，所以，一定要根据素质教育的基本要求，把师资队伍的建设放在突出的位置抓紧抓好。

高校心理健康教育之所以没能够取得较为明显的效果，最根本的原因是缺少专业的师资力量。思政教育的教师和心理健康教育的工作人员要想全面的提高学生的素质，也要实现教师双重角色的结合。首先，高校的思政教育需要心理健康教育理论的创新以及大学生容易接受的教学模式和方式，还需要广泛地普及关于心理健康教育的知识来扫除思政教育的障碍。其次，作为对大学生实施心理健康教育的教师也需要在长期从事思政教育的工作实践中积累丰富的教育经验，并热衷于对大学生进行思想工作，指导大学生树立正确的人生观和价值观作为自我心理保健的支撑体系。

实现这种双重角色的结合，需要教育者自身素质的提高和优化。一方面，可以通过建立专门的关于心理健康教育的工作机构，比如心理咨询室等机构，根据学生的心理状况来制定全校心理健康教育的规划，对学生进行专业化和普及性的教育和指导。另一方面，要对从事教育的一些工作人员进行专门的培训。前面我们说过，辅导员和班主任是与学生接触最多的，通过他们对学生的接触和了解，他们更容易发现学生存在的一些心理问题，在对学生进行心理健康教育的工作的过程中他们发挥着不可替代的作用。因此，对他们进行关于心理知识和技能的培训是非常必要的。通过专门和专业的培训，完善其知识结构，提高其能力素质和知识素质，提高其开展德育和心理教育的能力，促进心理健康教育和思政教育的协调发展。当前大学生存在的心理问题，对高校的政工人员的素质和修养也提出了更高的要求。除自身具备较高的政治素质、能力素质和专业素质外，政工人员还必须加强学习，不断地充实自己，系统地掌握心理学、行为学以及一些心理咨询等方面的知识，研究大学生的身心发展规律，科学地分析大学生心理健康上的反映变化，从而有针对性地对学生进行思政教育和心理教育的辅导，培养学生健全的人格和健康的心态，提升学生的道德素质和心理素质。

我们反复强调，实施思政教育和心理健康教育的队伍的素质的高低直接决定着大学生教育工作的成效。但就心理健康教育的队伍来说，除了少数的专职心理咨询教师以外，实施心理健康教育的大部分教师并没有接受过正规、统一的心理科学知识和技能的培训，对现代的心理咨询技术了解得不够透彻，在教育实践中，很难保证取得好的效果。因此，必须把教师队伍的建设放在显要的位置抓紧抓好，对专、兼、聘职教师进行有计划、有组织、有目的的技能培训，不断增强教师责任感和服务意识，提升开展心理教育工作所需要的专业知识、技能和科研能力。同时结合工作实践，组织教师之间互相学习、彼此启发、共同促进，有针对性地解决大学生成长和成才道路上遇到的心理问题。只有建设一支具有高素质高能力的心理健康教育的师资队伍，才能使心理健康教育向健康发展的轨道迈进。

第三节　心理健康教育在高校思政教育中的实践路径

一、坚持以人为本，转变思政教育工作理念

高校的大学生们自由而全面的发展，必须在一个充分尊重他们的环境下才有可能实现。作为教育者，我们首先转变观念，以人为本，尊重人、理解人、帮助人、鼓励人、发展人，最终促进受教育者的全面发展，这是时代的召唤，也是教育发展的需要。

（一）体现人文关怀，以尊重教育者主体性为前提

在高校思政教育中，教育者和被教育者两者之间应该是平等、民主地对话和交流，但是在现实生活中，思政教育过于突出教育者的主导作用而经常忽视受教育者的主动性和积极性，并且生搬硬套地采用单项灌输等方式，忽视受教育者的能动性。心理健康教育的优势在这里就很明显地体现出来了，它的倾向性比较明显，是以来访者身心健康为目的，并且在教育或者咨询的过程当中用平等、理解的对话来互动，因此心理健康教育中受教育者的主体性可以运用到高校的思政教育中去。尊重受教育者的主体性首先要了解受教育者的内心需求，受教育者由于是不同的个体，有着各自不同的心理特点和内心需求，大学的不同生活阶段又有不同的表现。例如大一刚入学的新生首先要解决他们对新环境的适应问题，其次对他们开展理想信念教育帮助他们树立既切实可行又远大的理想目标以指导他们的大学生活甚至人生。大四的学生即将走进社会，这时的他们需要调试好心理走进向往已久但是又同自己理想不一样的社会大炼炉，高校的思政教育应该帮助他们确立正确的就业观念，把自己的理想信念同社会的需要结合起来，用自己所学为社会的发展贡献一份力量。

其次，高校思政教育过程应该是受教育者参与的过程，让受教育者在参与的过程中发现问题，探究原因，找寻方法，最终形成稳定的世界观、人生观和价值观。受教育者都是独立的个体，他们都有自己独立的意识，因此在开展思政教育工作的时候应该注意引导，将受教育者内心已经形成的某些观点引导到符合社会要求上去，最终让受教育者对思政教

育的内容以及思想产生认同感并且内化成自己的稳定的思想。

（二）关注心理特征，以大学生心理防御机制为切入点

教育者若要真正从受教育者的角度来考虑，应当掌握大学生的心理活动过程。心理防御机制对于高校思政教育工作者在了解学生的心理特点方面具有很好的借鉴意义。心理防御机制是弗洛伊德精神分析学说的重要部分，是自我应付本我的驱动、超我的压力和外在现实的要求，以减轻和解除心理紧张、求得内心平衡的心理措施和防御手段。个体的防御机制大体分为三种类型：不成熟型防御机制，投射、分裂性幻想、被动攻击、潜意显现、疑病和分离；成熟型防御机制，升华、压抑、幽默、期望和利他；中间型防御机制，转移、潜抑、隔离及反作用生成。心理防御机制是个体比较稳定的个性特征，短时间内教育者很难去改变，但是我们在思政教育过程中，如果及时地掌握学生的防御机制特点来展开不同地策略和方法，就可以减少学生的不成熟性的防御机制，使他们能够从内心接受并且内化思政教育工作者给他们传递的一些符合正确的理想和信念。心理防御机制给我们思政教育工作的第一个启示是间接性的隐性教育可以减少甚至消除学生对于显性教育的排斥和反感。隐性教育具体来说就是在受教育者轻松愉悦的氛围下，不需要一直努力的情况下去学习，进而潜移默化的受到一定的启迪和感化。苏霍姆林斯基（Suhomlinski）曾指出：造成青少年教育困难的最重要原因在于教育实践在他们面前以赤裸裸的形式进行，而处于这种年龄阶段的人按其本性来说是不愿意感到有人在教育他们的。与中国传统的思政教育相比较，隐形教育是不贴"安民告示"的一种含而不露的教育，是把相关的教育目的或意向渗透到或潜藏到与之相关的教学活动当中去，从而让受教育者潜移默化的受到感染，逐渐形成良好的思想品质。相对显性教育而言，隐形教育不会让学生产生戒备心理或抵触心理，同时较好地实现教育与自我教育的统一，从而达到润物细无声的效果。第二，思政教育工作者以学生的心理防御机制为切入点，教育工作者应该让学生感受到来自学校的关怀及帮助，避免他们在遭遇困境或者挫折时采取消极的心理防御机制。如对于积极乐观的学生，应注意引导他们在面对困境时采取积极的心理防御机制，而对于比较内向或者情绪悲观的学生，要注意引导他们在面对问题时采取中间型的心理防御机制，慢慢由中间型转向成熟性的心理防御机制。大学阶段是每个人情感比较细腻的阶段，他们往往很渴望得到来自老师的关怀，却又反感老师给他们一些强硬的灌输或者要求，因此对于思政教育队伍的有较高的要求，教师如果能够以学生比较容易接受的方式关注学生的热情往往能够获得学生的信任，开展起工作来便顺手很多。第三，掌握学生心理防御机制的最终目的还是希望

提高学生的心理素质，从而让他们在逆境时也能够勇敢并且正面的去面对和解决问题，所以思政教育工作者还可以让学生学会了解自己的心理防御机制特征，掌握心理应对和情绪调节的常识和技巧，学会在具体的环境中可以采取哪些措施来缓解自己的压力和挫折。

二、融入心理健康教育，丰富思政教育内容

（一）加强自我意识

自我意识是个体对自身和对自身与周围世界关系的认识、体验和愿望，就是对自己存在的察觉。自我意识包括三方面的内容：一是个体对自身生理状态的认识和评价；二是对资深心理状态的认识和评价；三是对自己与周围关系的认识和评价。其中第二方面对自身心理状态的认识和评价是高校思政教育的重要内容，因此，加强大学生的自我意识，能为高校思政教育提供良好的心理保障。大学生是富有理想的，但是面对理想与现实之间存在着较大的差距，会产生内心冲突，这也是大学生自我意识矛盾最集中的表现。除此之外大学生还存在着独立同依赖心理的冲突、交往需要与自我封闭等的冲突。提高大学生自我意识的途径主要由以下几种：一是建立良好的自我意识发展的导向系统，即运用集体主义的价值观来引导学生正确认清个人利益与集体利益之间的关系，从而为自我意识提供明确的导向。二是建立良好的自我调节系统，即对自己的评级能够客观全面，学会约束自我并且还能适时地塑造和超越自我。三是要树立真实的自信心，即学会对自己尊重和肯定，相信自己通过努力一定能够有所作为。心理健康教育者应该以受教育者为主体，引导他们去自我探索，自我发现，充分发挥学生自我、学生同辈、学生群体的主体作用，通过他们通过自主地去克服新困难，处理新问题，解决新情况来不断增强自己的心理素质。心理健康教育最终的目标是实现个体的健康发展以及充分挖掘潜能，所以学生的自我教育、自我意识是发挥起潜能的重要途径。

（二）高校学生人格教育

人格对于一个人健康的成长有着至关重要的作用，人格包含两层含义：人格倾向性和人格心理特征。人格倾向性是人格中比较活跃的因子，也是人格结构的核心因素，人格主要包括需要、动机、兴趣、理想、信念和世界观等心理成分，世界观是一个人对这个世界比较稳定的看法，因此正确世界观的树立可以为高校学生在学习和生活上提供科学的方法论指导。人格心理特征主要是个体心理差异的表现，它包括能力、气质和性格。气质反映

了人的生理特性，是表现心理活动的强度、速度、灵活性与指向性的一种稳定的心理特征，决定了个体不同强度的情绪、不同速度的思维、不同程度的意志力等个体心理活动的动力特征。一般来说，气质分为胆汁质、多血质、黏液质、抑郁质四种类型，每一种类型的个体所具有的特性不同，所以思政教育工作者可以对不同气质类型的学生开展有针对性的思政教育。性格是个体与社会最密切的人格特征，从不同的角度和侧面可以分为不同类型的性格。大学生所处的年龄，是性格日趋定型的阶段，在这一时期，大学生渐渐成熟，性格的理智特征、情绪特征、意志特征等性格特征逐渐稳定，这些情绪特征会在大学生的一生中保持下去，因此大学阶段是人格成熟的时期，另外他们的世界观和理想也初步形成，即将走入社会的大学生们，处于理想和现实之间，他们逐渐开始想要通过自己的努力把现实变为理想。个体的人生观体系由人对现实的态度直接构成，这种态度体系指导和影响人的各种行为活动，因此性格能集中体现一个人的人生观、道德观。孔子曾说过：性相近，习相远也，人生来差距不是很大，后天的环境和教育造成每个人性格上迥然不同。人的人格很大一部分是后天习得的，学校教育尤其是人格社会化的主要场所，首先学校里的老师对学生人格的发展具有导向作用，每个教师都有自己的风格，在不同风格教师的影响下，学生表现出不同的人格特点，其次学校还是一个同龄人集体会聚的地方，因此同辈教育对学生的人格也具有非常大的影响。在高校进行人格教育，我们可以进行大学生责任感教育，因为责任感也是一种社会化的结果，是一种理性认识，需要通过一定社会化的认识表现出自己的价值观。责任感也称作责任心，指自觉地把分内的事做好的意识。具有社会责任感的人面对社会时情绪兴奋度比较高，对人的个性倾向性产生重要影响，他们将个人、社会和国家利益紧密结合起来，把自己的个人理想与社会现实联系，更好地处理个体与集体之间的关系。有社会责任感的人，活在有目的有意义的价值观里，情绪状态通常会比较良好，即使遇到一些困难，他们也能调整自己的心理状态，积极努力的面对和改变，呈现出比较高的健康心理状态。

（三）高校学生人际交往教育

人是社会性的动物，人的大部分时间都是与他人一起度过的，人的社会性也是人的主要特性，因此任何个人都是处于社会中的个人，每个人都和周围环境存在着一定的联系，人与人之间的交往是人类共同活动的一种特殊形式，交往是每个人的一种社会需要，每个人都不能脱离社会群体而独立地生活，人与人之间通过交往进行一定的联系，然后形成一定的社会关系，为了让这个社会有秩序地生活，社会中形成了一种普遍的行为规范和准则，而这些行为规范和标准必须符合一定社会要求和阶级利益，所以高校加强人际关系的教育能够促进大学生们调整自己的行为，和周围保持良好和谐关系的同时处理好自己与集体之间的关系。良好的人际关系可以在集体内部产生合力，让人团结协作，发挥群体效应的作用。通过人际交往可以调节大学生的行为，一方面大学生通过交流信息和思想，可以与对方交流共享信息与思想，甚至改变对方的观点，达到自己与对方行为与思想的趋同。另一方面，每个个体都遵守着社会的共同交往原则，为着各自目标努力的同时也会提高了团体的工作效率。总之，人际关系能够使大学生与周围交流信息，认识自我、协调自己的行为，因此，在高校内部加强人际关系教育可以促进学生对自我的认识，让自己与周围更融洽地相处，有利于思政教育时效性的提高。

三、拓展教育途径，加强思政教育的教育模式

（一）大力加强专业而又全面的心理咨询

高校心理咨询的根本目的，不仅仅使有各种心理异常表现的学生尽快缓解心理压力和消除心理危机，更重要的是使广大学生具有健全的人格和良好的个性心理品质，使其内心极其丰富、精神生活无比充实、各种潜能得以充分发挥、人生价值能够真正体现。高校心理咨询通常包括障碍性咨询和发展性咨询两种模式，其中障碍性的心理咨询应该比后者相对少，高校的大部分学生并没有严重的精神疾患或者心理疾患。因此高校心理咨询不仅仅是对少数学生心理问题的辅导、咨询和诊治上，而是应该针对大多数学生的心理，预见他们可能产生的心理困惑，并且要注意学生的发展性，把学习辅导、生活辅导、性格辅导与择业辅导与学生的心理辅导结合起来。高校心理咨询从咨询对象数量上看主要包括个别心理咨询和团体心理咨询两种，从咨询方式来看主要有门诊咨询、电话咨询、现场咨询、书信咨询等，近年来由于网络的兴起，网络心理咨询也开始发展起来。个别心理咨询主要分为五个基本阶段：建立信赖关系；了解情况，收集信息；分析判断，确定咨询目标；选择决定问题的方案和检查、巩固咨询效果。常用的方法有会谈法、个案法和测验法三种。对于来访的心理咨询者，个别心理咨询必须全面而又准确地了解到咨询者的心理状况，不能仅仅停留在一般的"谈心"上，可以通过测量这一手段，对心理咨询提供一些依据和参考。团体心理咨询是通过团体活动或者聚会，大家相互讨论共同关心的问题，相互启发，相互理解，以重新悦纳自己，增强成员的社会适应性及人际关系。团体心理咨询中，发展性的心理咨询目前在高校里发展得比较迅速，同时也应用得非常广泛，所以应该引起足够

的重视。

（二）运用真挚的情感教育唤醒广大学生

在思政教育过程中，不仅有知识性的交流，更有情感性的交流，在整个思政教育过程中，这两种交流是缺一不可的，并且相互影响相互作用。传统的思政教育以知识性交流为主，甚至忽视了情感性的交流。纯粹的知识性交流并不能很好地让受教育者从内心接受教育者的思想，因此也就大大影响了教育成果。受教育者是一个个内心世界具有鲜明特点的人，情感教育能够充分尊重受教育者的主体性，尊重受教育者是一个生动活泼的个体，因此有利于实现受教育者自由而全面的发展，有利于思政教育目标的实现。大学生心理健康教育明确把情绪管理作为其教育内容也是由于大学生的情绪对其学习与生活产生重大的影响，如果不好好了解大学生的情绪，那么其他的一切教育都很难达到预想的效果。所以高校思政教育在情感方面可以采取一系列措施对学生开展思政教育活动。情感教育要求我们不再是像以前那样"填鸭式"的纯粹知识性的灌输，而是"动之以情、晓之以理"。首先高校思政教育工作者可以运用情感的力量，将思政教育的内容富有生命力和活力，更加贴近大学生的生活实际，使之具有愉悦性和可接受性。"知之者不如好之者，好之者不如乐之者"，紧贴学生实际需要的教育内容才能唤起学生学习的动力。其次，高校思政教育工作者可以通过个体的真挚情感打动感染受教育者，让他们切实感受到来自教师等思政教育工作对他们关切的爱，或者创造一定的环境激发高校大学生的情绪和智慧，做到"情以物迁，辞以情发"。真正的教育不在于灌输了多少知识，而是激发，引导和鼓舞，这样才能真正达到大学生自由而全面的发展的目的。

（三）创建网络为载体的思政教育新模式

网络作为一种新的社会文明载体，对人们的生产方式和生活方式、价值观念等产生了重大的影响，网络由于自身开放性的特征，导致世界各国的价值观念等与本国的思想观念造成一定的冲突，所以容易导致大学生的人生观、世界观失范。另一方面，网络的隐蔽性、开放性等特点也会对受教育者的认知、情感、人格等造成巨大改变，现在高校宿舍内出现许多宅男宅女，由于经常上网，渐渐与周围社会中的他人关系疏远，也逐渐变得冷漠和孤立。因此利用好网络这个载体，利用网络心理特点与规律对高校学生开展思政教育工作具有重要现实意义。首先，高校应该将思政教育和心理健康教育的相关课程利用网络技术来发展网络课堂。各高校可以邀请一些专家为大家进行网上讲学，同时针对大家感兴趣的各种时事热点可以设立专门的板块供广大学生讨论。同时在各大高校的网站上还可以设立心理咨询或者心理测试中心，以及向学生提供一些国内外著名的心理咨询网站，甚至与这些网站建立一些链接，方便学生更好地在网上对自我的心理状态有一个比较权威的分析。其次，高校应结合学生的需要来完善网络体系的相关教育。大学生上网有各种各样的目的，学校应该根据学生上网的心理需求来进行引导和服务，总的来说大学生上网的主要行为有：学习行为、人际交往行为、娱乐消遣行为等行为，因此，高校的网站建设可以紧密结合学生上网的主要行为来全面掌握学生的心理状况及思想情况。

（四）加强师资整合，在教育队伍上有机结合

在中国心理咨询领域，活跃着三支队伍，一是以医疗系统为背景的医务工作者；二是以心理学、教育学、社会工作等为背景的心理学工作者、教师和社会工作者；三是以思政教育为背景的思政教育工作者。这些师资队伍有不同的专业背景，因此对于一些心理学理论及方法运用的掌握情况层次不一，我们应该对待不同的队伍进行分层次、多途径的教育和培训，以此来加强高校的师资力量。

在高校的心理健康教育队伍里，还有一部分工作者并非是专业的心理咨询人员，即以思政教育为背景的心理健康工作者，例如高校的辅导员，辅导员是高校进行思政教育又可开展基本的心理健康教育最典型的人员之一，通常这些思政教育工作者可以暂时地摆脱自己思政教育的工作身份，先对来访的人员展开心、理咨询的活动，在解决了心理问题之后继而再开展思想工作。这些人员在对来访者开展心理咨询时并非像第一种以医疗系统为背景的医务工作者那样以"救死扶伤的革命人道主义"为目标，也并非同第二种以心理学、教育学、社会工作等为背景的心理学工作者、教师和社会工作者一样对心理咨询者的主要目标是个体的自我实现和个体的潜能发挥。第三种以思政教育为背景的教育者，他们既能以受教育者个体为本，又能兼顾社会的总体目标，达到个人与社会的和谐。第三种心理咨询模式也属于具有中国特色的心理咨询模式，这种心理咨询模式主张用一定的思想道德素质来解决个体的心理问题，即心理咨询工作者带有一定的价值干预性，价值教育也是这种模式的。思政教育为背景的心理咨询模式着力于人的世界观、人生观、价值观和理想、信念等方面的教育和引导，它高扬的是一种人的理性和精神的力量，通过对人的自由、价值、尊严和人性的尊重，引导人们消除各种思想和精神上的困惑。

但是作为以思政教育为背景的心理健康教育工作者，一定要把思想政治工作和心理健康教育工作两者关系处理好，实现好角色转换，否则会造成一些矛盾和冲突。首先，应该

避免多重关系的发生，例如思政教育工作者为某院的辅导员，而来访者为该院的学生，那来访者与咨询者之间形成了双重关系，这种双重关系容易造成思政教育人员的角色冲突，也容易丧失对心理咨询的客观性，从而不利于来访者的心理健康教育。如果遇到这种多重关系的情况，为了给来访者做出客观性及准确性心理咨询，心理咨询工作者可以做适当的转介。其次，如果来访者的心理问题咨询人员无法解决时要立马转移给其他专业背景的教育工作者。所以心理健康教育工作者一定要学会对来访者心理问题的性质及程度进行及时的判别和鉴定，从而对一些心理咨询工作提供一些有效地干预。

第六章　高校思政教育与传统文化的融合

第一节　传统文化与高校思政教育融合发展的价值实现

一、传统文化在大学生思政教育中的应用准则

(一) 方向性准则

统治阶级思想意识在被社会达成共识并普遍接受的前提下，逐渐成为社会主流思想意识。思政教育的首要任务是要将敌对意识观念的影响削弱甚至根除，在经济全球化和政治多元化的条件下，我们应遵循以下两点方向性原则。

1. 保持自己独特的文化和意识观念

随着改革开放以及世界贸易经济的崛起，世界各国之间的经济、政治、文化、技术等多维度联系日趋密切，并在全球范围内逐渐形成了一个相对整体，这在一定程度上刺激了各国之间的竞争，促使各国统治者为了使本国在国际中得到更大的利益，开始加强了对他国的干涉和渗透。换而言之，他们将本国所具有的意志强加于他国，甚至出现对他国各方面进行控制和管束现象。

我们在对大学生进行传统文化教育的同时，应本着保持自己所特有文化和意识观念的原则，既不排斥他国的意识观念，但也不动摇我国所固有的文化意识观念。

2. 切实把握好开发与利用各个环节的政治方向

各国间经济、政治、思想、文化等的相互碰撞，在一定程度上也给思想带来了更多选择。因此处于青春期的大学生在思想政治方面面临着严峻的考验以及巨大的挑战。这关系到大学生的价值取向的问题，要知道一个人的价值取向对这个人的一生是十分重要的。各国的文化碰撞，使我国社会价值取向趋于多元化，这就需要大学生明确价值导向的专

一化。

在开发和利用我国优秀传统文化资源的基础上，还需把握政治方向。要将中国文化与外来文化之间的关系处理得当，首先要正确对待我国固有的传统文化，然后再在此基础上对外来文化加以适当的借鉴和创新。

总而言之，我们既要将已有的本国文化牢记于心，树立高度的文化自信，又要善于学习、借鉴其他文化的优秀成果，取其精华，去其糟粕，防止陷入"守旧主义"和"封闭主义"泥潭。

（二）针对性准则

事物都处于不断变化之中，思政教育内容也是如此，其内容要顺应时代的发展，才能够更好地服务大学生。

随着时代的变迁和飞速的发展，当代大学生所接受的思想更为广泛和自由，与以往相比，已经形成了巨大差异，甚至会出现两种相反或是极端的价值观，这时以往陈旧的教育模式就不再适应当代教育发展的需要。

我们在对大学生进行传统思想教育时要本着针对性原则，从大学生的实际情况出发，针对期间所存在的差异，区别对待，不要搞"一刀切"，将"广泛性"和"先进性"适当结合起来，只有这样才能充分发挥思政教育的针对性和时效性。

（三）批判继承与发展创新准则

特定的文化形态在一定程度上影响和制约着人类思想政治观点的发展，以至于使丰富的文化背景和文化资源成了思政教育在构建其自身体系时的主要支撑所在。

我国的思政教育工作也是如此，这主要是由于我国传统文化本身包含着无法回避的、具有多元化的育人内容以及显而易见的思想影响力和道德感化力，这一现象是任何教育工作都无法回避的问题。所以面对我国现有的思政教育，要在致力于发展优秀传统文化基础上，充分挖掘中国文化精神宝库中所具有的精华成分并赋予其鲜明的时代特征，为培育社会主义现代化建设所需要的新型人才提供优质的思想资源以及道德启示。

我国传统文化的博大精深，对当代大学生的思政教育有着深远且巨大的意义，因此，怎样将我国传统文化转变成当代的一部分，如何将此作用充分发挥出来，都是我们需要考虑的重要问题。

传统文化在一定程度上影响着大学生的价值观以及人格的塑造。但将传统文化知识以强制性教授方式传导给学生的办法并不可取，因为在大学阶段，学生已经形成了自我认知观念，被动接受的知识或是事物会给他们带来排斥心理，同时使他们在情感状态上存在一定的疑虑。所以要想使传统教育效果达到期望值，就需要调动学生的积极性，使之自觉吸收传统文化精髓。

1. 以批判的眼光传承中华传统文化思想、道德精髓

要想更好地学习传统文化知识就需要在其原有思想精华和道德精髓的基础上，注入新的力量。只有在原有事物基础上进行反复实践，并将其进行重塑、创新，才能使其更好地发展下去。努力用中华民族创造的一切精神财富来以文化人，以文育人。

2. 顺应时代，在新的实践中推动传统文化的创新

事物都是在不断变化的，也只有在不断变化中才能向前迈进，因此，在大学生传统文化教育方面，也要顺应时代的变化，同时还应在一定程度上满足人们对其所具有的期望。尽可能将中国传统民族文化基因与当代的文化发展相适应，使学生乐于了解、学习中国传统文化知识，并在一定程度上起到弘扬文化精神的作用。做好将传统继承与现代转换有机结合的重要工作，用实践进行创新，并在此基础上坚持和发展传统文化。

二、传统文化在大学生思政教育中价值实现的途径

（一）传统文化进课堂，进教材

我国高校中涉及的传统文化课程以及教育资料相对来说比较少。因此，相关教育部门应逐步改革高校的教育内容，增设一些关于传统文化的课程，并经过多方研究修订整理出一套相关传统文化的资料。这一资料应遵循循序渐进的原则由浅入深，使学生充分接触到中国传统文化，研究它，了解它，爱上它。这些课程可以是历史、哲学、伦理学、社会学、政治学等课程。

但从授课形式方面来讲，教师或校方应进行一些创新，摆脱枯燥乏味的讲解模式，使学生能够愿意从真正意义上去学习，这样有助于增加学生对中国传统文化的兴趣。

（二）优化思想政治教师队伍

1. 重视言行一致

教师自身的言语行为对于大学生会产生相当重要的影响。教师的主要作用是对受教育者进行传道、授业、解惑，但目前大部分高校教师在不同程度上将自己的职业看成是一种

谋生的手段，并不注重自身的言行，这使大多数学生无法信服于他。也就是说，只有教师言行一致，才能使大学生敬佩、尊重教师，如若做出的行为没有与语言相一致，那么语言就成了空洞的说教。所以，教师应重视自己的言行举止，用自己的道德表率和模范作用来影响教育对象。

2. 丰富优秀传统文化知识

教师的主要职责是教授学生，学生的主要任务则是将教师教授的内容牢记于心并能在日常生活、工作中灵活运用。在通常情况下，博学的教师会更容易受到学生的拥戴，教师要有丰富的文化底蕴，在传统文化方面进行细致的学习和研究。中国传统文化博大精深，教师应主动学习或是接触一些古代文学、艺术、书法、历史学等方面相关知识，用丰富的知识、内涵来武装自己，并不断提高自己的决策力、宣传力、观察力、自我调控力等，使自己在某种程度上散发个人魅力，如此便会有诸多学生喜欢自己，信服自己，从而达到良好的教育效果。

3. 加强教学能力

教师在言传身教的同时，还应注意加强自身的专业技能，利用课余时间提高自身的教学能力，端正自己的态度。教师还应适应社会发展的需求，做到与时俱进，学习并能熟练操作多媒体设备，使用先进的教育手段，具有一定的创新意识，使思想政治课堂的内容和形式都能对大学生产生吸引效果。

(三) 增建高校传统文化教育网络

1. 课堂是主阵地

通常而言，课堂是大学生学习文化知识以及中华优秀传统文化的重要场所之一，同时也是大学生接受教育的主要渠道之一。针对课堂教育，相关部门应利用富有中华优秀传统文化的教育材料，在一定程度上增加传统文化知识的传授量，并循序渐进地使学生对中华优秀传统文化进行更深入的了解和学习，巧妙借助中国传统文化来使大学生具备一定的真假、善恶、美丑的辨别能力。

2. 第二课堂是有效途径

在第一课堂基础上，第二课堂是深化教学的又一块重要阵地。众所周知，教育要想达到一定的效果，就需要将理论与实践相结合。对于中国传统思想教育而言，学校不应只重视思想政治的理论课程与文化课程的学习，还应多组织一些关于传统文化的活动，如组织一些国学名师讲座、国学经典阅读会等，使大学生参与其中，在实践中充分感受并了解中国传统文化。

除此之外，还可以定期组织学生到相关博物馆、纪念馆或是具有历史意义的地点进行参观，使学生对中国传统文化中的人文精神及精华进行深入了解，从而增强大学生的民族自豪感。

3. 互联网是重要载体

随着网络信息时代的到来，网络已经成了人们生活中必不可少的，同时也成了高校教育的一种重要方式。学生可以利用网络获取信息，且这种信息获取方式要比翻阅图书更为快捷，因此教师应将网络所具备的各种优势尽可能地充分发挥出来，并在网上搭建一个专门的传统文化教育平台，使大学生能在良好的资源环境下进行传统文化的学习。

这些网站的建立在一定程度上打破了时空的隔阂，将以往枯燥的理论内容变成了具有音效和人物、场景的影像，使学生仿佛置身其中，被充分包裹在中华优秀传统文化魅力之中。这种网络的构建还在一定程度上拉近了学生与教师彼此间"遥远"的距离，使学生在无形之中受到良好教育。

4. 大众媒体是有效手段

要想对中国传统文化有一定的了解，首先需要得到关于中国传统文化的知识，得到的知识越丰富，对其了解程度就越深。这就需要大众传媒的帮助，通过这一平台可以向大学生提供诸多信息资源，同时也能弘扬我国的优秀传统文化。教师可利用杂志、电影、广播等对大学生进行传统文化教育，帮助学生树立正确的审美观与价值观。

（四）创新大学生思政教育方法

1. 言传身教法

众所周知，言传身教是指用教育者的言语以及行为对受教育者进行教育。对于中国传统文化教育而言，不仅仅要使用语言进行思想灌输，还应以身立教。我国先人曾有过这样一种说法，其身正，不令而行；其身不正，虽令不从。意思是说"教育者本身做得就十分好，而且是正确的，即便是他没有开口让受教育者也这么做，受教育者也会主动去做；若教育者本身做得就不正确，纵然他三令五申，受教育者也不会听从"，可见教育者的言传身教对受教育者的影响有多大。

思政教育工作者按照优良传统文化的要求去做，并履行自己传授知识的职责，大学生才会对他产生崇拜、敬佩的心理，才能够学习传统文化。

2. 灌输教化法

灌输法可谓是比较传统的文化理论教育方式，是教学中使用最频繁的一种方法，它将所要讲授的课程内容较为直接地传递给学生。从某种意义上讲，优秀传统文化教学与知识和内容的灌输不能分离。因为只有通过直接的理论学习才能形成比较系统化、全面化、条理化的理论素养，从而来引导学生融会贯通，内化自身素养。所以相关部门需要将我国传统文化知识恰如其分地融入教学中，使学生对我国优秀传统文化形成一个系统性的认识。

3. 榜样激励法

榜样激励法具有较强的号召力和影响力，它在一定程度上能给大学生带来力量源泉，并激发学生各方面的潜能，使学生树立正确的人生目标，朝着理想的价值目标去奋斗。

"树典型、推典型"对大学生而言有着重要意义。我国优秀传统文化中有诸多鲜活榜样，且这些榜样涉及各个方面，如果能够将这些榜样的示范作用以及激励作用充分发挥，可使思政教育的内容变得更具信服力，同时也会大大提高教育效果。

4. 奖励法

奖励法通常分为物质奖励和精神奖励，而无论是物质奖励还是精神奖励，在大多数情况下都能使学生产生愉悦心理。学校可以增设一些与思想政治教育相关的奖项，比如"精神文明奖"等一系列奖励，颁发给表现好的学生一些奖励物品，并将获得奖项的学生事迹以广播或文章的形式进行宣传推广，营造一个良好的校园传统文化教育氛围，这种方法能够在一定程度上提高学生的学习积极性，使之获得自我满足。

（五）形成"四位一体"的教育模式

早在西晋年间，就有人曾指出"近朱者赤，近墨者黑"，这表明我国古代先人十分重视对人类具有较大影响的"环境"，这也说明思政教育的环境对于人类思想起着十分重要的作用。

我们在对学生进行思政教育的过程中，应将自身、家庭、学校、社会四方进行适宜的结合，争取构建教育一体化网络模式，在此基础上形成具有统一目标、功能互补的教育力量，从而达到预期的教育效果。

1. 自身方面

大学生应增加对优秀传统文化的关注，积极吸纳传统文化中的精华部分，特别是对自身的爱国主义精神以及民族自尊心和自豪感的认知与树立，不断进行自我反思，使自己成为一个热爱国家、热爱民族，具有社会责任感，敢于奉献和担当的大学生，并在此基础上认真学好专业知识，提高专业技能，努力成为社会主义接班人。

2. 家庭方面

"父母是孩子的第一任老师。"这已是一个不争的事实，学生的大部分时间都是与家人一起度过的，可以说家庭是传播和学习传统文化的根据地，也是首要阵地。父母的言传身教直接影响着孩子的思想道德修养。在家庭教育中，家长应努力为孩子营造良好家庭氛围，本着精神与物质并重的教育原则，引导孩子养成传统美德，使学生在家长的言传身教中拥有正确的家庭伦理观念，具备尊老爱幼、勤俭节约、和睦孝顺等传统美德。

3. 校园方面

校园的物质环境不仅仅是学校得以生存的必要条件，也是精神环境中各种因素的载体。学校是学生第二个栖息地，因此，学校环境会对学生的思想发展起着直接性的作用。由于校园环境具有一定的局限性，所以学校应尽力发挥其所应有的作用，争取为学生创造优质的校园文化环境。

（1）硬件部分

校园环境中所涉及的硬件设施以及环境布置，都能在一定程度上对学生产生影响。学校应积极利用起其所具备的一切资源，为学生营造优质的思想教育环境。比如在适当的地点悬挂一些具有思想教育意义的条幅，利用学校橱窗粘贴一些具有思想教育意义的宣传画报或是宣传个人优秀事例等。这样可以使学生获得更多富有思想教育意义的信息，同时还能促进学生奋发向上的精神状态。

（2）软件部分

校园文化环境是校园环境软件构建要素之一，其中校风、学风以及文化氛围等都被视为校园文化的内容。

①校园文化的本质表现是校风，它对学生的方方面面都有着潜移默化的影响，尤其是在学生的思想品德方面；②学生的学习态度和风格被视为学风，它是培养人才的前提条件。

校风和学风是校园不可忽视的软件部分。学校可以开展一些相关传统文化的校园文化活动，以此来获得大学生的关注，使其参与其中，为之营造良好校风、学风和校园文化氛围。

4. 社会方面

社会环境是相对复杂的，要想拥有良好的文化环境，得到良好的效果，优质的文化环境需要以正确的言论进行思想上的引导，以高尚的精神进行思想上的塑造，以优秀的作品进行思想上的鼓舞。

（1）政府应加大弘扬优秀传统文化的力度

众所周知，传统文化教育的领导者和推动者应归属于政府部门，因此政府部门需要为大学生制定一些有利于传统文化学习的相关政策，争取将优质传统文化学习平台提供给大学生，并在政策以及经费上持大力支持态度。只有政府部门在思想上重视、行动上支持以及经费上辅助，传统文化教育才能得以顺利开展和进行。

（2）社会团体应为大学生提供了解传统文化的机会

社会各团体以及公共部门应在自己能力范围内尽可能为大学生提供了解我国优秀传统文化的机会，比如增建图书馆、文化宫、博物馆等。

通过融合各种教育因素，影响人们的精神面貌和价值取向，影响思政教育的内容和方式。因此各大社会团体及公共部门应为大学生充分开放相关资源，使大学生走进历史文化场景，拉近与传统文化的距离。

（3）大众媒体应做好传统文化的传播媒介

传播信息是大众传播媒介主要的功能之一，对于大学生的传统文化教育而言，其应发挥自身功能和作用，通过报纸、广播、电影、杂志、电视等为大学生传递科学的、正确的舆论，从而引导大学生对传统文化的认知，并以此保持大学生与社会之间的沟通。

第二节　传统文化和高校思政教育融合的可行性

一、传统文化和高校思政教育融合的可能性

中国传统文化与思政教育在教育目标设置方面都直接指向人，指向人的思想道德素质的提高，同时它们在目标的最终指向属性上都回归到政治属性上，这体现了二者目标的一致性；除了在目标设置与指向属性方面有着一致性之外，中国传统文化与思政教育在内容方面也存在着许多相通相合之处；而二者在教育模式方面的不同，则使二者有了很强的互补性。这些都为中国传统文化与思政教育之间相融合创造了重要的可能性条件。

（一）目标的最终指向一致

传统文化具有思政教育功能，同时，传统文化和思政教育在教育目标、共生性和形成

机制方面有着跨越时间和空间的亲缘性，这些都为思政教育借鉴并应用传统文化提供了机遇和可能。

1. 文化的思政教育功能

文化具有重要的思政教育功能。文化是人类经过几千年的历史创造的，但文化反过来还有塑造人、培养人的功能。从根本上说，人类所受的教育，也就是文化的教育。思政教育与宽广深厚的历史文化背景相联系，深受它所赖以存在和展开的民族文化传统的制约。大学生是中国传统文化的现实接受者，其思想无时无刻不受到传统文化的影响。在思政教育中，采取一定的文化方式，通过文化武装人的头脑，陶冶人的情操，从而提高人的素质的全面提高，达到人的"全面而自由"的发展，这就是文化的思政教育功能。

2. 思政教育与传统文化的一致性

（1）思政教育的目的性与传统文化传承的目标具有一致性

中国传统文化重在培养健康的人格，提高人们的思想道德修养，丰富人们的精神世界，增强人们的精神力量。这些都符合今天人们所追求的道德理想，而且和思政教育中培育有理想、有文化、有道德、有纪律的"四有新人"的目标是一致的。

（2）思想政治素质与文化素质的共生性

大学生的基本素质包括思想政治素质、文化素质、专业素质和身心素质，其中文化素质是基础，思想道德素质是根本、灵魂。每一种素质都不能独立存在，都和其他素质相辅相成，思想素质与文化素质更是密不可分，二者具有共生的特点。

（3）思想政治素质和文化素质形成机制的相似性

思想政治素质和文化素质形成机制基本相似，就是教育者根据一定的社会思想道德要求，对受教育者施加有目的、有计划、有组织的教育影响，通过将相关知识内化，形成学生的主观体验，进而形成社会所期望的思想政治品德的过程。

中华优秀传统文化光辉璀璨，是我国人民智慧的结晶，在我国的各个历史时期和阶段都发挥着不同的作用和价值，中华优秀传统文化与大学生思政教育结合的可能性，主要是由优秀传统文化中蕴含着丰富的教育资源和教育功能决定的。

（二）内容具有相通之处

思政教育和中国传统文化各自所包含的内容，也存在着许多相通相合之处，二者之所以能相融合，与两者之间存在着的这种相通相合之处有着密切关系。

第一，思政教育中的理想教育与中国传统文化中的"大同思想"之间存在着相通相合关系。思政教育中的理想教育是以共产主义理想为核心的理想教育。在马克思所描绘的共产主义社会里，没有私有制，没有阶级，没有国家；财产社会公有，人人地位平等；大家各尽所能，各取所需；人性得以充分发展。

第二，思政教育中最根本性的教育内容也即科学的世界观教育与中国传统文化中朴素的唯物辩证法思想之间亦有相通相合之处。思政教育中的世界观教育包括辩证唯物主义两个方面的内容。辩证唯物主义以世界的物质同一性为基础，以辩证法为方法论，以对立统一、质量互变与否定之否定三大规律为主干，坚持人类社会由简单到复杂、由低级到高级的螺旋式上升和波浪式前进的历史辩证法。历史唯物主义则揭示了人类社会发展变化的终极原因是经济因素，并由此强调了社会存在对社会意识的决定作用，物质生产对社会发展的基础作用，以及人的实践对社会发展的推动作用。而中国传统文化中则一贯重视"经世致用"，着眼于从物质生产条件以及民心向背的角度来思考历史的兴衰更替，着眼于从人民的物质生活出发来研究社会的道德与文明。春秋时期的管仲提出了"仓廪实则知礼节，衣食足则知荣辱"的观点，认为社会物质条件是人民群众精神生活的基础前提。孔子提出的"庶之、富之、教之"的思想则解释了人口的繁衍、社会财富的增加、人民生活的富足和道德教化取得成效之间的依次决定关系。由此可以看出，中国传统文化中的这些观点其实与历史唯物主义的观点有着相通相合之处。除此之外，中国传统文化中还蕴藏着朴素的辩证法思想。

第三，在政治思想方面，有"民为邦本"与"以人为本"，整体主义与集体主义的契合。中华传统民本思想是"以人为本"思想的文化基因。传统民本思想，可追溯到殷商之际。春秋时期，周公提出"保民"的治国理念；孔子提出"节用而爱民，使民以时"（《论语》）；孟子也提出"民为贵，社稷次之，君为轻"（《孟子》）；荀子则把君民关系比喻为水和舟的关系，"君者，舟也，庶人者，水也，水则载舟，水则覆舟"（《荀子·王制》）。及至西汉，贾谊更明确地提出"民为国本"的观点（《贾谊·新书》）。这些历史文献充分说明，民本思想在中国源远流长、内涵丰富。尽管它们与社会主义的以人为本思想存在着本质上的区别。但中国共产党提出的"为人民服务""立党为公、执政为民"、坚持群众路线等主张，无疑是传统民本思想在新时代的复活，并被赋予了新的政治内涵。

第四，在经济观念方面，有"天下为公"与公有制，"均贫富"与平等观念的契合。中华传统的"天下为公"思想是社会主义公有制思想的文化基因。在数千年的历史长河中，"公"始终是中华民族的崇高追求和价值标准，是判断善恶的重要标尺。这里的"公"有公产、公利等几层含义。在公产方面，由于历史的局限，中国古代不可能提出生产资料公有制的理论体系，但是很多人认识到了私有制的众多弊端，强调财产公有。在公利方面，在中国历史上，统治者总是从自身的地位和利益出发，不约而同地反对"人不为己，天诛地灭"的极端自私言论，主张制私利而富公利，宣称为天下人谋福利。尽管这些公有主张与社会主义公有制之间有巨大的差别，但是，对于一般人来说，往往是等同而视之的，即使是文化程度较高的文人学者，在马克思主义传入初期，也是把社会主义公有制等同于中国古代的公有主张，甚至有人认为中国古代的井田制就是社会主义。把"公"作为最高的伦理道德，它不仅已经融入当代中国社会主义的道德建设之中，也融入了中国特色社会主义文化理论建设之中。

众所周知，平等是社会主义的基本原则和核心价值。历史上，中国民间乃至许多知识分子最强烈的、最高的诉求就是均贫富，多次农民起义几乎都是以此为口号。中华人民共和国成立之后，改革开放以前，中国社会意识观念的基本取向仍然是反对收入差距，主张经济平等，分配平均。尽管古人不可能像今天的学者们那样准确、科学地界定平等，不可能认识到权利平等、机会平等、结果平等的系列平等观，但是，中华传统的平等观念，确实为中国人理解马克思主义，接受科学社会主义打下了坚实的基础。

第五，在文化理念方面，有"贵和思想"与和谐文化的契合。追求和谐是中华民族传统文化的主题。传统文化中"贵和"思想理念和"求同存异"的宽容精神，形成了中华民族重要的价值取向，形成了严于律己、宽厚待人、与人为善，先人后己、舍己救人等民族精神。这种"天地与我并生，万物与我为一"的和谐思想，铸就了中华民族热爱和平、追求和谐的民族性格，教育引导着世世代代的中华儿女，是构建社会主义和谐社会的基本理念，是社会与自然和谐可持续发展思想的重要思想基因。

可以说，正是中国传统文化与思想道德教育内容之间的这种相通性，才使二者有了相融合的可能性，进而使思政教育得以在中国传统文化这一丰厚的历史土壤中不断获得新的发展。

（三）教育模式具有互补性

思政教育的方法多种多样，有理论灌输法、实践锻炼法、自我教育法、榜样示范法、比较鉴别法、咨询辅导法等，其中理论灌输法是思政教育最主要、最基本的方法。作为一门意识观念色彩极为强烈的科学，思政教育自然需要通过理论灌输法来对受教育者进行马克思主义理论教育。不过我国以往的思政教育实践，长期以来对其德育功能尤其是意识观念功能过分强调而对其文化功能缺乏应有的关注，这就使得思政教育一直偏重于简单空洞的理论说教和意识观念的直接灌输；不仅如此，在思政教育过程中，思政教育工作者往往也不考虑受教育者的具体情况，不分层次，不问对象，经常采用"我讲你听""我说你做""我令你止"等居高临下、简单粗暴的教育方式，受教育者只是消极被动接受，而非积极主动去内化吸收这些科学理论，这就使思政教育工作显得呆板枯燥、索然无味，思政教育的实效性也大打折扣，思政教育亦难以适应新形势的发展要求。

　　思政教育对意识观念的过分强调使其自身的文化属性和人文精神受到遮蔽。中国传统文化的教育方式则正好弥补了现代思政教育模式的不足。首先，中国传统文化注重渗透而非灌输，强调"以文化人"，受中国传统文化影响而形成的个性品质、思想观念、行为模式等一旦形成就会内化、积淀、渗透于社会成员的灵魂深处，很难改变。其次，中国传统文化注重引导人内心深处的自觉意识，引导人们通过"自省""内省""慎独"等内在自省的方式来反思自己的思想和行为中的不足与过错，进而使人们在认识上达到真正的"知"，不断提升自身的道德修养，使自己不断接近圣人的道德境界。不过以自觉内省方式来提高自身道德修养最终是为了付诸道德实践。第三，中国传统文化注重"知行合一"的道德践履而非空洞说教，可以说"知行合一"正是我国传统文化经过长期的实践探索和理论总结所形成的极具特色的思想道德教育的方法论系统。《周易》曰："履，德之基也。"先秦墨家学派代表人物墨子就对道德实践十分重视，他认为评价一个人是否真正为"仁"，"非以其名也，亦以其取也"。意即一个人是否真正为"仁"，不是看他是否知道"仁"的含义，而是看他在行为上是否有真正"仁"的举动。明代思想家王阳明则更是明确提出了"知行合一"思想。可见，中国传统文化不仅注重道德教育中的自觉自省，更加注重在自觉自省基础上的道德践履，注重"知"与"行"的辩证统一。上述中国传统文化所倡导的种种教育模式弥补我国现代思政教育因过分重视和强调意识观念性而造成的思政教育单一、空洞以及枯燥的理论说教和灌输模式。当然，作为一门意识观念色彩极为强烈的科学，思政教育离不开理论灌输这种教育模式，只是当我们忽视了文化对思政教育的内在渗透力，忽视了受教育者对思政教育内在自觉自省意识，忽视了思政教育者与受教育者在思政教育过程中的道德实践，而过分强调这种理论灌输的教育模式时，灌输的力度再大，思政教育也难以取得理想效果，甚至会起反作用。因此，我国当代的思政教育应该借鉴和吸收中国传统文化所提倡和践行的这些潜移默化的渗透、自觉的内在自省以及"知行合一"等教育模式，来改变我国当前思政教育单一枯燥的教育模式，弥补我国当前思政教育模式的不足，引导全体社会成员积极主动、自觉地反思自身，不断提升自身的思想道德素质，培养自己良好的道德品质，从而提升当前思政教育的实效性。

二、传统文化和大学生思政教育融合的必然性

(一) 探索思政教育新路径的必然选择

思政教育具有文化属性，需要以文化为依托。中国传统文化与思政教育相融合，是应对目前思政教育存在的困境，探索思政教育新路径，提高思政教育实效性的必然选择。当前在全球化时代背景下，多元文化并存态势越来越明显，大学生的价值观念、思维方式和行为方式都较以前发生了剧烈变化，这对高校思政教育提出了严峻挑战。一方面，目前我国大部分高校的思政教育主要还是通过课堂教学来进行，而且在思政教育课堂教学过程中，教学内容单薄枯燥，授课模式单一简单，往往采用社会学、心理学等学科方面的知识与技术，表面化和浅显化地临时解决问题，而对中国传统文化的挖掘和运用不够重视，即使运用中国传统文化为依托，也大多停留在"机械融合"或"单纯说教"式的灌输层面，没有深入考察中国传统文化的实质内涵、时代背景、阶级立场等因素，这些都使得中国传统文化在思政教育中的运用和渗透非但没有达到预期效果，甚至在某种程度上淡化了学生民族自信心与自豪感，削弱了中国传统文化在思政教育中的重要应用价值，思政教育的有效性也大打折扣。

另一方面，当前在全球化时代的背景下，多元文化交流频繁，并存态势日趋明显，各种价值观论调不可避免地对大学生的生活态度、思想观念产生严重影响。很多学生既没有真正了解外来文化、思想、观念之精髓，又没有深刻领会中国传统文化、思想、观念之精髓，加之对共产主义理想信仰的怀疑与不屑，因此，在多元文化的碰撞中，他们的价值观极容易走向偏激或急功近利：在学习上他们只重视能够谋生课程的学习，而忽视精神层面的储备，对思政教育课程亦不屑一顾；在生活上他们更愿意追求金钱与物质的利益；在精神上他们则只考虑自己，不考虑集体和他人，缺乏对共产主义的理想与信仰，缺乏对人生目标的冷静思考，缺乏对良好的道德品质和人格修养的追求等。我国以往惯常以说教和灌输为主的思政教育模式，无法及时对这些问题提出行之有效的解决方法，而中国传统文化中的优秀精华也因大学生对其了解与掌握甚少而无法发挥其在大学生思政教育中的积极作用。

(二) 形成和发挥文化软实力的基本保证

文化软实力是指一个民族、国家或地区的文化影响力、凝聚力和感召力，是国家软实

力的核心因素。这是因为，文化作为一个国家的灵魂或血脉，凝聚着这个民族对世界和生命的历史认知和现实感受，积淀着其最深层的精神追求和行为准则，并承载着整个民族自我认同的核心价值取向。就一个民族或国家自身的发展来说，文化软实力主要表现为一种精神上的整合力，它有利于国家凝聚力的形成和民族性格的养成，有利于促进民族团结、国家统一、政权巩固和文化自信。一个国家如果对本民族或本国的传统文化缺乏自信，忽视自身文化软实力的开发和建设，那么就等于放弃了本民族或本国的文化主权，其结果自然会导致本民族或本国人民价值取向的混乱，以及精神家园的丧失，甚至民族的离散和国家的分裂。因此，作为一个由 56 个民族组成的统一的多民族国家，加强对五千年来绵延发展而从未中断过的中国传统文化软实力的开发和建设，充分发挥其对全国各族人民的思想教育和价值引导作用，就显得尤为重要。

中国传统文化和世界上其他民族的传统文化一样，植根于民族的土壤中，从总体上反映和代表着一个民族或社会的思维方式、价值观念、伦理道德，体现在人们的生活方式、风俗习惯、心理特征上，内化、积淀、渗透于每一代社会成员的心灵深处，往往凝聚为民族特有的国民性格和社会心理，作为一种注重道德教化的伦理型文化，中国传统文化自身就具有显而易见的能动的思政教育功能，而我国思政教育本身所具有的文化属性和民族属性也使其无法离开五千年来中国传统文化留下来的优秀精华。因此，中国传统文化软实力要最终实现其对外的亲和力、渗透力以及对内的凝聚力和塑造力，则必须通过思想教育和引导的方式来进行和完成，中国传统文化和思政教育的有机融合正是中国传统文化软实力得以形成和充分发挥的基本保证。

（三）"文化自觉"与"文化自信"的要求

没有高度的文化自信，没有文化的繁荣兴盛，就没有中华民族伟大复兴。所谓"文化自信"，是指一个国家、一个民族、一个政党对其自身文化传统和内在价值的充分肯定，对其自身文化生命力的坚定信念。"文化自觉"是指"生活在一定文化中的人对其文化有自知之明，明白它的来历、形成过程、所具有的特色和它发展的趋向，不带任何文化回归的意思，不是要复旧，同时也不主张全盘西化或全盘他化。"换言之，即是文化的自我觉醒、自我反省、自我创建。

世界上任何民族的传统文化有积极的方面，同样也有消极的方面，一个民族的文化能否实现自觉和自信，很大程度上取决于对传统文化扬弃的客观与科学态度。可以说，对传统文化的理性批判、合理继承、勇于创新正是"文化自觉"的本质要求。也就是说，一个民族能否对其自身的传统文化进行客观地评价和认识，关系着一个民族"文化自觉"的实现与否。中国传统文化是勤劳善良的中国人民在长达五千年的中国社会发展中创造出来且从未间断过的，这在世界文化上是独一无二的。它不仅标志着中华民族对人类文明和历史的卓越贡献，也是中华民族区别于世界上其他民族的鲜明文化身份和基本族群特征。只有认识、理解、接受并内化中国传统文化，我们才能理解自己民族身后的历史底蕴，也才能知晓我们是从哪里来，并对我们现在的生活和未来的美好图景进行规划。反之，如果失去对中国传统文化的认同与理解，我们必定会失去对自己民族文化身份的认同和归属感，进而导致我们思想文化上的无家可归。因此，对数千年来世代传下来的中国传统文化能否进行客观的评价、认识和科学合理的扬弃，关系着中华民族"文化自觉"的真正实现与否。那种轻率地对中国传统文化全盘否定或异化的态度与做法，无异于对我们自身文化血脉的莽撞割裂，很容易造成中华民族的文化断层或文化"无根"现象的产生。因此，当前我国思政教育的重要任务之一，就应该是在马克思主义的指导下，按照"取其精华，去其糟粕"的原则，充分肯定中国传统文化的内在价值，坚定中国传统文化的自信心，努力挖掘中国传统文化的当代价值，不断包容借鉴其他外来文化中的优秀精华，并将其吸收内化，使中国传统文化和现代思政教育优化整合，从而实现中国传统文化的现代转化和创新发展，进而真正实现"文化自觉"与"文化自信"。

三、传统文化和大学生思政教育融合是社会发展的需要

（一）践行社会主义核心价值观的动力源泉

国家领导人强调，培育和弘扬社会主义核心价值观必须立足中华优秀传统文化。社会主义核心价值观的提出是以中国传统文化为深厚根基的。比如国家层面的价值目标"富强、民主、文明、和谐"便具有深厚的传统文化内涵。"富强"是国家发展的首要目标。只有国家富强，人民才能安居乐业，国家强大，才能抵御外敌。同时，这也充分说明了"民为邦本，本固邦宁"的"民本"思想。中国古代社会虽然是人治社会，但是也讲求"民为贵，社稷次之，君为轻"的民本思想。可见，民主作为现代文明社会的一大基本价值，也是有文化根基的。文明是社会发展水平高、有文化的状态。古代中国创造了光辉的东方文明，成为四大文明古国之一，今天，国家的发展目标也应该继承古代文明传统，创造出新的现代文明。和谐是从古至今向往的理想社会。

（二）解决现代社会精神迷失、道德失范的一剂良药

直至近代，中华传统文化一直是传统教育的重要手段，讲究因材施教、有教无类、尊师爱生等，同时也是传统教育的主要内容与材料。

首先，优秀传统文化教育的缺失造成社会群体精神迷失。传统文化教育重视塑造人的精神，将为学与做人、处事合为一体，求知的过程便是德行修养的过程。启蒙读物《三字经》就涵盖了天文、地理、历史、民间传说以及道德内容，这些内容融为一体，使读者在知晓天文地理知识、体味民间传说的同时明白做人的道理。同时，传统文化教育还强调"君子不器"的教育，所谓"形而上者谓之道，形而下者谓之器"，"君子不器"就是君子不能囿于学习一技之长，而应该志于"道"。孔子思想的道便是"修身齐家治国平天下"，以天下为己任，达到"内圣外王"的境界。孔子说"志于道，据于德，依于仁，游于艺"，意即首先要志存高远，心怀天下，其次在为人处事上要有德行，并在内心保有仁德，在此基础上，才能熟练学习礼、乐、射、御、书、数六艺。可见传统文化十分强调人精神的塑造与培养，强调教育要先塑造人的精神，再学习六艺等具体的技艺。而今天，现代教育学科划分得越来越细，知识传授得越来越多，却忽视了教育的根本——培养一个人格健全而有精神的人。

其次，优秀传统文化教育的缺失造成社会道德失范。传统文化特别强调道德教育，并将道德教育贯穿于学习的过程之中。贯穿于学习过程中的道德教育是哪些内容呢？我们知道，传统文化中占主要部分的是儒家思想，而儒家强调的道德观主要是仁、义、礼、智、信，即"五常"，这是儒家提出的做人的基本道德准则。仁，即要有仁爱之心。"己欲立而立人，己欲达而达人。"要学会换位思考。义，即行事要公正合宜。礼，即行事要符合礼仪规范。礼是仁的外化。智，即要有是非之心，能明辨是非。信，即要诚实信用。人而无信，不知其可。讲究道德，修养品性，始终是传统文化教育的重点所在。我们今天的教育也提倡道德教育，始终将德育放在首位，但是几十年来，我们一直推行的是大而全的道德教育，言传多，身教少，并且由于一些历史原因，传统的道德观念、道德规则、道德价值被抛弃，新的道德体系因为没有传统道德的铺垫与基石，所以德育效果并不明显。

面对精神迷失与道德失范的社会问题，只有加强优秀传统文化教育，以全方位的优秀传统文化教育去加强学生人格塑造，增强学生人文素养，才能逐步驱邪扶正，形成良好的社会风气。

传统文化是重塑中国大学精神的思想源泉。从"兼容并包，思想自由"的北大精神到

"自强不息，厚德载物"的清华精神，以至后来"允公允能"的南开精神，无不渗透了传统文化的思想精髓。在大学精神日渐式微的今天，中华传统的教育思想，如自由精神、独立精神、人文精神、道德精神等都闪烁着穿越时空的智慧之光，对重塑中国大学精神具有极其重要的借鉴意义。

（三）面对多元文化增强中华民族文化认同的必要举措

就中华传统文化而言，文化多元并存与同化融合是文化发展史上始终存在的相互交织的两条主线。有春秋战国时期的百家争鸣，才有秦汉时期的大一统；有魏晋南北朝时期的文化大融合，才有隋唐时期的文化鼎盛与国家一体化；有辽金元少数民族文化入土中原的激荡与融合，才为中华文化增添了更多的少数民族文化成分。

"多元"与"一体"犹如两条河，时显时隐，交互影响，相互制约，构成了中华民族多元一体格局中亘古不变的永恒主题。21世纪的今天，全球一体化深入发展，传统的文化多元化也面临政治经济一体化带来的挑战与冲击。欧洲航海的大发现和殖民体系的瓦解，使多元文化之间的交流与冲突日渐显现，并呈现出两股强劲的势头：一是以西方现代化模式为参照的一体化在全球范围内的渗透与扩充，二是以反西方或反现代化为标榜的民族主义的复活。

在传统文化教育缺位的当今社会，面对西方现代化模式为参照的一体化在全球范围内的广泛渗透与扩充，我们的应对明显不足。在当今文化多元化的交融中，传统文化教育缺位，导致了青少年痴迷现代化的西方文化，而不了解中国的传统文化。我们需要学习西方民主、创新等优秀文化，但是我们更需要在立足于我国优秀传统文化的基础上去学习西方。保持自己的良好基础，学习先进文化的最新成就，以促进自己民族文化的发展，不仅是必要而且是可能的。只有立足于自己的优秀传统文化，广泛认同自己的优秀传统文化，我们才能抵御西方文化的强势冲击，树立文化自觉。因为，民族是一个主体，吸收外来文化要为民族服务，使我们这个民族更加发达兴旺，但是不能丧失民族文化的独立性，不能完全跟着人家学，应该发挥自己的主动精神和创造精神。在文化演变过程中，我们既要吸收外来文化，又要保持自己文化的独立性，这样文化才能健康地发展。

第三节　传统文化与高校思政教育融合发展的路径

中华优秀传统文化所提倡的诸多理念符合当代中国社会主义精神文明建设的发展要

求，同时也是我国高校思政教育工作的宝贵资源。将大学生思政教育工作与中华优秀传统文化有机结合，将会取得更显著的效果。为此，我们要积极探索中国传统文化融入大学生思政教育的路径。本章分为传统文化与高校思政教育融合的指导原则、传统文化与高校思政教育融合的课堂教学路径、传统文化与高校思政教育融合的教育队伍建设、传统文化与高校思政教育融合的网络教育路径、传统文化与高校思政教育融合的社会实践路径、传统文化与高校思政教育融合的环境熏陶路径六部分内容。

一、传统文化与高校思政教育融合的课堂教学路径

（一）充分发挥课堂教学的教育主渠道作用

课堂教学是大学生接受教育的主要阵地，也是大学生思政教育开发利用传统文化资源的重要场所，在优秀传统文化教育中发挥了巨大的决定性作用。

要发挥课堂教学的这一巨大决定性作用，就必须在课堂教学中下一番功夫。

在课堂教育的内容上，针对大学生的特点，科学地设计相关教育内容，通过课堂教学不断深化中华优秀传统文化教育。我们应该把优秀传统文化的知识通过深入挖掘教材，以学生喜闻乐见的形式传授给学生，让学生最大限度地接受传统文化教育。此外，还应该积极改进教学方法，探索学生喜欢的教学方法，并应用在课堂教学中，想必传统文化教育就会事半功倍了。由于传统文化的特殊性，可将常见的以讲授为主的教学方式改为探究合作学习，给学生布置任务，让学生课下搜集资料，在课堂上进行合作探究。这样不但增加了学生的学习兴趣，还使学生有效接受了传统文化教育。

（二）在教学计划中纳入优秀传统文化教育

了解与探究传统文化的人文精神及其精华，有助于提高大学生的人文素质。鉴于中华优秀传统文化对当代大学生人文素质培养的重要性，学校领导应高度重视大学生对中华优秀传统文化的学习，不能把大学生学习中华优秀传统文化看作课外可有可无的消遣，应纳入教学计划。课程范围应包括古代哲学、文学、艺术、科技、道德、教育等领域的内容。应选派一些精通传统文化的教师开一些诸如以《周易》《论语》《诗经》《老子》《韩非子》《孙子兵法》为专题的讲座，开设诸如"中国文化史""中国文化概论""唐宋诗词鉴赏"等选修课，这些都是对大学生开展传统文化教育最直接、最迅捷的手段。

（三） 在课程体系建设中融入儒家思想内涵

大学生品德教育的主要内容与儒家思想内涵相辅相成。为此学校在传承我国道德文化传统时，应不仅仅局限于某个角度与途径，而应进行全方位的资源整合，将儒家文化与思想融会贯通，达到育人的目的。

第一，把儒家思想教育课程纳入高校公共课程体系中。目前，大多数高校都开设了"中国文化概论"课程，这对于传播我国传统儒家思想理论极为重要。但在具体课程教学实践中讲授儒家思想的较少。所以，将我国传统儒家思想融入大学生生活中，全面利用文化资源的教育作用是十分必要的。教育者在进行课堂教学时，完全可通过对经典名著中的某些故事与哲理的讲解与剖析来引导学生更好地吸收儒家经典的精髓，可以把这些精髓与现实生活结合在一起，从而让学生可以更好地知晓儒家思想。这样一来，不但可以让学生更好地了解与吸收其精华，还能帮助他们形成正确的价值观、世界观，真正实现其潜移默化的教育作用。

第二，学校对学生进行思想政治方面的教育离不开思想政治课的课堂教学。事实上，我们在进行思政教育时，也可以将其与传统的儒家思想融合在一起。如此一来，不但对高校思想政治理论课教学思路的开拓大有裨益，并且可以凭借儒家思想来帮助大学生塑造正确的世界观、人生观与价值观。所以，把我国优秀传统文化的内容与思想政治课程相结合，可以极大地丰富目前的思想政治课。

（四） 在教学内容上突出针对性

1. 加强诚信意识的培养

现在大学生中存在很多有悖诚信的现象，比如考试作弊、论文剽窃、简历伪造等现象比较严重，大学生的诚信意识十分淡薄。"诚信"是一个人的立身之本、成功之源，"言必信，行必果"是取得信任的前提，中国传统道德更是把"信"列为"五常"之一。可以说，诚实守信是做人的道德底线，人一旦失信，也就失去了做人的根本原则。所以，我们要结合中华优秀传统文化中丰富的教育资源加强大学生诚信教育，在课堂教学中渗透诚信意识，促进学生养成真诚做人、认真做事的习惯；加强学生的自身修养，从失信惩罚机制和个人诚信管传统文化与高校思政教育融合发展的价值审视理机制入手，为学生诚信建档，把诚信表现与学生评价相挂钩。

2. 加强民族精神的培养

民族精神是一个民族在长期的共同生活和社会实践基础上形成的思想品格、价值取向和道德规范的统称，是民族心理特征、文化观念和思想情感的综合反映。民族传统文化是民族精神的载体，民族精神是民族传统文化的升华。在传统文化中关于民族精神的表述不胜枚举，我们要结合中华优秀传统文化中丰富的教育资源，加强大学生的民族精神教育。

首先，要做到在思政教育课堂教学中加强民族精神的培养，激发学生的爱国之心，增强学生的民族自尊心、自信心和自豪感。

其次，要培养大学生群体团结进取、勤劳勇敢、自强不息、艰苦奋斗等优秀品质，增强他们的社会责任感和历史使命感。

激发学生"为中华崛起而读书"的爱国情怀和报国之志，把个人目标同国家和民族的前途命运联系起来，将自己的理想抱负转化为具体的实践行为，追求人生的真正价值和意义。

3. 加强感恩精神的培养

感恩是中华民族的传统美德，感恩父母、感恩他人、感恩社会一直是传统文化中的基本道德立场。然而，这种美德却在大学生中被逐渐淡忘和漠视。破坏自然、轻视生命、缺乏孝心、缺乏责任意识和奉献精神的现象比比皆是。

我们应当吸收传统文化中关于感恩精神的内容，在课堂教学中加强感恩精神的培养，让他们感恩自然、感恩父母、感恩师长、感恩社会，进而培养一种"仁者爱人"的大爱情怀和人文素养。"仁爱"是一种"利人即为，不利人则止"的利他精神，是一种"推己及人""将心比心"的宽容精神，是一种高尚的道德准则和理想，包括热爱人、尊重人、同情人、帮助人的人道主义精神。当前提倡培养学生的仁爱精神，有利于促进大学生自身和社会的和谐健康发展。

学生主要是通过教师课堂讲授这一方式了解传统文化的。所以，高校教育要发挥课堂教学优势，让学生系统、准确、深入地学习中华优秀传统文化知识。

高校可以针对不同专业开设不同的课程，比如在理工类专业学生中开设"文史经典与文化传承"必修课程，开设古典诗词赏析、古典名著选读、古典音乐鉴赏、古典绘画艺术欣赏等选修课。

(五) 在教材中融入传统文化

高校思政教育教材是对大学生进行科学的世界观、价值观、人生观教育的基本途径，对于提升大学生政治素质、思想品德素质、法律素质等起着知识载体的作用。因此，各个高校可以让传统文化走进教案教材，从本校思政教育现状出发，依托地方传统文化的优势资源，取其精华，编写出具有地方特色的能让学生切实感觉到传统文化气息的校本教材，作为当前思政教育教材的有力补充。

同时，思政教育教材贯穿着马克思主义中国化这条主线，马克思主义中国化理所当然地包含马克思主义与传统文化的有机结合。因此，在校本教案教材的建设中，我们应致力于研究马克思主义中国化过程中传统文化与马克思主义在哪些方面是相通的，要善于用传统文化的思想精华来丰富马克思主义理论，这样既升华了传统文化的优秀思想成果，又发展了马克思主义。例如，在培养当代大学生道路自信、理论自信、制度自信，增强国家认同感、树立民族自信心方面，在教材中要增加以"天下兴亡，匹夫有责"为重点的具有家国情怀的内容；在提升当代大学生生态文明素质方面，在教材中要增加尊重自然、顺应自然的"天人合一"理念，让当代大学生体会传统文化之美；在弘扬社会主义核心价值观方面，在教材中增加传统文化中"仁义礼智信"方面的内容，引导学生正确处理个人与他人、个人与社会的关系。通过传统文化进教材，引导当代大学生在感受民族特色的同时，自觉弘扬中华民族优秀文化，做新时代的中国人。

二、传统文化与高校思政教育融合的教育队伍建设

（一）提高教育队伍的传统文化素养

优秀传统文化融入高校思政教育的方法与形式有很多，其中最不可缺少的就是高等学校的教育主体教师。教师作为传道授业解惑者，肩负着高校教育事业的重大责任。要想将优秀传统文化更加顺利、更加系统地融入高校思政教育中，使二者真正融为一体，那就应将传统文化融入教师的灵魂中作为第一步。俗话说，教师要教给学生一杯水的知识，自身就必须具备一桶水的知识。对于从事高校思政教育的专职教师而言，传统文化教学不应是浮于表面的传统文化知识的讲授，而要将传统文化中的思政教育功能发挥到最大限度。在平时的教学中将传统文化的思政教育资源同当代思政教育的课程要求相结合，这就要求高校思政教师自身要具备深厚的传统文化素养。所谓的传统文化素养，并不是简简单单地了解传统文化的相关知识，更重要的是理解其中的内涵，不但要熟知更要会运用。同时，将传统文化融入高校思政教育中不是通过思政教师讲授几节通识课和选修课就能实现的，在学生进行专业课学习的过程中也要有所涉及，教师不仅有要有教学的能力，更要有育人的

能力。简单来说，专业课程的教学既要让学生获得专业知识上的积累，也要获得思想上的教育，成为双向发展的新时代人才，这就需要理工科专业的任课教师也具备一定的传统文化素养。对于教师传统文化素养的提高可以采取多种方式开展，例如通过对一些传统文化课程的学习、对传统文化书籍的阅读，在各学院的办公室也可以设立传统文化讨论组，教师集体备课、讨论也是提升自身传统文化素养的良好举措。只有将祖国的优秀传统文化在教师队伍中率先形成良好的学习运用氛围，才能真正带动学生去学，"唐宋诗词热""国学热"等才会不满足于"背背诗词"或者"走走形式"，才能够真正在我们的课堂上，在教师的引领下，真正走进广大青少年的内心深处，去滋养学生的灵魂。

（二）加强教育队伍的教育信念

高水平的教师队伍是培养"德才兼备"的社会主义接班人的关键所在。教师不仅仅是学生知识的传授者，更应是道德的示范者、思想的启迪者、健全人格的塑造者。学高为师，身正为范，作为教师要以身作则，在教育学生之前先规范自身。当代大学生刚刚走出高中校园，接触到同以前大不相同的事物，处于人生的成长阶段。在这一阶段，教师的言行对于学生日后的发展具有很强的示范作用。作为高校教师只有自身成为先进思想的传播者，才能更好地承担起学生健康全面发展的领路人职责。

我们所提倡的"立德树人"，指高校教师自身具备高尚的道德情操并以此来影响大学生树立较高的道德标准。而这些被提倡的高尚道德品行都来源于中华优秀传统文化，中华优秀传统文化中所蕴含的道德行为标准、日常礼仪文化应是高校教师着力学习并不断提升自己的根本内容。中华优秀传统文化要同高校思政教育实现无缝衔接，教师在其中的作用不可小觑。教师按照较高的标准严格要求自己并将其作为行事的准则，将传统文化中的"仁义礼智信"思想作为建构教师自身形象的立身之本，这样才能真正对学生的道德情感与价值判断做出正确的引导，让学生认同中华优秀传统文化所提倡的思想观念，同时将其落实到自身的生活实践中，达到思政教育的目标。

（三）加强教育队伍系统化建设

加强和改进高校思政教育的基本原则中包括坚持全员全过程全方位育人，把思想价值引领贯穿教育教学全过程和各环节，形成教书育人、科研育人、实践育人、管理育人、服务育人、文化育人、组织育人长效机制。新形势下高校思政教育的责任不但落在思想政治专职教师身上，而且把高校思政教育放置在教育教学的各个环节。只有在各个环节都渗透思政教育的理念、形成高校教育队伍合力，才能实现全方位、全过程的育人效果。基于此，教育队伍建设应包括以下几方面：首先，作为传统教育队伍最基本也是最核心的构成部分，教师肩负着高校思政教育相当一部分的教育责任。课堂是高校思政教育的主阵地，要发挥这个主阵地的最大辐射作用，就需要教师深度挖掘中华优秀传统文化中的思政教育资源，并结合当今时代的热点问题开展形式多样的教育活动，提高学生学习兴趣，达到思政教育的目的。其次，辅导员也是高校思政教育工作队伍中的一支专门队伍，是大学生思政教育工作一线教师，担负着高校学生思政教育工作中的重要任务。高校各年级辅导员是课堂外同学生接触最为频繁也是学生最为信任的教育者，最为了解学生的思想动态和行为动态。在学生的日常生活中、学院组织的活动中甚至同学生的交谈中，辅导员能真实客观地掌握学生的思想状况，在潜移默化中引领他们树立坚定正确的政治方向，坚定理想信念。因此高素质辅导员队伍建设至关重要。最后，学校党政部门及共青团的相关工作人员也是高校思政教育队伍的重要组成部分，对高校思政教育工作的方向性引导及宣传工作的落实发挥基础性作用。作为相关的工作人员，也应不断提升自身思政教育工作的意识，自觉主动学习相关知识并运用到工作中，促进高校思政教育工作顺利开展。

三、传统文化与高校思政教育融合的网络教育路径

（一）有效发挥网络载体的作用

随着科学技术的高速发展，网络技术正以迅雷不及掩耳之势悄然改变着大众的生活与工作方式，进而也促进了道德教育新方式与渠道的形成。目前，是否可以行之有效地开发与使用网络教育资源，对中华优秀传统文化能否发挥其独特的教育优势起着决定性作用。当前，网络使用群体中最为庞大的队伍就是大学生，所以，我们在进行传统文化教育资源的开发和使用时，一定要意识到有效发挥网络载体的现实意义与重要性，在运用媒体平台的基础上完成中华优秀传统文化和多媒体的结合。

第一，教师可把网络载体当作大学生思政教育的重要阵地开展各项教育活动。比如说，创建各种以中华优秀传统文化为主题的网站，让学生在使用互联网时也能吸收很多新知识，从而获取中华优秀传统文化中的精髓，体会其深远意蕴。特别需要注意的是，我们在通过网站这一形式进行思政教育时，一定要加强探索采用怎样的语言形式，使之达到"以礼育人，以情动人"的效果，达到润物细无声的教育效果。

第二，我们同样能够采用微博、微信这类平台达到类似效果。人们之所以越来越青睐

新媒体，与其方便性、通用性不无关系。这种新兴媒体给大学生带来了全新的沟通方式，符合他们目前即时信息传递与主动求知的心理特征。比如说，通过微信、微博等软件给大学生提供一些关于中华优秀传统文化的公众订阅号，按时为他们提供一些相应的讯息，为他们在零碎时间内获取知识提供帮助。另外，教育者还能通过微信、微博这类平台，及时解决目前大学生普遍反馈的道德滑坡问题，进而为高校思想政治理论教育活动开拓出一片新天地。

第三，我们还能借助图书馆这个资源宝库进行中华优秀传统文化宣扬活动。比如引导大学生积极运用图书馆的各种文献资料以及通过阅览室下载与中华优秀传统文化相关的电子文档与视频等影像资料，让大学生可以更好地了解一些经典名著与人物传记，进而有效吸收其中教育精华方面的内容与思想，提升自身的思想道德素质，实现全面发展。

(二) 积极推进思政教育网站的创建

创建思政教育网站，宣传中华优秀传统文化。美国未来学家阿尔温·托夫勒指出，谁掌控了信息、控制了网络，谁就拥有了整个世界。互联网已变为开展思政教育的一个新兴的主要平台。要全方位加强学校网络平台建设，将互联网变为宣扬主旋律、进行思政教育的主要武器。要建立集思想、知识、乐趣和服务于一身的主题教育站点或网页，大力开展生动有趣的互联网思政教育活动，形成网络和现实思政教育的强大合力。

加强学校网络阵地建设，创建独具特色、吸引力和影响力大的思政教育网站（又叫作"红色网站"）。可在网站中设立专门的宣传中华优秀传统文化的板块，并利用互联网平台展开学术探讨和交流，或指导学生查阅、下载关于我国优秀传统文化的材料，或借助学校互联网平台选择播出一些能够展现中华优秀传统文化的影像资料等。

举例来讲，高等教育出版社主办的"中国大学生在线"网站是进行高校思政教育的主流平台，这个网站展现的传统文化格调高雅、文字优美、事迹动人、案例生动，人气旺，接地气，在高校思政教育中影响大，在大学生健康成长中发挥着不可替代的促进作用。

还要建设一支既熟悉思政教育工作，又熟悉中华优秀传统文化，同时掌握互联网信息技术的复合型人才队伍，指引学生积极通过红色网站或网上资源查阅我国优秀传统文化，优化他们的知识体系结构，不断提升他们的人文水平。

(三) 运用现代科技手段创建网络教育平台

关注网络文化，占领网络阵地。随着网络在手机上的广泛应用，网络在当今大学生的学习、生活中所占的比重越来越大。越来越多的大学生从网络上了解天下大事、获得新闻，网络文化已经走进大学生的世界并深刻影响着他们的思想观念与行为。在加强大学生思政教育工作、发展传统文化的基础上，我们要进军网络，利用大学生常用的微博、微信等网络交流工具占领一些高地，从而推动网络教育平台的建立和发展。只有这样，才能走进大学生的精神世界，才能指引大学生的行为，才能更好地传承优秀传统文化，更好地指导教育当代大学生。

四、传统文化与高校思政教育融合的社会实践路径

（一）积极举办与传统文化相关的讲座

高等学校可以从大学生的实际出发，找到他们在传统文化学习中的重点、难点以及关注的热点，在此基础上邀请社会上一些有名望的专家学者或者模范榜样来给大学生做相应的讲座。讲座可以说是高校思政教育课程教学的一种有益补充，举办好讲座，将会出现一个传统文化和思政教育双赢的局面。

高等学校积极举办与传统文化相关的讲座，对丰富大学生的传统文化知识、增强他们对传统文化的保护和传承意识有着重要的意义。

（二）深入挖掘传统节日的内涵

要想让中华民族优秀文化资源具有鲜活的生命力，必须在外在力量的推动基础上，寻找传统文化内部的驱动力量：将推进国民教育与提高个人的修养相结合，是优秀传统文化的优秀资源找到适合的平台和切入点、发挥其重要作用的重要基础。通过国民教育可以让优秀民族文化资源所具有的社会价值获得广泛的认可，并成为国家文化价值观的组成部分；而通过个人的修身养性，个人也重视传统文化的内在价值。这就使得中华民族优秀传统文化的因子拥有了进入百姓内心、渗入其日常生活的渠道，能在个人心中生根发芽的文化才是强大的，它不会随着时间的推移而消退。因而，中华民族的传统节日作为中华民族优秀传统文化的一部分，除了国家的高度重视外，加强个人对传统节日的认识也格外重要。

通过深入挖掘传统节日文化内涵，可以深入开展大学生的爱国主义教育，使其学会感恩、秉承孝道，从而全面提高大学生的思想道德素质，有助于推动新时期的大学生思政教育发展。同时还可以使大学生思政教育工作更加符合学生的发展需求，贴近实际，增强了

大学生思政教育的实效性。

（三）参观名胜古迹

名胜古迹是人类在社会实践中创造出来的具有文化价值的财富，也是中华优秀传统文化的重要表现形式之一。名胜古迹是长期以来人们改造景观的直接证据，充分体现出人类和自然之间的关系与历史沿革。通过参观名胜古迹，大学生可以从中了解历史发展的脉络，从中感受到优秀传统文化所赐予人类的精神力量，进而强化大学生对优秀传统文化的认同感。

当今社会是意识观念多元化的社会，大学生难免受到西方思潮和异质文化的影响，由此思想上出现错误，造成行为上出现偏差。而名胜古迹是我们的祖先创造出来的文化物质表现形式，承载了本民族过去的辉煌，通过拜访名胜古迹，可以增强大学生的爱国主义情感，增强其对本民族的自信心。因此，高校不仅要在理论上加强优秀传统文化教育，而且要在日常生活中多组织大学生对当地名胜古迹进行参观学习，使其从中受到启发。

（四）鉴赏古代诗词

中国的古诗词绵延流传了千百年，是中华民族的文化精髓，学习并鉴赏古代诗词可开阔大学生的视野，培养大学生的人文素养。古代诗词能让大学生从文学艺术的源头汲取到最清澈、最甜美的文学之水，也能让大学生在吟咏古诗词时感受博大精深的中华优秀传统文化，知晓古代人的生活方式，了解古代贤人志士高尚的思想品行。并从中受到启发，激励大学生向古代贤人志士学习，在浮躁的今天找到让内心平静下来的力量，从而达到思政教育的目的。

古代诗词是大学生乃至每个中国人最宝贵的精神源泉，它能丰富大学生的思想情感、提高其审美水平，更是中华民族永恒的经典。中国古诗词蕴含着丰富的美学要素，是提升大学生艺术审美鉴赏能力的重要资源。精心挑选一些能够引起大学生兴趣的古诗词，多途径挖掘其中的美学要素，结合学生审美需求和心理特点，通过诗词朗诵等形式提高学生的审美鉴赏能力，让学生感受到优秀传统文化的魅力，是一种有益的探索。

我们也应当看到，当代大学生对古代诗词有一定程度的疏离感。一些文学上的名篇佳作成了大学生难以接受消化、甚至拒绝接受的"古董"，远不如小说、流行歌曲那么流行。而高等院校在发挥优秀文化、传承优秀文化方面有着义不容辞的责任，因此，高校在培养大学生古代诗词鉴赏能力时不能一味地进行灌输式教育，而是要采取一些大学生喜闻乐见的方式。高校在增强优秀传统文化与大学生情感联系的过程中，提升大学生的审美能力还有很长的路要走。

（五）品味传统曲艺

传统曲艺是中华民族在几千年的历史发展过程中积累和沉淀的非物质文化遗产，共本身就包括了中华民族的思维方式、美学意蕴、哲学观念等，蕴含着重要的文化资源和价值。大学生品味传统曲艺，能够陶冶他们的情操，使其感受优秀传统文化的魅力。

由于传统曲艺是古代人流传下来的非物质文化遗产，因此对于大学生来说很难融入他们的学习和生活中。大学生作为现代都市生活中活力较大的群体，自然喜欢更加活泼的流行元素。因此，在鼓励大学生品味传统曲艺的时候，可以适当加入流行元素。比如现在很多流行歌曲里夹杂戏曲的唱法，还有一些当今社会流行语、热点话题等，这样传统曲艺不仅逐渐被大学生接受，既保留自身的长处，又能引起大学生的情感共鸣和思考，从而达到了陶冶大学生情操的目的。

第七章　高校思政教育与创新创业教育融合

第一节　高校思政教育与创新创业教育的关系

一、高校思政教育对创新创业教育的价值引领

价值是指在实践基础上形成的主体与客体之间的意义关系，是人类活动能动性、创造性的重要根源。在主客体的实践关系、认识关系中，渗透着主体基于自身需要对客体的选择及利用关系，或是客体能够满足主体某种需要的固有属性。这种主体需要和客体属性间的关系，就是主客体间的价值关系。创新创业价值观是由对创新创业的认知、期待和一定社会责任等要素结成的较为稳定的价值取向，其关系到创新创业的良性发展和总体目标的达成，影响着青年学生是否选择创业，选择什么样的创业目标，选择何种创业方式以及创业的路径。创业者本人也许意识不到，但创新创业价值观作为系统观念对创业行为随时随地起着重要的调节作用。例如，创业者创业动机是否端正，是否具有足够的自信心，创业过程是否诚信经营，是否依法依规指导创业行为等，都受到其创业价值观的影响。

（一）高校思政教育对创新创业教育价值引领的实质

马克思主义价值观倡导人的自由、解放和全面发展，体现了对人主体性的尊重和关爱，具有科学性、主体性和实践性的特征。

1. 主导创新创业教育的发展方向

社会主义核心价值观引领当代大学生创新创业价值观，主导其创新创业的发展方向，避免了照搬照抄。加快建设创新型国家对高等教育适应国家经济社会发展、培养创新人才提出了新的要求。创新人才发展的战略地位越高，人才培养的方向性就越重要。大学生作为中国特色社会主义建设的中坚力量，其价值取向直接影响着社会主义事业的兴衰成败。

大学生创新创业必须将自己正在做的事与党和国家倡导的意识观念相结合，在社会主义核心价值观的引领下，旗帜鲜明地体现政治的方向性，这是创新创业融入中国特色社会主义建设主流的必由之路。高校要将创新创业方向引领纳入课堂主渠道、日常校园文化活动和网络媒介等多种教育载体，对世情、国情、民情进行多形式、多渠道的渗透，为大学生创业者源源不断地注入精神动力。让大学生创新创业与中国特色社会主义的建设事业相结合，让大学生创新创业的必要性与现阶段中国的国情相结合，让大学生的创新创业梦想与中华民族伟大复兴相结合。

2. 优化创新创业教育的运行过程

社会主义核心价值观对当代大学生创新创业价值观的引领，关系着创新创业过程的持久性，其能够优化创新创业的运行过程。高校对大学生创新创业价值观引导的过程，是根据学生创新创业能力形成的规律和社会发展对创新创业观念的要求，通过各种载体施加影响，使其逐渐形成创新创业意识、提升能力的过程。其中需要教育多元主体共同参与，既需要高校作为教育主体发挥主导功能，也需要大学生作为受教育主体发挥主观能动性，相关客体也要参与其中。社会主义核心价值观对当代大学生创新创业价值观的引领，不是一个简单的从灌输到接受的过程，而是需要高校在创新创业实践中不断摸索，也是大学生将这种认识内化于心，并转化为理想、信念和价值追求的过程。以社会主义核心价值观为指导，优化创新创业的运行过程，要求创新创业教育的内容、载体等遵循社会主义核心价值观的内涵要求，体现和尊重创新创业的规律，实现对创新创业的价值指导，把握创新创业项目的内容选择，规范创新创业发展过程，从而逐步发展创新创业能力，培育创新创业精神。

3. 整合创新创业教育的价值诉求

社会主义核心价值观对大学生创新创业价值观的引领，符合创新创业内涵的深刻性，能够整合创新创业的价值诉求。我国高校创新创业教育要在社会主义核心价值观的指导下，通过课堂灌输和实践项目对大学生创业者产生影响。就个体价值而言，在创新创业的教育过程中，社会主义核心价值观能够引导大学生树立恰当的价值目标，去实现正当的价值目的。创新创业可以激发大学生在实践中实现自我的欲望，并在对欲望追求的过程中产生行为的动力，激发其不断进取。就社会价值而言，首先，体现在社会主义核心价值观能够提升大学生的人力资本，帮助大学生进行科学的选择，选择与其职业发展要求相适应的社会观念、创业思想和创业方式；其次，体现在能够形成服务社会的价值观念，高尚的道德情操在一定条件下可以转化为勇于承担社会发展责任的巨大动力；最后，体现在能够引导大学生形成合理的创业价值取向，有助于合理配置人力资源，化解社会就业市场供需矛盾，促进社会整体和谐发展。

（二）高校思政教育对创新创业教育价值引领的策略

1. 高校思政教育对创新创业教育价值引领的内容

价值观体现在国家、社会、个人三个层面，社会主义核心价值观正是由这三个层面的相互支持和渗透所构成的完整价值体系。核心价值观，承载着一个民族、一个国家的精神追求，体现着一个社会评判是非曲直的价值标准。社会主义核心价值观对大学生创新创业价值观的引领符合矛盾普遍性和特殊性的原理，具有普遍的价值引领和素质提升功能。大学生在创新创业过程中会遇到各种不确定的因素和问题，高校尤其要通过思政教育加强对大学生社会主义核心价值观意识层面的正确引导，使其能够运用科学的方法，分析和应对各种纷繁复杂的问题，以明确的理想信念提升创新创业素质。

2. 高校思政教育对创新创业教育价值引领的载体

高校思政教育对创新创业教育的价值引领要通过一定的教育载体形式才能有效地传导到教育的各个要素中和各项实践活动中，要通过课程载体、实践活动载体、网络载体来体现和反映价值引领的具体教育内容。

3. 高校思政教育对创新创业教育价值引领的机制

高校思政教育对创新创业教育的价值引领，要采用适合价值融入的基本机制，包括充分体现价值内化的价值引导激励机制、价值渗透认同机制、价值干预制约机制。

（1）价值引导激励机制

激励机制，是对人主观动机的激发。以物质或精神等方式鼓励大学生为实现创业理想、提升创业素质而努力。

（2）价值渗透认同机制

需要是人的本性，人的各种行为活动都是在需要的推动下进行的。创新创业教育要通过多种方式的渗透使其内化为学生的主观需要，进而形成积极自觉的外在行为。成就动机需要在高层次的精神需求下产生，要想达成创新创业目标，主体必须具有远大理想和不懈追求的需要。坚定的意志是在个体精神需求下形成和锻造的，这已经被众多的创业成功者充分证明，创业主体在意志的驱动下，将并不稳定的需求动机转化为相对固化的兴趣爱好时，创新创业的行动会更加充满热忱，过程也会更加多姿多彩。

（3）价值干预制约机制

市场经济条件下多元的价值取向给大学生创业观念带来了复杂的影响，各种矛盾和利益冲突出现在创业的过程中，随时考验着涉世未深的大学生。因此，高校要在创新创业教育过程中，应有计划、有步骤、分层次地进行疏导性转化和心理层面干预。

二、高校创新创业教育对思政教育的学科贡献

（一）丰富高校思政教育的理论资源

1. 多学科的交叉视野与研究借鉴

（1）管理学借鉴

高校创新创业教育是集多学科于一体的综合型教育，借鉴管理学可以从管理学的视野和研究范式下，填补其实践运行中出现的空白领域。高校创新创业教育是一种建立在实践基础上的教育活动，管理学则更多地关注技术性问题的解决，目的是通过各种要素的组合，达到预期目标。管理学是实践者的哲学，固有资源和追求实现最大化绩效之间的矛盾是其主要矛盾。高校创新创业教育是实实在在的管理活动，不再仅仅是简单的课堂教学活动，更多的是参与现实社会中实践的运作，其整体教育目标为实现管理活动的有效运行指明了方向。管理学为高校创新创业教育奠定了基础，提供了广阔的发展空间。高校创新创业教育管理意味着实现投入资源的最大化效益产出，减少教育资源的消耗和浪费，更高效地培养出高质量优秀人才。站在管理学的视角，教育者要注重目标的细分，重视学生个体需求与受教群体的水平差异；管理学范式的融入，科学评估体系的建立，有利于合理调整教育内容，提升教育队伍水平，有利于实现教育目标和保障教育质量。在实践模式上，只有通过管理、引导和控制，使受教者的认识、意识、情感充分外化于实践过程，才能实现教育轮回的完整性。本质上，管理是通过预测、决策、计划、指挥、协调和控制等一系列手段，充分整合系统内部和外部各种资源，最大效率地组织调动各种力量，发挥优势，形成合力。

（2）教育学借鉴

教育学是研究教育现象和教育问题，揭示教育规律的科学。整个教育科学体系都基于教育学的基本理论，教育学揭示了教育的性质、目的、原则、方法，以及教育发展的一般规律。高校思政教育本身是教育学的一个分支学科，当然要遵循教育学所揭示的教育的基本原理、原则和方法，并借此研究高校思政教育所固有的特殊规律，进而建立特有的学科

体系。从教育学的理论和方法上而言，教育的原理、原则和方法，主要适用于业务知识教学。业务知识教学和高校思政教育有相近的地方，也有很大的差别。而高校创新创业教育则更多地运用了教育学原则，如教师的主导性与学生主动性相结合的原则，教育系统性与发散性相统一的原则，科学性与思想性并重的原则，关注总体水平与个体差异的原则等，同时还借鉴了讲授、讲解、实践实习等具体的教学方法。

2. 实践性的理论实践与经验积累

（1）创业教育理论的实践导向

高校创新创业教育还未能成为一个独立的学科，其主要原因有以下两点：一是创业教育具有目标的多重性、对象的广泛性、学科边界的模糊性和教学方法的实践性四个突出特点。创业教育因文化而异，不同的文化背景下创业教育的概念和使用是有区别的其中还包含了个体和公众不同的价值判断。另外创业教育的目标、对象、内容是多样的。创业教育的内涵也是一个不断演化的过程，具有历时性。二是高校创新创业教育是一项系统的工程，需要综合考虑对其产生制约影响的各种社会因素和自然因素，统筹把握高校创新创业教育与政府政策、经济发展、社会进步、科技创新和文化嬗变等诸多外部因素的复杂关系，需要兼收并蓄相关学科的原理和知识，实现不同学科概念、方法和技术手段的融会贯通。

（2）高校创新创业教育的实践环境构建

高校创新创业教育的优势在于具有丰富的一线经验，具有凝练成理论的实践基础。高校作为创新创业教育的实施主体，不是一个闭塞的环境。高校创新创业教育在实现良性循环过程中，充分调动高校、政府和社会中的一切资源与力量，以政府和社会为其提供的政策支持与资金投入作为辅助支撑，努力实现资金流动、实践对接、技术转移和文化建设等方面的交互配合，使得资金、信息、人才等形成良性循环流动。在高校、社会、政府、企业之间形成健康可持续发展的实践生态系统，这个系统决定和制约着高校创新创业教育的效果。

（二）优化思政教育的学科体系

1. 充实基本理论研究

（1）以面向全体学生、结合专业教育为核心理念

我国高校创新创业教育自起步阶段起就确立了面向全体学生的教育取向，将有效培养学生的创新意识、创业能力、创造精神作为其教育教学的目标定位。这就意味着，高等学校既要不断提高人才培养的质量和人才的社会适应性，同时也要加强对学生的创新意识、

创新精神和创业能力的培养。随着大学生就业压力不断增大，早期的创业教育受传统教育思想影响，在价值取向上存在明显的功利性。

（2）以全覆盖、分层次和差异化为基本目标

高校创新创业教育的定位，从面向少数人培养自主创业企业家，逐步扩展为面向全体学生的素质教育，旨在培养学生的创业能力与创新意识，并将其贯穿教育教学全过程，在达到全员覆盖的基础上，实现目标的层次化和差异化。高校开展创新创业教育，学校和政府固然是希望有更多的毕业生走向自主创业，但实际上高校毕业生中，特别是刚刚毕业的大学生，选择自主创业的毕竟是少数。因此，学校根据学生的特点、兴趣和自身职业发展规划，将目标细分为两个层次：第一个层次是培养企业家，第二个层次是培养学生开创性精神和能力素质。其中，第二个层次相对第一个层次更为关键和具有普遍意义，它对于每个人都同样重要，因为社会和企业倾向于重视受雇者的创新精神、冒险精神、创业能力、独立工作能力以及其他技能。

（3）以培养学生的理性行为能力为核心内容

教育是人的本能，创新创造也是人的本能，不是指创新创造不需要教，而是强调"教什么"，需要充分考虑作为教育对象的大学生的需要。高校创新创业教育的核心在于培养学生理性的行动能力。创业具有实践的特点，实践层面的创业研究核心在于引导年轻人将雄心和才华化为行动而远离空想。借助理性的力量，切合实际地行动并远离空想，是高校创新创业教育给予学生的核心支撑。高校创新创业教育与创业行为之间是有时间间隔的，不是课程一结束学生就会开始创业行动，创业必须以理性的深度思考作为前提基础。

2. 丰富思政教育内容

中国的高校创新创业教育迅速兴起并快速发展，在理论探索方面也取得了诸多进展，学科化的诉求日益强烈，在"理论、专家、团体、成果"四个方面都为走向学科化奠定了基础。坚持学科化、多样化的原则，探索在管理学、教育学一级学科下设立二级学科，成为高校思政教育学科精细化研究的重要方向。

基于"以创促就"的直接动因，一些学者认为高校开展创新创业教育主要作用在于缓解大学生就业，局限性地认为创新创业是权宜之计。经过几年来的探索和实践，目前人们对高校创新创业教育的认识已经超越了这种认知局限，开始从建设创新型国家、转变经济发展方式和推进高等教育改革的新高度看待高校创新创业教育的价值，认为高校创新创业教育是建设创新型大学的必由之路，是设定新一代创业遗传代码的重要途径，是推动建设国家创新体系的重要基石。目前，学术界普遍认同高校创新创业教育是适应经济社会和国

家发展战略需要而产生的一种教学理念与模式，对于高校创新创业教育的基本内涵达成了初步共识。高校创新创业教育，是结合专业教育，通过知识传授与实践锻炼等手段，面向全体学生进行创新创业综合素质培养，并将其融入人才培养全过程的教育。近年来，高校创新创业教育的专家队伍和学术团体数量不断扩大，教育理论成果逐年增多。

（三）提高高校思政教育的实践效益

1. 有助于充实高校思政教育的实践内容

（1）塑造健全人格

高校创新创业教育注重创新教学理念，相较于传授书本知识，更强调实践活动中学生主体的成长与体悟。参与创新创业实践活动，不仅能帮助学生形成科学的择业观、就业观更能够弥补传统教育中对于综合素质和主体精神的忽视，培养具有健全人格的高素质人才。高校创新创业教育，从广义上来说是培养具有开创性品质的个人，这对于拿薪水的人来说也同样重要，因为用人机构或个人除了要求受雇者在事业上有所成就外，也越来越重视受雇者的首创精神、冒险精神、创业能力、独立工作能力以及技术、社交和管理技能。高校创新创业教育更加贴近大学生个人发展诉求，有助于健全主体人格，培养受教育者的创造性和批判精神。

（2）强化团队意识

团队精神的培养是推进高校创新创业教育的重要着力点。优秀的团队所具备的共同的价值目标、先进的合作理念、强烈的团队意识和高效的资源整合是推动创业成功的必要保障。团队精神是创新创业人才的核心素质，也是高校对于培养社会主义合格建设者和可靠接班人的必然要求。因此，培养蕴含着大局意识、协作精神和服务精神等优秀精神品质的团队精神，成为培养创新创业人才至关重要的内容。

（3）增强责任意识

高校创新创业教育非常重要的内容就是对创新创业品质的教育，其中涵盖了社会主义核心价值观中对社会责任意识的培育。在高校创新创业教育中，应注意提升学生社会责任意识，提高学生综合素养，增强学生承担社会责任的能力，使其为社会进步发展作出更大的贡献。

2. 有助于创新高校思政教育的实践载体

（1）创新高校思政教育的课程载体

高校思政教育在课程载体上力求创新，以高校创新创业教育创新高校思政政治教育课程载体可通过准确进行理念定位、明晰模块角色、拓展实践内涵等具体路径来加以实现。

（2）创新高校思政教育的文化载体

以高校创新创业教育创新高校思政教育文化载体的具体路径如下：

首先，挖掘校园文化中的创新创业核心内容。丰富多彩的创新创业文化，能够集中体现师生的创新创业思想状态、价值追求和行动准则。

其次，以创业项目为依托，通过校内外各级各类创业大赛，调动广大师生参与到创业项目的实践中。

最后，构建以创新创业为核心内容的激励制度，推动创业文化建设。在日常管理和教育制度中渗透创业文化内涵，突出顶层设计的作用，树立文化精品意识，注重品牌文化建设。

（3）创新高校思政教育的大众传播载体

创新高校思政教育的传播媒介，可通过构建多层次校园创业文化宣传体系来加以实现。

首先，发挥传统媒介优势，加强创业文化政策引导。传统媒介优势在于具有强大的公信力，其对高校创新创业教育的政策导向作用不可或缺。

其次，利用新媒体推动校园创业文化互动传播。高校大学生是与新媒体传播手段联系最为紧密的群体，普遍活跃于微信、微博、QQ等互动交流平台，而新媒体平台的交互性传播具有巨大优势，可为高校的创新创业教育宣传提供支持。新媒体时代给予了每个人参与信息发布、传播、接收和处理的机会，人们可以经过主观判断后对信息进行反馈、评论、分享和传递，整个过程可以是双向的甚至可以是多向的。面向大学生的高校创新创业教育，要充分利用新媒体技术速度快、传播广、易接受的平台优势，实现信息交互和资源共享。

3. 有助于创新高校思政教育的实践方法

（1）人文关怀与知识传授相结合的方法

高校思政教育面向的是大学生群体，要培养好大学生的道德观念、政治意识和思想品质，就必须要有深刻的人文关怀。面对当前巨大的就业压力，许多大学生陷入迷茫或逃避退缩，高校要承担的不仅是知识的传授和能力的培养，更要以人文关怀对其进行价值观的正确引导，帮助大学生客观分析优势和不足，建立起对自己的信心和对生活的希望。

（2）实践导向与问题中心相结合的方法

高校创新创业教育作为一种教育理念，强调实践先行，注重解决实际问题，着眼于个体体验对于意识和能力培养的突出作用；作为一种教育模式，改变了以课堂授课为中心的教学方式，建立起以活动课程和项目课程为中心的体验式教学。高校创新创业教育拓展了原有高校思政教育的"实践"模式，更多地融入专业实践和生活实践，从校园内部到社区和企业实践的空间不断拓展。高校创新创业教育以"实践为导向"，培养理念和模式其目标就是通过实践活动，使学生有机会直观地运用和体会所学知识，主动完成知识体系的架构，使理论知识与实践知识、公共知识与个人知识、概念知识与经验知识相结合，以"做"为中心在学生认知结构中形成有机组织，使学生具备灵活适应新情境的能力。

（3）全面体验与理论灌输相结合的方法

从教育方法上看，高校创新创业教育吸纳了传统高校思政教育灌输式的教育方法，但又全面超越了灌输为主的方式，更加注重能力培养，突出以体验式教育来实现自己的教育目标。教育方法是由教育内容决定的，应该体现二者的一致性。高校创新创业教育不适用灌输式教育，而是要学生亲身实践体悟。灌输式教育是一个存放行为，学生是仓库，教师是存放人，教育中没有交流。教师的工作只是关注正式教材并实施存放，学生的学习是容纳、接受、记忆和重复。体验式教育弥补了灌输式教育的不足，体现了对人的尊重，强调人和事实直接接触的重要性、认识与行为的不可分割，保障了学生经历真实生活，以及通过学习获得知识、提高能力的权利。

第二节　高校思政教育与创新创业的有机结合

一、高校思政教育与创新创业的有机结合具体分析

（一）高校思政教育与创新创业教育互动融合的内容创新

1. 思政教育要着力激发大学生的创业意识

思政教育必须适应时代要求，激发大学生的创新创业意识、主体意识、责任意识和感恩意识。

第一，创新创业是自觉的实践活动，需要大学生认识到在创业活动中自己的主体地位和肩负的社会责任，独立地解决遇到的各种问题。这就要求大学生要逐步树立主体意识，去除"等、靠、要"等毛病。创业不是一帆风顺的，只有始终坚持理想目标，发挥主观能

动性，积极整合资源、化解难题，才能取得成功。因此，思政教育工作者要树立以学生为中心的教学理念，不断激发学生在学习、生活中的主体意识，为培养创新型人才创造主观条件。

第二，创新创业教育是高等教育与社会发展相结合的一个重要纽带，大学生创业不仅与个人前途息息相关，而且与国家、民族的命运紧紧联系在一起。高校思想政治理论课教师要使学生树立关心社会、心系祖国、传承文化的理念，使学生学会如何与人沟通、如何获取社会资源、如何建立和谐的人际关系以及创业成功后如何回报社会，逐步培养学生对社会的责任感和使命感。

第三，培养"感恩意识"，让大学生学会感恩教师、感恩学校、感恩父母、感恩社会。要让学生学会尊重他人，对他人的帮助怀有感激回报之心，并通过言行予以表达。只有这样，大学生才能与他人发展友谊，建立和谐的人际关系，其创业道路才会更加平坦。

2. 思政教育要着力培育大学生的创新精神

第一，要培育大学生的艰苦奋斗精神。艰苦奋斗精神是中华民族的宝贵精神财富，是中华民族的传家宝。对大学生进行艰苦奋斗精神的教育，是思政教育的重要内容和工作目标。创业是一条艰难的道路，离不开吃苦耐劳的拼搏，离不开艰苦卓绝的努力，创业之初尤其如此。大学生只有具备了艰苦奋斗的精神，才能做到不抛弃、不放弃，突破困境，取得成功。

第二，要培育大学生的开拓创新精神，开拓就是走前人未走过的道路，创新就是对现实的超越，创业需要创业者有推陈出新的魄力和勇气，勇于开拓创新。思想政治课教育需要更新教育内容和手段，为大学生今后的创业提供源源不断的精神动力。

第三，要培育大学生的实事求是精神，创新精神本身就要求实事求是，创业者不仅要有理想目标，还需要有具体实施方案，脚踏实地地予以执行，并根据实际情况提出新的计划方案。

第四，思政教育能培养大学生的创业品质。思政教育能帮助大学生养成坚强的意志品质。创业需要创业者全力以赴，面对各种挑战和困难，克服一道道难关，这些都离不开坚定创业理想和信念的精神支撑。思想政治理论课要传授学生创业进程是前进性与曲折性统一的辩证观点，提高学生的抗挫折能力，使其以良好的心态开展创业活动。思政教育能帮助大学生塑造良好的道德修养。创业要和不同对象打交道，需要处理好方方面面的关系，和谐的人际关系必不可少，而且必须依靠良好的道德修养来维持。思政教育既要对学生进行道德教育，为其提供道德评判标准，又要将创业道德规范赋予创业者自身，成为其自我约束、自我教育的内在要求。

（二）将创业教育融入思政教育中

将创业教育引入思政教育是新时期思政教育的客观要求。传统的思政教育却缺乏对这些新现象的应对措施，缺乏对大学生创业意识、创业品质的培养。从某种意义上讲，创业教育的目标就是通过教育、培养和锻炼使受教育者获得创业所需要的知识、能力和综合素质。

所以，应将创业教育融入思政教育中，具体可以从以下几个方面入手。

1. 树立创业意识，营造创业文化，进行创业世界观教育

高校要培养现代社会的创业人才，首先要在校园营造一个浓郁的创业文化氛围。在这种文化氛围中，学生应懂得自己并不是无后顾之忧的"天之骄子"，现实就业情况并不是想象中的那么乐观，仅有文凭是不够的。拥有大学文凭，仍面临失业的危机。这就要求我们建立全面的素质教育观念，改变高校中"专业教师只管知识传授、思政教育者只管思想的现象"，将创业教育与思政教育结合起来，使学生形成创业实践的欲望，树立创业意识，形成正确的创业观。

2. 培养学生独立自主的人格品质

一个人是否具有创业意识、创业行为和创业成就，很大程度上取决于他是否有独立自主的人格品质，很难想象，一个事事、处处依赖他人的人能面对创业中的巨大风险和压力，能够坚持下去、取得成功。创业教育的关键就在于使大学生不断了解新情况、研究新问题、探索新思路、创造新业绩，使其以独立自主的人格品质实现自身价值。

3. 培养创业的品质，塑造健康心理

创业品质即创业的情感、意志和精神调节系统，它包括以下几个方面的特殊品质。

第一，善于驾驭创业风险。创业之路不可能一帆风顺，会遇到各种风险和许多不确定因素，创业者必须具有"从哪里跌倒从哪里再爬起来"的态度和精神。

第二，勇于承担责任，有毅力。创业是一项开拓性很强的实践活动，需要创业者能够克服常人难以克服的困难和障碍，那种思想保守、畏首畏尾的人无法创业。

第三，充满激情，保持理性。激情是提升和凝聚人气的途径，它的基本要求是要有足够的信心。与此同时，创业总是充满着未知和变数，创业者还必须始终保持清醒和理性。

第四，创新课堂教学形式，充分发挥课堂教学的主渠道作用。

第五，创新校园文化建设，充分发挥校园文化作用。

校园文化活动主要包括社团活动、讲座报告和文体活动等。要基于创新创业教育活动的创新特征和时代特色，着重挖掘校史校情、创业典型的教育内涵。

二、打造适合大学生的实践平台

（一）加大对大学生社会实践活动的宣传力度、管理力度和研究力度

我们在开展社会实践活动时，要努力扩大大学生社会实践活动宣传的深度和广度。在宣传方式上，要充分利用网络信息，建立梯度型网络平台，通过这个平台逐级宣传我们的活动，并加强各院系内部宣传力度，比如建立校级和各院系的大学生社会实践活动论坛，同时也可以利用校报、广播站、橱窗、分发传单、张贴海报等传统宣传方式，使我们的活动传遍校园的每个角落，最终形成立体化的宣传形式；在宣传内容上，要紧抓学生心理，在大学生社会实践活动取得成效的基础上，加大社会舆论的导向性宣传力度，树立起大学生良好的社会形象，使更多的学生从中受到教育；要建立健全大学生社会实践活动的组织机构和管理制度，建立大学生社会实践活动的长效机制，建立科学的组织、考核、奖励等制度，保证活动规范有序地开展；要在组织开展好活动的基础上加大对大学生社会实践活动的调查、研究力度，要研究新形势下社会实践活动的新内容、新载体，保证社会实践活动长盛不衰、推陈出新。

（二）围绕社会热点、难点问题，加强社会实践活动的针对性

大学生社会实践活动要取得实效、要得到社会的认同、要产生较大的社会影响，就必须针对社会上的热点、难点问题开展工作。

（三）围绕素质教育，拓宽创新能力

随着社会主义市场经济的逐步确立，大学生的危机意识、成才意识也越来越强烈，他们早已从过去"上山""下海"的争论中冷静下来，他们潜心学习，因此在高校也就出现了目前的学习热、考研热、考证热的现象。因此，实践技能等综合素质的提高也成为大学生的自我追求。如今科技活动开展得热火朝天，在全国举办的大学生创业"挑战杯"活动，引起了大学生的普遍关注。在各个高校举办的"科技创新节"等一系列的科技创新活动，极大地增强了学生的科技意识、技能意识。高校共青团组织在组织开展社会实践活动的同时，还应注重对大学生艺术、社交、个性、科技、特殊技能等方面的培养，以提高他

们的综合素质和创新能力。只有这样，才能调动起大学生参加社会实践活动的积极性，也才能使社会实践活动持久深入地开展下去。

（四）搭建社会实践平台，健全活动保障体系

要建立健全大学生社会实践活动的保障体系、服务体系等。如今，越来越多的大学生自觉投身于社会实践活动中，因此我们建立完善的保障体系和服务体系以保护大学生的正当权益，解除他们的后顾之忧。

（五）加强社会实践基地建设，提高社会实践活动稳定性

大学生社会实践基地建设是大学生社会实践活动深化的保证。事实证明，大学生社会实践活动得到了全社会的普遍认同，收到了明显的社会效益。但是，要完善大学生社会实践活动机制，就一定要加强基地建设，没有大学生社会实践基地就没有大学生社会实践活动的稳定性，没有大学生社会实践活动的稳定性就没有大学生社会实践活动的长期性。

（六）实行学分化管理，提高活动积极性

将大学生社会实践活动纳入整个在校学习期间的学分考核体制中来，实行学分化管理。现在部分同学担心参加实践活动会占用自己的学习时间，影响自己的学习。一些学生干部也因为花费了大量的课余时间在学生服务上而导致学习成绩下降，从而不愿再担任学生干部。如不解决好这个问题，就会从根本上影响大学生社会实践活动的群众基础，使社会实践活动成为一种命令式的任务，而非学生出于自身锻炼需要的一种自我需求。在实行学分制的学校中，我们可以尝试让教务部门灵活地将大学生实践活动纳入学分考核体系中去，针对各种实践活动制订相应的学分，取得的这些学分一样可以作为专业学习所需要完成学分量的一部分，这样既消除了这些学生的顾虑，也增强了大学生社会实践活动的吸引力。

总之，大学生社会实践活动提高了大学生的综合素质，推动了社会主义两个文明的建设，得到了人民群众的广泛认同和大学生的积极支持。但是，新形势对大学生社会实践活动的形式和内容都提出了新的要求，共青团组织应该认真学习、深入调查研究，努力组织好大学生的社会实践活动，充分发挥社会实践活动在提高大学生素质方面的重要作用。

（七）搭建社会实践教学平台，实现专业化与社会化的有机结合，实现校内外联动

学校要在转变观念的基础上进一步深化教育改革，要充分认识到课程改革与设置是培养创新能力的关键，加强和搭建社会实践教学平台是培养创新能力的基础，没有到社会上和企业里的社会实践教学活动就谈不上学以致用，也就谈不上创新，谈不上为社会服务。专业化的教学实践活动是培养和创造创新人才的最直接有效的途径，是直接激发大学生解决生产实际问题、产生创新欲望的爆发点。专业化教学模式的社会实践活动是培养大学生创新思维和创新能力的落脚点。

1. 要积极搭建各门专业课的社会实践教学平台

一方面，把专业课的理论和实践教学以及团委的科技竞赛、科技创新活动紧密联系起来，把课堂延伸到社会中去、延伸到企业中去、延伸到生产车间中去、延伸到企业产品销售的整个过程中去。另一方面，让学生既了解书本知识，了解理论，也了解实践的全过程，做到理论贴近实际，学习和生产劳动相结合。

2. 建立更多稳定的专业实习基地

学校要积极与社会企业建立合作关系，重点投入，建立更多的与专业相关的教学实践基地，增加社会实践教学时间，构建"大平台+专业特色+实践训练+准就业模块化"的教学课程体系，培养学生持续发展的创新能力。同时要建立多元化的实践教学体系，培养学生的实践应用能力。

3. 优化整合教学资源和师资力量

要求专业课教师在工厂、企业实习半年到一年才有资格走上讲台，让教师首先成为"工程师"，有企业生产的经历和知识，这样才能更好地提高授课效果。目前也有一些高校开始实施讲师工程师化。另外，让企业生产技术员走上大学讲坛，也是扩大和优化教学资源的一个最有效的方式。创立校内外、课堂内外融会贯通的"多维课堂联动"的新型教学模式，把学术讲坛、学生工作室、第二课堂、科技竞赛联为一体，实现学校课堂与社会课堂互动，课内教学与课外训练互补，理论学习和实践活动相结合，以"双向教学""双向交流"等为手段，构成多维教学空间，使创新人才在开放性教学实践中脱颖而出。

(八) 学生社会实践网络平台开发与应用

1. 随着网络时代的到来，人们的交流方式已经逐渐从单纯的人—人的传统交流方式向人—网络—人的新型交流方式转变

在学校和学院各项社会实践成就取得的同时，更要提供一个让学生将自己的成果进行展示的平台，让他们将自己的经验与大家分享，听取更多教师、同学的意见，助人助己，在自己不断进步的同时和大家共同进步，因此构建一个以网络等新型交流技术为基础的经验交流平台，在促进学生社会实践交流、动员学生投身社会实践活动方面有重大意义。

2. 学生社会实践网络平台建设的意义

(1) 便于师生之间和学生之间互相学习交流

平台实行分级管理，网络平台的登录模式主要分为系统管理员、校管理员、院管理员、指导教师、学生、辅导员等几个层级，根据设计，教师和同学都可以申请平台账号并可自由进入平台，平台的基本功能包括学生账号激活、学生立项申报、修改立项信息、查看项目审批进度、指导教师确认、院级审批、校管理员账号激活、校级审批等。指导教师可以查看自己指导的社会实践项目的进度信息、项目详细信息，并可针对社会实践中存在的问题与学生进行在线交流。学生之间也可以互相就自己在社会实践中遇到的问题进行讨论，避免大学生社会实践活动无人指导情况的出现。此外，网络平台实行注册会员真实信息披露制度，有利于增进学生与教师之间的交流。

(2) 可以起到监督项目指导教师和社会实践负责人行为的作用

高校大学生社会实践网络平台对社会实践的各个环节都可以起到监督管理的作用。在项目进行阶段，指导教师可查看自己全校学生项目的进度信息、项目详细信息等。在项目结题阶段，指导教师和院级、校级的管理员可在大学生社会实践网络平台中进行审批、抽查，实现对大学生实践活动的在线监督管理。

(3) 具有评优表彰的功能，可以更好地树立典型

大学生社会实践网络平台的建立，实现了学校对学生社会实践活动的信息化管理，学生的社会实践工作，如申报书的填写、修改，项目日志进度的填写以及后期结题申报书的提交，都可以快捷地在网络平台上进行操作，这就为校院级对大学生的社会实践活动的审批评优、评委的点评打分乃至辅导员对本班学生的成绩初评的信息化奠定了基础。学院、教师通过网络平台对大学生的社会实践工作进行评定，学生也能在平台上看到优秀的团队和个人，他们起到了示范的作用。

（4）提高工作效率，节约成本

网络平台的建立，实现了管理者、学生和教师之间电子数据的交流与沟通，避免了材料的打印和重复材料的提交，大大提高了办事效率，降低了教学成本。

第三节　高校思政教育与创新创业教育的融合路径

一、思政教育与创新创业教育的双向建构解析

（一）思政教育与创新创业教育双向建构的基础

1. 目标的一致性

随着时代和社会的不断发展，思政教育的目标要求我们既要认真对待我们在实践中积累起来的宝贵经验，坚持已经被实践证明了的行之有效的重要原则，又要与时俱进。

创新创业教育要从大学生的发展需要出发，培养大学生创新创业意识，铸造大学生创新创业人格；要引导大学生确立创新创业发展目标，促进大学生的全面自由发展。

思政教育要引导大学生树立正确的价值观念，帮助大学生形成科学的思维方法、完善道德素质和人格品质，符合社会的发展要求，与创新创业教育在提升大学生的综合素质与核心能力构建上互为补充。思政教育为创新创业教育提供价值引领，创新创业教育为思政教育拓宽领域，两者共同的目标指向都是促进大学生的全面自由发展。

2. 内容的相通性

思政教育的内容是随着时代变化而不断丰富和发展的。当前主要包括以辩证唯物主义、历史唯物主义和马克思主义认识论为内容的世界观教育；以基本国情、党的基本路线纲领、民族精神和时代精神为内容的政治观教育；以理想信念、人生价值观、生命价值观为内容的人生观教育；以社会主义民主、社会主义法制和遵守纪律为内容的法治观教育；以集体主义、社会公德、职业道德为内容的道德观教育。

创新创业教育内容是由创新创业教育目标决定的。一是创新创业意识培养。这是创新创业教育最为重要和基本的内容。二是创新创业知识和能力的提升。三是引导大学生将培养的创新创业意识，习得的创新创业知识和能力付诸实践，将对创新创业的感性认识上升到理性层次。

从内容上讲，思政教育的内容是根据教育的目的和任务以及教育对象精神世界的发展需要确定和实施的，具有政治性和先进性，并随着时代的变化而变化，注重针对性和可接受性。创新创业教育顺应时代发展要求，是一种新的教育模式，同样需要强调马克思主义理论的指导、共同理想的激励、精神动力的凝聚、道德教育的渗透。随着思政教育和创新创业教育的进一步发展，二者内容的相通性会更加突出。

3. 方法的相容性

在新的时代背景下，思政教育的方法在不断创新发展。它包括获取思政教育信息的认识方法、分析方法；疏导教育法、比较教育法等思政教育的一般方法；活动载体、网络载体等思政教育的隐性教育方法；心理疏导、思想转化等思政教育的特殊方法；还包括思政教育的综合方法、调节评估方法；等等。在多元变化的时代背景下，思政教育方法与社会发展、环境变化和人的发展以及思政教育实践之间存在着一定的张力，需要在实践中进一步解放思想、实事求是，坚持继承和借鉴的原则，以使思政教育方法在创新中不断发展。

创新创业教育既包括理论知识层面的灌输，也包括实践层面的内容。在方法上主要有理论教育法、实践锻炼法、日常熏陶法。创新创业教育引导大学生在不断参与教育实践中构建创新创业的发展观念、形成创新创业的思想、形成创新创业的道德品质。在充分实践的基础上，大学生应结合理论知识将实践感受上升为理性认知，不断评估和调整创新创业目标，进一步在实践中开发创新创业能力，提高创新创业素质。

思政教育和创新创业教育在方法上都从人的实际出发，关注人的生存和发展；除了理论灌输外，两者都在不断探索具有时代特征的教育方式和载体，以增强教育的针对性和实效性，二者都注重理论教育、养成教育、实践教育的有机结合。因此，在增强实效性上发挥着相互促进的作用。

4. 功能的相合性

思政教育的功能可以分为个体功能和社会功能两个方面。就个体功能而言，思政教育在人的意义世界的构建中承担着重要职责，其将受教者的思想和行为引导到符合社会发展的方向上来，以提高受教者的思想道德素质、规范受教者的社会行为、塑造受教者的个体人格为目标；思政教育的社会功能体现在通过培养具有良好思想政治素质的受教者来推动社会政治发展，同时通过调动受教者的积极性，促使其主动参与经济活动以促进经济又好又快发展。

创新创业教育是确保国家经济增长、科技进步、改善就业、维护社会和谐稳定的重要举措，其主要作用在于满足个体发展需求，顺序社会发展形势，促进个体和社会的全面发展。

大学生思政教育和创新创业教育相互促进。思政教育保证创新创业教育的正确方向、恰当目标、合理价值、合适动力；创新创业教育在新的时代背景和社会需求下，体现思政教育的科学性和时代性，保证思政教育的大众性和实效性，共同推进各自功能的良好发挥。

（二）思政教育与创新创业教育双向建构的原则

1. 学生成长成才与社会发展需要的统一

从思政教育和创新创业教育的目标达成来看，它们都促进了个人的全面发展，推动了社会的发展。在当前高速发展的时代，增强国家国际竞争力和综合国力的决定性因素是知识，推动经济和社会持续发展的战略性资源是人才，思政教育和创新创业教育的双向推进，是高校承载人才培养任务的重要途径。大学生接受教育，掌握知识与技能，在实现自身价值的同时，成为国家建设的主力军。创新创业教育将大学生的创造潜力予以开发和完善，重视学生主体性和创新性的培养，不断提高学生综合素质，从而促进其全面发展，这是高等教育培养创新创业人才的重要使命。在探索大学生个性化发展规律和特点的过程中，创新创业教育与思政教育双向结合，有利于大学生形成正确的世界观、人生观和价值观，有助于提升大学生为国为民的社会责任感，进而在实现自身价值的同时推动社会的发展。

2. 遵循教育规律与彰显主流价值观的统一

教育规律反映了社会发展与教育的辩证关系，反映了人的发展与教育的辩证关系。高校"育人"不仅是对大学生进行知识传授、素质培养，还包括价值观和创造力的培育。主流价值观的培育，可以引导大学生实现从功利物欲到精神境界的升华，推动人从内部精神生活角度来适应和认同客观外部世界；引导大学生朝着符合社会要求的方向发展，使大学生自觉遵守法律和道德规范，在允许的范围内从事创造性活动；最大限度地调动大学生的积极性，使大学生形成崇高的精神境界和健康的心理品质，进而成为合格的社会成员；引导大学生认识自己改造物质世界和创造社会历史的主体地位，认识自己的历史使命和社会责任，从而使大学生保持对生活的积极参与和主动创造的精神。主流价值观的培育是大学生自我发展和自我完善的一种特殊精神力量，在个体人格塑造中发挥着重要的作用。

3. 解决思想问题与解决实际问题的统一

实现思政教育与创新创业教育的双向建构，需要在教育实践中厘清基本要求，准确把握两者结合的程度和最佳结合点。两者的根本目的都是培养德智体美劳全面发展的社会主义合格建设者和可靠接班人，无论是解决学生思想问题还是实际问题，都围绕这个核心任务进行。当代大学生成长于信息复杂多变、经济快速发展的时代环境下，在接受思想教育上表现出较强的不稳定性，部分大学生更加关注和追求个人的成长，更多依据个人利益的得失来进行行为选择。因此，研究大学生的实际问题就要从与其自身成长和利益需求密切相关的现实入手。创新创业教育与当前大学生成长实际和社会发展要求紧密联系，是推动大学生解决当前比较突出的就业问题和经济问题、提升自身综合能力素质的重要教育途径，是当前大学生真正关心关注的焦点、难点。它既关注当下大学生的实际现实利益，又关注个人成长成才的发展需求，与全体学生的整体利益息息相关。

（三）思政教育与创新创业教育双向建构的动力条件

1. 高校创新创业教育与思政教育双向建构的内在驱动因素

（1）受教者的个体因素

个体的内在动因是推动创新创业教育与思政教育双向建构的内化性动力。在以学生为中心的核心思想的指导下，思政教育和创新创业教育更加关注引导学生制定合理的学习目标和发展目标，使学生更为主动、更有兴趣地为达成教育目标而努力。在传统的思政教育和创新创业教育中，通常是教师主导学习过程；而在双向建构的教学过程中，受教者是学习过程的主导者，在个体因素的调动下，他们不是消极地接受信息，而是自己主导学习过程，并积极参与新意义的构建。

（2）教育者的个体因素

承担创新创业教育与思政教育的双向建构任务的教师与以往教师最大的不同，就在于其不仅要交给学生思政教育和创新创业的必备知识，更重要的是通过教育过程中的互动，引导学生树立创新精神、明确创业价值，激发学生的创新思维，调动学生的创新、创业潜能，使学生参与到符合社会主流价值观的创新创业行动中去。因此，作为教育者的个体，是影响双向建构的关键动力因素之一。在双向建构的思想下，教师既要考虑教什么，更要考虑让学生怎么做。教育者的角色不是消极地展示所要传达的信息、改正学生的错误并展示其教学技能，而是必须在了解学生认知情感系统、了解学生的学习成长经历、引导学生的思想和价值观的前提下，使学生对事件和现象进行新的思考，并引导学生进行实践，使其获得成长和发展。

（3）高校内部因素

从高校内部因素而言，理念的转变是先导。学校各级层面要达成将双向建构的思想贯穿教育教学全过程的共识。在双向建构中，教育的目标是在主流价值观的引导下，让学生置于非结构化的学习过程之中，在不确定的环境中设定自己的未来发展目标，并在这个过程中学会自我管理。学习情境是双向建构的动力要素之一，传统的课堂教学与实践相脱离，因此课堂教学的学习环境和真实环境相去甚远，而双向建构的推进，使学习和实践不再相脱离，学校应创设一种学生乐于接受、知晓寻求知识并积极参与实践的课程体系。这样的学习情境需要课程设置、基地建设、资源配置、制度保障等动力因素的推进。

2. 高校创新创业教育与思政教育双向建构的外部促进因素

（1）社会发展对高等教育的诉求

对于我国而言，要实现真正意义上的跨越式发展，首要的问题就是教育观念的更新和教育思想的转变。现代市场经济的发展和知识经济时代的到来，为高等教育更新教育观念、转变教育思想提供了充分的现实依据和动力条件，其要求高校一方面把立德树人作为教育的根本任务，另一方面又要不断培养具备较强综合实力的创新创业人才。推进思政教育和创新创业教育的双向建构，要创设有利于大学生形成正确的世界观、人生观和价值观及提升社会责任感，增强学习主动性和积极性的创新创业教育软环境，要提高大学生的学习力和创造力，要提升高校人才培养质量，要强化本科教学中学生创新创业意识和综合素质的培养，要回应社会发展诉求，以发挥高校人才培养、科学研究和社会服务以及文化传承、对外交流的社会职能。

（2）推动构建实施的社会条件

教育所处的社会条件是推动教育实施、达成教育效果的重要外部因素。一是国家和社会对思政教育和创新创业教育的期待和认可；二是国家对思政教育和创新创业教育推进出台的一系列扶持政策，为思政教育和创新创业教育营造了良好的社会环境氛围，切实可行地为教育体系实施提供了必要的保障。思政教育和创新创业教育的双向建构是顺应国家发展要求、尊重个人成长发展需要的教育实施体系，其教育效果和发展方向深受国家社会政策导向和社会整体氛围的影响。政府相关政策、社会舆论导向、和谐稳定的社会文化环境，都是推动两者双向建构的重要外部促进因素，并在很大程度上影响着教育体系的实施进程和效果。

二、高校思政教育与创新创业教育融合的思路和对策

（一）实现教育理念的相互融合

随着我国对人才需求的改变和提高，以及教育改革的逐渐深入，高校需要不断更新教育理念。创新创业教育和思政教育作为新形势下人才培养的重要途径，需要在理念上进行融合，树立二者相互促进的教育理念。

实现思政教育与创新创业教育理念的有效融合，具体而言要从两个方面进行。

第一，创新创业教育要坚持以正确的导向来促进思政教育价值的实现。创新创业教育侧重实践，可以作为思政教育的载体，而思政教育则起着导向作用，二者相互结合、相互影响、共同作用。在我国，就高等教育而言，其将"立德树人、德育为先"作为基本原则，这与创新创业教育的"德育为本、创业为用"的教育理念有着共同的地方，即从实现人的全面发展这一角度出发，并将其作为一切教育活动成败的最终标准。因此，在思政教育和创新创业教育的理念融合中，要将促进人的全面发展这一理念贯穿始终。

第二，加强思政教育的引领和保障作用，促进创新创业教育的实现和提升。自"大众创业、万众创新"提出之后，全国高校大力开展创新创业教育和实践活动。但是，仔细研究就会发现，大多数高校仅仅是将其视为一种响应政策的"运动"，而疏忽了理论研究。基于此，高校必须透过表象深入实质，从人才培养的国家战略的角度来审视创新创业教育的地位和作用，以培养符合社会发展的、综合素质较高的创新型人才。

（二）实现教育内容的相互融合

思政教育的内容本身比较广泛，容纳性很强，但是由于思政教育的理论性较强，因此容易空而泛，进而引起学生的排斥。近些年，思政教育也加入了"两课类社会实践"等的形式。创新创业教育侧重实践，能够大大增强思政教育的效果，提高其吸引力。

创新创业教育更侧重于学生创新创业意识、创新创业技能、创新创业知识等的培养，因此其容易忽略学生的高度社会责任感、艰苦奋斗的精神、坚忍不拔的毅力、面对阻力和困难的决胜心等思想层面的教育。在创新创业实践教学中加强思政教育，能够丰富创新创业教育的内容和为创新创业提供有力保障，进而提升创新创业教育的有效价值。

（三）实现实践活动的相互融合

实现思政教育及创新创业教育中理论与实践的融合，可从思想政治和创新创业教育理

论课、校内实训和校外实践三个方面入手，形成多种形式的育人模式。这种组合下的教育模式，能够最大限度地方便学校理顺理论教学和课外实践的关系，明确各个教育主体的职责，从而进行有效的规划和管理，使学生更顺畅地将所学知识与实际相结合并进行检验。两大理论课程的教学工作及校内实训的指导工作由理论课专业教师和在一线工作的专职学生辅导员担任，便于将日常工作的育人理念、管理要求等渗透到教学中。校外实践的指导教师由校内承担两大理论课和实训部分的教师，以及校外知名企业家、成功创业者、政府的人力资源管理者和社会投资家等担任。

通过与校外企业的结合，可让学生切实体验企业的运作和科研创造过程。

思政教育和创新创业教育理论课、校内实训、校外实践三个环节的有机结合，可使学生的两大理论课与校内外实践紧密结合，从而进一步促进其创新创业价值观、创新创业意识、创新创业能力与思想政治觉悟、社会责任感、自我认知、心理承受能力的融合，培育出符合社会发展需要的创新型人才。

（四）实现组织管理的相互融合

高校组织管理可以为大学生创新创业素质培养提供有力的机制保障。高校要根据新的发展形势，调整、完善学校创新创业管理制度和组织机构。要认识到新的人才培养模式下促进思政教育与创新创业教育融合的重要性和必要性，成立由学校主要领导直接负责的创新创业工作领导小组，建立创新创业指导中心，统筹开展学校创新创业教育工作；要明确校团委、教务处、思政教育学院、班导师和辅导员等各自的职责，协调推进各方面的工作，使其各司其职、相互配合，全方位提高大学生的综合素质。大学生创新创业中心要及时宣传、解读国家创新创业相关政策，及时解决大学生在创新创业过程中遇到的问题，发挥其在创新创业教育中的突出作用；建立奖励机制，积极鼓励创新创业，对表现突出的学生和优秀的指导教师进行资助和物质奖励，以充分调动教师和学生创新创业的积极性。

三、高校创新创业教育融入思政教育"五位一体"新平台

（一）积极发挥课堂教学的主渠道作用

课堂教学是创新创业融入高校思政教育的主渠道，应该将创新创业教育的内容贯穿到思政教育的课堂教学中。其一，依托思政教育公共课程体系，合理运用马克思主义立场、观点分析创新创业教育的问题，解决学生思想上的困惑，进而提高创新创业的成效；其二，建立职业生涯规划课程体系、形势政策课程体系、创业就业课程体系，培养学生创新

意识、创业技能；其三，将创新创业思想贯穿于思政教育教师队伍建设中，教师思想的进步和知识的增长是保障学生进步的基础，所以，应大力提升教师的自身素质，建立和完善教师创新创业教育成绩的培训和考核制度。

（二）率先占领思政教育的网络主阵地

当今社会已经进入了信息爆炸的信息化时代，互联网已经成为高校思政教育的新的重要阵地。这就要求我们要积极占领思政教育的网络新阵地。其一，开辟创新创业教育网络宣传专栏，广泛而深入地进行创新创业政策的宣传，让学生树立创新创业的信心；其二，灵活运用多种新媒体载体，丰富网络教育形式，定期或不定期地针对焦点问题开展讨论。

（三）将创新创业教育融入校园文化建设中

我们应建设一个布局合理、环境优美、健康和谐的校园文化硬环境，在此基础上进行人文环境布置，这是校园文化建设的重要一步。一方面可以通过举办创新创业讲座、沙龙、青年领袖论坛等营造比、帮、赶、超和敢为人先的创新创业氛围；另一方面可以通过在生活、教学等区域建立创新创业类的碑刻、雕塑、长廊等培养学生的创新创业精神。

（四）搭建创新创业教育实践平台

搭建创新创业实践教育平台就是要把创新创业主题社会实践活动纳入教学计划当中，把创新创业教育与社会实践活动结合起来。其一，高校学生应该充分认识到创新创业实践活动的重要意义，认识到当代大学生不仅是创新创业实践活动的推动者，更是最终受益者。其二，校团委应该建立完善的创新创业社会实践活动保障体系和评价体制，保障社会实践活动的顺利开展。其三，充实创新创业社会实践活动内容，充分发挥学生的主观能动性，重视创业团队的培养。创业团队建设可以跨学科、跨年级，甚至跨学院、跨学校进行，充分挖掘各方面的潜能，形成团队优势。

（五）挖掘创新创业先进典型，发挥榜样的力量

榜样力量是进行教育最真实、最可靠的力量。高校要挖掘创新创业典型，并对典型人物及其事迹进行广泛、深入的宣传。其一，让典型人物现身说法，给在校学生搭建与典型人物面对面交流的平台，促使学生学习他们的优秀品质和先进经验；其二，对典型人物的事迹进行深入挖掘和宣传，增强其对大学生的宣传力和感染力。

第八章　高校思政教育队伍建设及途径

第一节　高校思政教育队伍概述

思政教育队伍是思政教育的组织者、实施者、指导者和管理者，在思政教育过程中处于主导地位，发挥着主导作用，是培养德智体美劳全面发展的社会主义建设者和接班人的重要力量。加强高校思政教育队伍建设，是加强和改进新时代高校思想政治工作，落实高校立德树人根本任务的必然要求。

一、高校思政教育队伍的含义

"队伍"原意是指军队队形。在现代汉语中，"队伍"常常引申指"某个有团体协作的全部人员"。思政教育队伍在实务工作和理论研究中有不同的表述，有的表述为思想政治工作队伍，有的表述为思政教育主体，还有的表述为思想政治（教育）工作者。对于思政教育队伍的含义，学者们从不同的角度进行了阐释，但目前学术界还没有统一的公认的界定。

二、高校思政教育队伍的组成

对于思政教育队伍的组成，学者们从不同的角度进行了阐释。广义而言，是指党政团等各方面的人员都有责任做思想政治工作，都应成为思想政治工作队伍的一员；狭义而言，就是指专门从事思想政治工作实践和理论研究的专业人员。

大学生思政教育工作队伍主体是学校党政干部和共青团干部，思想政治理论课和哲学社会科学课教师，辅导员和班主任。高校党政干部和共青团干部、思想政治理论课和哲学社会科学课教师、辅导员班主任以及心理咨询教师共同组成了高校思政教育队伍。这四支队伍在高校思政教育中扮演不同的角色，分工各有侧重。

（一）高校党政干部和共青团干部

高校党政干部和共青团干部，是高校思政教育队伍的重要组成部分，在高校思政教育中肩负着领导、组织、协调、实施等重要职责。

总体规划。高校党政干部和共青团干部要从战略和全局的高度，充分认识加强和改进高校思政教育的重大意义，把"培养什么人""如何培养人"这一重大课题始终摆在重要位置，在学校党委的统一领导、部署和安排下，求真务实，经常分析大学生思想状况和思政教育工作状况，及时研究解决涉及大学生健康成长和切身利益的实际问题；组织专家学者积极开展科学研究，为加强和改进高校思政教育提供理论支持和决策依据，制订思政教育的总体规划；建立健全高校思政教育质量和水平评估考核体系，并将此纳入高校党的建设和教育教学评估体系；建立大学生形势政策报告会制度，定期编写形势政策教育宣讲提纲，建立形势政策教育资源库，制订形势政策教育教学计划；努力拓展新形势下高校思政教育的有效途径、渠道和空间，高度重视大学生生活社区、学生公寓、网络虚拟群体等新型大学生组织的思政教育工作，发挥大学生自身的积极性和主动性，增强思政教育效果，始终牢牢把握思政教育的主动权。

领导管理。高校党政干部和共青团干部要选拔、培养和管理好高校思政教育队伍，采取切实措施，从政治上、工作上、生活上关心他们，在政策和待遇方面给予适当倾斜，吸引更多的优秀人才从事思政教育工作；教育所有从事高校思政教育的人员认识到加强和改进高校思政教育的必要性和紧迫性，及学习思政教育指导思想、基本原则和主要任务；教育所有从事高校思政教育的人员，都要坚持正确的政治方向，加强思想道德修养，增强社会责任感，成为大学生健康成长的指导者和引路人。

组织协调。高校党政干部和共青团干部要认真梳理协调好学校、家庭、党政机关、社会团体、企事业单位以及街道、社区、村镇，宣传、理论、新闻、文艺、出版等方方面面的工作。与有关部门配合依法加强对高校周边的文化、娱乐、商业经营活动的监督与制约，坚决取缔干扰学校正常教学、生活秩序的经营性娱乐活动场所，严厉打击各种刑事犯罪活动，及时处理侵害学生合法权益、身心健康的事件和影响学校、社会稳定的事端，大力建设校园文化，努力营造大学生思政教育的良好环境；动员社会各方力量，完善资助困难大学生的机制，帮助大学生解决实际困难；探索建立与大学生家庭联系沟通的机制，相互配合对学生进行思政教育。

吸优发展。高校党政干部和共青团干部要高度重视党团组织的政治优势和组织优势，高度重视学生党员发展工作，注重质量，坚持标准，把优秀大学生吸纳到党的队伍中来，把广大学生紧密团结在党的周围；坚持把党支部建在班上，创新学生党支部活动方式，增强凝聚力和战斗力，使其成为开展思政教育的坚强堡垒，更好地发挥党团组织的桥梁和纽带作用，充分发挥党员团员学生在思政教育中的骨干带头作用和先锋模范作用。

（二）思想政治理论课教师和哲学社会科学课教师

人才培养，德育为先。思政教育是关系到党和国家赢得青年、赢得未来的重大战略性问题。思政教育的主要任务是：以理想信念教育为核心，深入进行树立正确的世界观、人生观和价值观教育；以爱国主义教育为重点，深入进行弘扬和培育民族精神教育；以基本道德规范为基础，深入进行公民道德教育；以大学生全面发展为目标，深入进行素质教育。

思想政治理论课是全面系统地传播马克思主义理论的课程，是为大学生健康成长成才奠定科学思想基础的课程。毫无疑问，完成高校思政教育的任务，思想政治理论课是立德树人的关键课程，是高校思政教育的主渠道。从事思想政治理论课教育教学的教师是高校思政教育队伍的骨干力量。

高校思政教育不仅限于思想政治理论课教育教学和大学生日常事务管理，哲学社会科学课程也是高校思政教育的重要形式。哲学社会科学具有鲜明的意识观念属性。坚持以马克思主义为指导，是当代中国哲学社会科学区别于其他哲学社会科学的根本标志，必须旗帜鲜明加以坚持。哲学社会科学在进行专业知识传授、人文素质教育、科学研究等过程中，无不发挥着思政教育的功能和作用。

需要说明的是，高校思想政治理论课和哲学社会科学之外的其他课程也具有育人的功能和思政教育的价值，其任课教师也负有育人的职责。虽然高校的不同课程有不同的功能，但是所有的课程都有一个共同的职责和使命，这就是立德树人。对大学生进行思政教育，不是思想政治理论课和哲学社会科学教师的"专利"，而是每一位高校教师和每一门课程应该负有的共同职责和使命。每一位教师在自己的教育教学和科学研究中都应守好自己的一段渠、种好自己的责任田，做到与思想政治理论课和哲学社会科学课程同向同行，形成协同效应。高校思想政治理论课和哲学社会科学之外的其他课程教师在思政教育中的作用主要表现为以下几个方面。

一是为人师表，榜样示范。广大教师要自觉地严于律己，严格遵守国家法律和维护社会公德，热情关心和投入社会主义现代化建设，以自身的高尚品德和行为为学生树立榜样；要以高度负责的态度，率先垂范、言传身教，以良好的思想、道德、品质和人格给大学生以潜移默化的影响，获得良好的教育效果。

二是挖掘价值，渗透教育。高校各科教学都包含丰富的思政教育因素，由于各科教学目标、任务、内容、方法等不尽相同，其思想政治价值也不一样。教师要深入挖掘学科中的思政教育价值，自觉地将思政教育融入大学生专业学习的各个环节，渗透到教学、科研和社会服务的各个方面；要深入发掘各类课程的思政教育资源，在传授专业知识过程中加强思政教育，使学生在学习科学文化知识的过程中，自觉加强思想道德修养，提高政治觉悟；要坚持"学术研究无禁区、课堂讲授有纪律"，不得散布违背国家法律法规和党的路线、方针、政策的错误观点和言论。

（三）辅导员和班主任队伍

高校辅导员和班主任奋斗在高校思政教育工作的第一线，是高校思政教育的骨干力量。辅导员是开展大学生思政教育的骨干力量，是高校大学生日常思政教育和管理工作的组织者、实施者和指导者。辅导员应当努力成为学生的人生导师和健康成长的知心朋友。辅导员按照高校党委的部署有针对性地开展思政教育活动，班主任负有在思想、学习和生活等方面指导学生的职责。辅导员和班主任应该着力加强班集体建设，组织开展丰富多彩的主题班会等活动，发挥团结学生、组织学生、教育学生的职能。辅导员和班主任在高校思政教育中的职责主要表现在以下几个方面。

一是直接的思政教育。辅导员和班主任应根据学校思政教育规划，针对青年大学生的身心特点和思想实际，开展直接的思政教育工作，落实学生政治学习和心理辅导工作，组织大学生认真学习马克思主义理论、党团基本知识，宣传党的路线、方针、政策，帮助大学生树立正确的世界观、人生观和价值观；引导大学生自觉遵守爱国守法、明礼诚信、团结友善、勤俭自强、敬业奉献的基本道德规范；协助党总支、党支部、团委做好学生党、团组织活动，做好入党积极分子的培养、考察工作；对大学生的学期、学年思想品德、政治素质等情况进行客观公正的评定和综合考核工作。

二是学习指导与管理中贯穿思政教育。辅导员和班主任应经常对学生进行学习目的、专业思想和校风校纪教育，帮助学生树立正确的学习态度、专业思想、择业观念；严格学生的学习纪律，指导学生把握学习规律和方法，帮助学生养成良好的学习习惯，培养学生优秀的学习品质；引导大学生勤于学习、善于创造、甘于奉献，使大学生成为有理想、有道德、有文化、有纪律的社会主义新人。

三是生活指导与管理中体现思政教育。辅导员和班主任应经常深入到学生中去，进行生活指导与管理，培养学生良好的锻炼、卫生、交往、劳动等习惯以及勤俭节约、艰苦朴素的作风；找学生谈心，及时了解和掌握学生的思想、学习、生活和工作情况，做学生的知心朋友，善于发现问题，乐于解决问题，对学生中的突出问题及时汇报。

四是实践活动中实施思政教育。辅导员和班主任应认真组织实施或配合有关部门、有关学科教师做好大学生社会实践工作，在社会实践活动中实施思政教育；认真组织大学生参加社会调查、生产劳动、志愿服务、公益活动、科技发明和勤工助学等实践活动，使大学生在社会实践活动中受教育、长才干、做贡献，增强社会责任感。

五是业务中研究思政教育。辅导员和班主任始终奋斗在思想政治工作的第一线，实践最丰富、感受最贴切，应自觉开展思想状况调查和思政教育研究工作，为学校思想政治工作提供第一手资料、决策依据，使思想政治工作更科学、更具操作性、更有效。

（四）心理咨询教师

高校心理咨询是学校心理咨询人员运用心理学的原理和方法，对在校学生的学习、生活、适应、发展、择业等问题给予直接或间接的指导、帮助，并对有关心理障碍或轻微心理疾患进行诊断、矫治的过程。高校心理咨询的目的是帮助学生消除心理障碍，疏解不良情绪，度过心理危机，提高适应能力，培养学生健康良好的心理素质和健全健康的人格。

培养德智体美劳全面发展的社会主义建设者和接班人，是高校的神圣使命。德智体美劳全面发展的社会主义建设者和接班人，不仅应该有坚定正确的政治方向和扎实的科学文化知识，还应该有良好的心理素质和健全的人格。如果高校只注重学生的思想政治素质和科学文化素质的培养，而忽视学生心理素质的培养，将不利于学生的健康成长和全面发展。塑造健全的人格和培养良好的心理素质，是高校思政教育的重要内容。

三、高校思政教育队伍的职能

职能是指人和事物以及机构所能发挥的作用与功能。高校思政教育队伍的职能，是指在高校思政教育实践活动中，高校思政教育队伍为实现思政教育目标应该发挥的作用。

（一）教育职能

高校思政教育工作者的教育职能，是依据党的教育方针、教育目标和教育政策，对大学生进行深入细致的思政教育，即高校的思政教育工作者按照一定的教育目的，依据受教育者的思想品德状况和身心发展规律，运用感染、熏陶、启发、诱导和说理等办法，进行思想转化和人格塑造，就是高校的德育。这是思想政治工作者最基本的功能，是其他一切功能的基础和归宿。

（二）管理职能

高校思政教育工作者的管理职能，是充分利用学校的管理机制和手段，实施养成教育，使广大学生养成良好的行为习惯，即思政教育工作者按照一定教育工作计划，依据受教育者的思想品德状况和身心发展规律，运用目标、计划、组织、制度等各种手段所进行的教育。管理是一种养成教育。有效的管理手段通过制度告诉受教育者可行与不可行、是与非、美与丑的界限，并培养和训练他们的行为。有效的管理为思政教育提供组织和制度上的保证。

（三）宣传职能

马克思主义世界观、人生观和价值观教育，政治观教育，道德观教育及法制观教育是高校思政教育的主要内容。为了让大学生从内心认同教育内容，进而自觉地将外在规范转化为内在的动力和精神支柱，高校思政教育工作者必须通过各种方式，依托各种载体，向大学生宣传马克思主义世界观、人生观、政治观、道德观、法律观，扩大其影响力，同时还要向大学生宣传党在新时期的路线方针政策和中国特色社会主义建设新成就，坚定大学生对中国特色社会主义的信念。

第二节　互联网对高校思政教育队伍建设的影响与要求

一、互联网对高校思政教育的影响

（一）互联网给高校思政教育带来的机遇

在高度信息化的互联网时代，网络信息技术已经渗透到社会生活的各个领域并产生日益广泛的影响，正在深刻地改变着人们的社会生活，给大学生的世界观、价值观、道德观和思维方式带来深远的影响。网络信息技术不仅改变了大学生的学习、生活方式，也影响着他们的思想观念、政治态度、道德风范、价值取向和思维方式。信息时代已经对工业社会的技术元素产生革命性的作用。虽然这是革命性的，但是就所有的变迁与好处不会在一夜之间突然出现而论，其革命之处在于给我们社会带来的效应。

1. 增强高校思政教育的实效性

所谓"实效性"，指事物经过特定的实施过程以后，与预期目标相比，所达到的实际程度和结果。高校思政教育实效性是指在高校学生思政教育活动中，思政教育的实际运作对思政教育目标的实现程度，即学生思政教育活动产生与出现正向结果的效能性。它是判断思政教育水平的最主要标准。思政教育目标是我们希望达到的理想，属于"应然"；思政教育实效性是实践实际达到的结果，属于"实然"；二者之间的差别越小，思政教育水平就越高。教育者的水平与个人魅力、受教育者的需求、教育方式手段是影响思政教育实效性的主要因素。

现代社会，网络信息技术为高校思政教育提供了新的手段，有效地调和了传统高校思政教育的不足，为提高高校思政教育实效性提供了有利条件。

一是借助现代网络信息技术，思政教育工作者能够了解学生的真实想法和需求，能够增强思政教育的针对性。了解学生的真实想法和需求，是开展高校思政教育的基本前提。只有掌握了学生的真实想法和需求，才能有的放矢地开展教育，思政教育才能是有效的；不了解学生的真实想法和需求，思政教育就是盲目的，是不可能有效果的。

传统思政教育实效性之所以不够理想，不了解受教育者的真实想法和需求是一个重要原因。传统的高校思政教育采取的是一种"一刀切"的教育模式，没有考虑到学生的思想基础、接受能力以及性格特征差异，更没有照顾到学生的个人需求。思政教育从根本上说是做人的工作，是一种个性特色很强的教育。思政教育必须照顾到受教育者的个体差异和个性需求，做到因材施教、因人而异，教育才能有效果。

二是现代网络信息技术使教育方式方法和手段"新"起来，能够提高思政教育的吸引力。工作方式方法是我们党在革命和建设中极为重视的问题。所谓"桥"和"船"，其实就是工作的方式方法。做好高校思政教育工作，找准了"桥"和"船"，"过河"自然不在话下。因此，高校思政教育工作者必须学会借用新媒体、新技术，努力让手段"新"起来，采用青年大学生喜欢的方式方法，使思政教育成为化解学生思想疙瘩的"利器"。

三是增强思政教育的时效性。一定的时间和空间是任何传播得以进行的必要条件。传统媒体发布信息需要经过繁杂的环节，如采集、筛选、加工、发布（出版）等，才能够传递给受众。方便快捷的网络则大大缩短了这个过程，人们不需要通过传统的方式就可以获悉国内外正在发生的政治、经济和社会生活等各方面的信息。如最近几年的两会，各大门户网站都进行了直播，网上直播的速度要比报纸新闻快很多。网络传播方便快捷，提高了高校思政教育的效率。利用网络，高校思政教育工作者能够及时地把党的政策、理论和重大决策对大学生进行宣传教育，能够及时发现大学生的问题，及时指导，从而迅速解决问题。

四是利用计算机及网络信息技术的强大功能，对思政教育信息进行定性定量分析、横向纵向比较，对思政教育主题决策提供有力的数据支持，从而能够提高高校思政教育的工作效率和工作水平。

2. 扩大高校思政教育的覆盖面

近乎无时空限制的现代网络信息技术，打破了高校思政教育的时空限制，人们可以随时随地开展思政教育活动，而不必再受时间和地点的限制。无论是作为教育者的老师，还是作为受教育者的学生群体，只要拥有连通的网络，拥有一台网络终端，就可以全天候上网发布、获取、交换各种信息，进行思政教育活动。现代网络技术的发展打破了学校与社会之间的界限。不同国家、不同地区、不同高校的大学生乃至所有网民，都可以成为思政教育的对象，可以通过网络共享资源，开展问题咨询，交流讨论思想，接受思政教育。同时，每一位关心大学生成长的人士，无论他身处何处，都可以通过网络予以大学生必要的指导和帮助。现代网络技术这一颠覆性的改变，使高校思政教育的覆盖面大大扩展。

3. 丰富高校思政教育的内容

传统的思政教育内容是由教育者根据既定的目标和方案选择的，有的比较单调、陈旧；受传统媒介信息容纳少的限制和思政教育工作者自身知识储备不够的影响，受教育者接收的信息量比较少，不能满足受教育者成长成才的需求。

开放的网络将分散在全世界的信息资源"熔为一炉"，使之成为超级容量的数据库。互联网上信息浩如烟海，无所不有：既有传统的，也有现代的；既有国内的，也有国外的；既有过去的信息，也有最新的资讯；既有政治新闻，也有经济信息。由于网络具有很强的兼容性和资源共享性，它成为高校开展思政教育的重要信息来源，不断地为思政教育提供丰富、鲜活的信息资源，使思政教育的内容更加丰富、全面和充实。借助网络，我们无须再费时费力地从报纸、文件、书本中寻找、收集资料，就可以在网上大量有关信息资源中精选有针对性的、最新的时事材料、理论成果、典型事例，作为思政教育内容和素材。网络汇集的信息成果极大地拓展了思政教育的内容，也有利于开阔教育对象的视野，提高其境界，从而达到更好的思政教育效果。

4. 突破高校思政教育的家校互联困境

教育绝不仅仅是学校的事情，更是整个社会的事情。思政教育需要将学校教育与家庭教育有机地结合在一起。学校要探索建立与大学生家庭联系沟通的机制，相互配合对学生进行思政教育。我国非常重视家校配合对学生进行思政教育，但由于种种原因，在高校思政教育过程中，家校互动困难，家庭教育的作用没有得到充分发挥。

现代网络技术的发展和普及，为家校互联互动提供了技术支持，突破了家校互联困境。基于现代网络技术打造的家校沟通服务平台操作简单、使用方便、全网覆盖，实现了学校、老师、家庭之间的实时有效沟通。通过它，家长可以实时掌握学生动态，随时与学校老师互动交流，学校和老师也可以随时与家长沟通，把学校教育与家庭教育有机地结合在一起，充分发挥家庭在高校思政教育中的作用。

(二) 互联网时代加强高校思政教育的意义

从一定意义上讲，在互联网时代，高校思政教育拒绝"网络"就拒绝了出路，就要被时代淘汰。作为党的思想政治工作的重要组成部分，高校思政教育需要研究把握网络时代思政教育的特点和规律，创新互动机制，推动思政教育与网络信息技术深度融合，切实增强高校思政教育的实效性。

1. 适应社会发展的需要

改革开放四十多年来，我国发生了翻天覆地的变化，这种变化冲击着我国社会的每一个角落，高校也不例外。高校担负着培养德智体美劳全面发展的社会主义事业的建设者和接班人的任务。指导大学生提高辨别能力，抵御各种非马克思主义和反马克思主义的思潮，坚持社会主义办学性质和方向，把坚定正确的政治方向放在第一位，是社会主义高校的本质要求和特色之一。

在今后相当长一段时间内，我国经济社会发展面临的矛盾和问题可能更复杂、更突出，同时我们正面临着并将长期面对一些亟待解决的突出矛盾和问题，我国经济社会发展也出现了一些必须认真把握的新趋势、新特点。

高校思政教育肩负着向大学生宣传党的理论、路线、方针、政策，教育学生用马克思主义及马克思主义中国化的最新成果以及党的路线、方针、政策武装头脑，引导广大学生牢固树立社会主义核心价值观的重要使命。青年学生是意识观念斗争的重要争夺对象，谁抓住了青年学生，谁就把握了未来的主导权。面对意识观念领域的新挑战，高校要通过思政教育掌握网上舆论阵地的主动权和话语权，在坚守阵地中不断壮大主流思想舆论，抵御资本主义人生观、价值观、道德观的渗透，防止消极落后的思想文化侵蚀大学生的思想，积极承担起确保高校社会主义办学性质和方向的重要任务。

2. 加强意识观念阵地建设的需要

加强高校意识观念阵地建设，是一项固本工程、筑魂工程和战略工程。高校是意识观念工作前沿阵地，意识观念阵地建设是高校的重要使命。在互联网快速发展时代，在网络应用最为密集的高校，网络不仅是思想文化传播的载体，更是意识观念领域交融、碰撞和斗争的主阵地。国内外敌对势力利用网络的便利，一方面加强思想文化渗透，宣扬西方价值观念；另一方面加紧培植代理人、代言人。高校思政教育必须与时俱进，不断应对新挑战、不断解决新问题，必然随着网络发展而不断创新。面对意识观念领域的新挑战，能否掌握网上舆论阵地的主动权和话语权，能否在坚守阵地中不断壮大主流思想舆论，能否增强思政教育的实效性，高校面临着比以往更加迫切、更加重要的新课题。

3. 培养合格人才的需要

网络等新媒体既是加强思政教育、开展社会主义核心价值观教育的重要阵地，也是重要的育人手段和载体。网络作为大学生获取信息、学习研究、社会交往、生活娱乐的主渠道之一，直接影响着当代大学生的价值观培育，网络文化环境已经与当今大学生健康成长密不可分。

青年大学生思想活跃，容易接受新事物，更能适应时代发展的要求，是网络虚拟世界和网络活动的重要主体。同时，由于青年大学生的世界观、人生观、价值观还未定型，很容易会受到网络意识观念、价值观念、网络舆论等的影响，使自己的价值观、政治观、人生观发生偏离。大学生是祖国的未来，是民族的希望，是社会发展的决定力量，他们自身能力与素质的高低将直接影响社会的发展与进步。

总之，思政教育是高校工作的重要组成部分，是高校育人的关键环节，在大学生的成长成才成人中起着不可替代的作用。高校党委和思政教育工作者要加强对网络环境下高校思政教育重要性的认识，以积极主动的态度应对，努力提高大学生在政治思想上的免疫力，积极探索进一步加强和改进高校思政教育的新途径和新方法，推动我国高校思政教育工作的顺利开展。

二、互联网对高校思政教育队伍建设的新变化与新要求

互联网是大学生学习成才过程中获取信息、沟通交往的重要手段和主要途径，深刻影响着大学生的行为模式、价值取向、心理发展和道德观念。在互联网环境下，思政教育出

现了新变化，对高校思政教育队伍建设提出了新要求。

（一）互联网时代高校思政教育的新变化

互联网背景下的信息传播速度、范围、密度和有效性都是传统思政教育无法比拟的。作为引导大学生的价值取向、行为方式和思维模式的重要工作，高校思政教育在互联网环境中呈现出诸多新变化。

1. 教育主客体地位的新变化

教育主体和教育客体是两个相伴而生的概念。赫尔巴特认为，学生本身不能创造出自己的世界，需依赖教师的引导获取改造世界的知识和能力。教师的作用在于传授知识、监督和管理学生的学习活动，教师和学生之间是直接传递—接受关系，学生只是被动的接受者。因此，教育者在教育过程中占据主体地位，是教育活动的控制者，而学生则作为受教育者处于客体地位。

在互联网环境下，信息获取渠道多元化，环境的局限性也被打破，学生可以轻松便捷地从互联网上获取自己需要的各种信息，享有了自主学习的权利。在学习网络里，学习者既可以是学生，也可以是老师。或者说，在网络世界里，已经没有了学生和老师的区分。每个学习者都具有多重的身份，既可以是知识和信息的求学者，又可以是知识与信息的提供者和分享者。而教育者的角色转变为学生学习的组织者、管理者、引导者、研究者。

2. 教育空间的新变化

传统的思政教育只能在特定的时间和空间开展，教育者、受教育者、教育内容、教育空间等各教育元素间的交流协作都是线性的、单向互动，而在互联网环境下，受教育者接受教育的机会更多、内容更复杂、时间更自由、空间更广泛。在大数据、云计算的催化作用下，思政教育空间转换为全方位、流动性的领域。

3. 教育互动模式的新变化

高校思政教育应将视角从"求量"过渡为"求质"，即从注重受教育者能接受多少知识，转变为注重学生的感官教化、思维养成及行为引导。

4. 教育者个人魅力对教育的影响力更大

互联网具有平等、自由、便捷的特质，每个参与网络的身份是无标签、同起点的个体。互联网教育社交化使教育者不再独立于被教育者之外，而可以自然融入其中，平等交换意见，共同进步。

这种新的沟通方式要求教育者不仅仅是一个知识的传递者，还要具备过硬的业务素质和独特的人格魅力。拥有感染力和亲和力的教育者，在互联网上与学生积极讨论实事热点、理想信念，传递正确价值观，无形中扮演了意见领袖的角色，会吸引那些认同教育者的思维模式和行为方式的学生。教育者越权威、人格魅力越大，乐于接受教育者意见和产生共鸣的学生越多，由此产生自然教化的最佳教育效果。

（二）互联网对高校思政教育队伍建设的新要求

面对互联网时代思政教育出现的新变化，高校思政教育队伍应顺应时代发展潮流，更新教育理念，创新思政教育内容、形式、方法，不断提高队伍整体素质，提高做好互联网时代高校思政教育的能力。

1. 转变思想观念

互联网已成为大学生接收信息的主渠道，成为对大学生进行教育引导的主课堂，也是与敌对势力和各种错误思潮争夺大学生的主战场。需要确立与互联网时代相适应的思想观念，推动思政教育健康发展。

强化服务意识。高校思政教育工作者要把满足大学生需要、为大学生提供高效服务作为一个重要关注点。端正服务态度，积极适应网络扁平化特征，以平等的身份、谦逊的态度、交谈的口吻和热情周到的关心提示，赢得大学生的真诚信赖和拥护。拓展服务范围，满足大学生多样化需求，利用互联网平台开展心理健康咨询、学生社会实践、时事政策答疑等服务。

强化创新意识。在互联网时代，高校思政教育工作者要敢于摆脱传统观念、思维定式和习惯做法的束缚影响，在继承和发扬优良传统的基础上，充分运用互联网信息量大、传播速度快、空间延伸广等优势，推动政治工作传统优势与网络信息技术高度融合、网络性能与政治功能深度融合，不断创新思政教育的方法和手段。如要宣传集体主义精神，仅仅理论讲授收效有限，不如邀请国内外知名企业家就集体主义、团体精神在企业发展中发挥的重要作用进行分析、评论，并以互联网进行广泛报道，这样的方式较能引起大学生的关注，教育效果定能更佳。

强化平等意识。在互联网时代，高校思政教育要更加突出"以人为本、平等尊重"的理念。众所周知，传统思政教育模式是比较单一的传导式教育模式，教育者与受教育者的地位不同，但是在互联网环境下，教育者和教育对象没有从属关系，两者处于平等互动的状态。因此，思政教育工作者必须摆正位置，改变过去居高临下的姿态，营造平等、自由、轻松、和谐的教育氛围，促进高校思政教育从传播知识和形成结论等方面转移到引导、启发、释疑解惑上来。

2. 优化教育内容

现代传播学认为，要赢得广泛的社会认同、公众青睐和影响力，必须坚持"内容为王"的原则。这要求高校思政教育必须持续不断地提供丰富、权威、及时、生动的信息资源，增强教育内容的时代感、针对性和实效性，这样才能确保思政教育与时代同步、与大学生产生共鸣。

打造鲜活的内容。在互联网环境下，人们对信息的选择是不具备强制性的。为了吸引大学生的眼球，高校思政教育的内容必须集趣味性、教育性、动态性、丰富性于一体，能够引起学生的共鸣。高校思政教育工作者应改变传统的"二传手、传声筒"式做法，打造权威的和具有广泛共鸣的鲜活内容。注重发出权威的声音，邀请党政机关领导解读重大政策方针，邀请知名的专家学者宣讲党的创新理论，解读重大理论问题。注重发出有广泛共鸣的声音，构建专业化品牌评论栏目，发展固定的受众群体，以此为平台影响和引导大学生思想。

注重接地气，增强贴近性。针对互联网环境下思政教育主客体之间的平等性特征，着力增强互联网信息的贴近性和服务性。坚持贴近教育，将教育意图转化为充满人情味、趣味性的贴近大学生日常生活的内容，在与大学生近距离交流中打动大学生、教育大学生。坚持针对性教育，利用互联网的虚拟性、身份的隐匿性等特征，调查摸清大学生的思想动态，因地制宜、对症下药，增强思政教育的针对性。坚持思政教育与时俱进，要善于学习和借用具有正能量的网络语言，不断丰富和发展思政教育的时代元素。

3. 创新教育形式

互联网的发展催生了新的教育手段，为高校思政教育形式的创新提供了技术支持。在互联网时代，传统的集中学习、做报告、面对面思想指导等教育方式和方法的效果被弱化，教育形式和方法的创新势在必行，要实现思政教育的网络化、信息化，必须从以下几个方面着手。一是构建以思政教育为主要内容的主题网站。高校思政教育网站不能是单纯的信息库和资料展示平台，而应该成为思政教育的阵地，是网上思政教育的延伸和发展。要精心设置其网络板块，要有翔实的理论知识数据库、动态的新闻报道栏目、针对时事的评论栏目，突出权威性、生动性、说服性、互动性和实时性；要采用多媒体、立体化表达方式；要善于利用网络语言壮大主流思想舆论；要对热点事件在第一时间通过专家解读发声，精心策划以专家为核心凝聚热点"圈子"，产生"群动"作用，形成意识观念阵地效应。在这类网站上，大学生可以轻松搜索有关思政教育的相关资料，了解国内外发生的重大时事，参与社会问题的交流讨论，接受教育工作者的心理指导，参加高校组织的各类主题活动。可以说，高校思政教育网站就是一个流动的、自助式的教室，它能够打破教育时空的限制，营造一个新的、受大学生青睐的教育环境。二是建立多功能、互动式校园网络社区。校园网络社区要容纳学生管理、教学信息、党团活动、实践锻炼、文体活动、校园生活服务、官方微博等功能。要让学生在接受信息化管理、享受优质服务和便利生活的过程中，既享有邮箱、相册、文件夹等私有空间，又和学校党委、党团组织、教师、辅导员、学生骨干紧密联系在一起，让学生感受到管理和服务的同时，也感受到学校的关心和呵护、支持和鼓励。

4. 革新教育方法

互联网空间具有开放性、虚拟性，信息形式的多样性、生动性，传播的快捷性、扁平性等特点，为高校思政教育工作者创新方法和增强教育实效，注重显隐结合、真情感染、思路与问题同步指导、"键对键、心对心"沟通交流提供了广阔空间。

注重引导式教育。互联网是铸魂育人的重要阵地，占领它就抢占了大学生思想教育新高地。要充分依托互联网技术手段，构筑生动活泼、富有传播力的舆论场。要优化网络空间环境，在正面引导中使大学生做出正确的价值选择。着力强化互联网信息的权威性和可信度，坚持丰富经典原著、创新理论等教育资源，构建思政教育资料库，抢占思政教育信息传播的制高点。

5. 提高信息能力

善于利用互联网，才能立足于将来。在互联网时代，高校思政教育工作者不仅要懂业务，具有崇高的使命感，还要懂互联网技术，熟悉互联网特点，能熟练进行网络操作，具备较高的信息能力。所谓信息能力，是指人们筛选、鉴别、选择、处理和运用信息的基本素质。具备较高的信息能力，是互联网时代开展思政教育的关键所在，它事关思政教育工作者能否及时、准确地把自己的政治理论观点传递给受教育者。

敏锐的信息意识。教育者的信息意识是指教育者对信息的敏感度，以及捕捉、分析、判断和吸收信息的自觉程度。教育者信息意识的广度和敏锐度关系到教育者的思政教育水平。处在互联网环境下的教育者，如果信息意识差，认识信息、利用信息的能力就差，而且由于信息交叉渗透，具有分散性，势必造成信息吸收困难。互联网环境要求教育者善于将互联网上新的知识信息与思政教育的知识信息有机结合起来，不断以新的知识信息开阔受教育者视野，启迪受教育者的思维。

信息获取能力。在互联网时代，网络信息深刻地影响着人类社会。联合国教科文组织把信息技能视为21世纪个人必备的五大能力之一，由此可见信息技能对个人的重要性。在一定意义上，人们掌握信息的状况决定了人们的活动能否有效开展。以人为对象的教育活动更是如此。思政教育的过程，从特定意义上说，就是思想、政治信息的流程。信息的获取则是这一流程的开始，它的储存、传递和表现要借助于语言、文字和人的行为，离不开一定的物质载体和从事实际活动的人。高校思政教育工作者要积极适应时代发展要求，努力搜集和利用相关网络信息，为思政教育提供良好的服务，满足大学生的信息需求。

信息处理能力。获取信息，仅仅是高校思政教育的第一步，在此基础上，教育者还要对信息进行深入细致的分析处理。在互联网时代，高校思政教育工作者要注意网络可以迅速、广泛地传播大量有用的信息，但也存在大量信息垃圾和虚假信息。如何区别网上哪些信息是真实的，哪些信息是被歪曲的？科学技术本身难以做到这一点。开放、虚拟、匿名等特性，使互联网充斥着大量的虚假信息。高校思政教育工作者要判断信息的真伪，从获取的信息中剔除虚假信息，以确保思政教育信息的真实可靠。

第三节 新时代高校思政教育队伍建设的策略与路径

一、强化合作意识，统筹多维力量，形成思政教育合力

党政齐抓共管，相关部门和人员紧密配合，形成思政教育合力，是党的思政教育的宝贵经验。中国共产党刚刚成立时，中央组织机构尚不健全，但却设立了组织与宣传部门，负责领导对工人的宣传组织工作，并发挥了重要作用。

思政教育队伍是加强和改进高校思想政治工作的组织保证和人才支撑。高校能否形成思政教育合力，实际上取决于高校思政教育队伍能否与社会、家庭以及队伍内部之间紧密协调、相互配合、相互作用。过去，高校思政教育在封闭的环境中进行，缺乏系统的思想和合作的意识，往往依靠高校思政教育队伍自身的力量"单打独斗"，显得势单力薄，效果有限，甚至往往自身的工作努力和成效被校内外其他方面的因素所抵消，局面十分被动。因此，高校在推进思政教育队伍建设的进程中，应该强化合作意识，统筹多维力量，注重加强校内外的合作与整合，形成巨大的高校思政教育合力。

高校思政教育要致力改善学校内部环境，统筹校内多维力量，推进教书育人、服务育

人、管理育人相结合，形成高校内部思政教育的合力。坚持把立德树人作为中心环节，把思想政治工作贯穿教育教学全过程，实现全程育人、全方位育人。高校思政教育涉及高校多个部门、多类别人员，需要多部门、各类人员之间密切配合，形成思政教育合力。高校思政教育工作系统具有显著的整体性特征。它虽然是由诸多要素共同组成的，而且目标、内容、教育者和教育对象等要素都具有自身的功能，但其最佳效果的形成并不是各要素功能简单相加就可以达成的。只有在服从高校思政教育整体目标和功能的前提下，充分调动各组成要素的积极作用，并使其密切配合，协同运作，才能共同形成育人的合力，并取得整体最优的效果。具体来讲，就是要动员整合高校内部各种力量，形成教书育人、管理育人、服务育人相统一的全员育人、全程育人和全方位育人的大格局。

二、强化专业意识，健全选优机制，促进队伍职业化发展

思政教育是一项专业性极强的工作，思政教育工作者必须具有丰富的专业文化科学知识和较强的能力。建设一支高素质的思政教育队伍，是新时代加强和改进高校思政教育工作的内在要求和迫切需要，而专业化是高校思政教育队伍建设的必然选择和主要目标。思政教育队伍专业化是指思政教育教师通过专业训练、习得思政教育专业知识与技能，并在从业过程中，实施专业自主、遵守专业道德、不断提高专业素质的过程。

合理的知识结构是思政教育队伍专业化的前提。思政教育是综合性、实践性很强的工作，从事思政教育的每一位工作者都必须掌握丰富的知识，具备较为全面的能力结构。

就知识结构而言，思政教育工作者要掌握扎实的专业理论知识。思政教育是政治性、实践性很强的科学，思政教育工作者必须具备扎实的思政教育学基本理论和党的大政方针方面的知识。同时，思政教育学是一门多学科交叉的应用性科学，它广泛吸收、应用与思政教育相关的心理学、教育学、伦理学、政治学、管理学等学科的理论成果，只有熟悉这些相关知识，具备专业知识，才能提高思政教育工作者的业务能力和专业水平。其次是要掌握广博的综合性知识。思政教育工作同经济工作和技术工作不一样，它是做人的工作，而人是有感情和意识的，这种感情和意识又是不断变化的，思政教育工作有着特殊的复杂性。要做好这项工作，不仅要有扎实的专业理论知识，还要了解经济学、美学、法学、历史学、逻辑学、语言学、文学艺术以及统计学、计算机、网络技术等方面的知识。

就能力结构而言，思政教育工作者应该具备较强的工作能力。一是思政教育工作者应该具备科学的管理能力。思政教育管理就其本身而言，管理的科学化是直接的、根本的目标。科学化的管理是规范化管理、制度管理和民主化管理的有机统一。规范化管理要求在

思政教育管理过程中遵守科学的程序规范和方法规范，杜绝私人感情和片面因素，使思政教育这一系统工程能够协调有序地顺利进行。制度是管理活动正常运行的轨道。思政教育解决的是人们心灵深处的思想认识问题，其主旨在于塑造人的思想道德品质。思政教育是否切实可行，能否取得预期效果，取决于思政教育管理的制度化。思政教育工作者只有发扬民主作风，坚持民主方法，虚心接受他人意见、建议，不搞"一言堂"，才能保证思政教育目标的实现。二是思政教育工作者要具备科学的预测和决策能力。思政教育是立足现实、面向未来的活动，其效果只有在将来才能得到体现。因此，强调科学的预测，强化思政教育决策的未来意识，有助于遵循人的思想活动发展规律，从而确定思政教育的目标并选择合理的实施方案。人的思想具有复杂性、可变性、突发性等特点，如果事先早有预见，就能够使决策更趋于合理，更具科学性，从而制定出科学的实施方案和具体措施，保证思政教育工作的正常发展。三是思政教育工作者要具备掌握高科技手段的能力。在现代科学技术，特别是现代网络信息技术对人类生产生活影响日益深刻的今天，思政教育工作者必须具备运用现代高科技手段的能力，能够熟练应用现代科学技术手段有效地完成思政教育任务。

思政教育工作的专业性及其对思政教育工作者的极高要求，决定了并非任何人都能从事这一工作、胜任这一岗位。因此，高校在配备思政教育队伍时要制定一整套选拔、考核的机制，严把入口关，要做到好中选优。这是保证思政教育队伍质量的前提，也是确保思政教育队伍可持续发展的必然要求。

第一，严格准入条件，确保选优配强队伍。思政教育工作是综合性很强的工作，要求思政教育工作者必须具备良好的思想文化素质和专精广博的业务素质。

一是明确意识，端正思想，认真鉴别思政教育工作者的能力素质。高校要牢固树立思政教育工作的首位意识，端正用人的指导思想，达到人尽其才、才尽其用，切实把政治觉悟高、综合能力强、热爱思政教育岗位的人才选配到思政教育队伍中来，不能有谁都能做思政教育工作的想法。

二是结合实际，因地制宜，制定思政教育不同岗位的选拔标准和条件。中华人民共和国成立以来，特别是改革开放以来，党和政府制定的关于高校思政教育的系列文件对高校思政教育工作者提出了原则要求，这是我们选拔思政教育工作者的基本标准。高校在坚持德才兼备的基本原则和政治强、业务精、纪律严、作风正的基本要求的前提下，要正确处理需要与可能的关系，根据高校思政教育队伍现状和不同类别人员的岗位职责要求，对标准进行细化量化，确定相应的准入标准和条件，选拔政治素质优、思想作风好、学历层次高、组织管理能力强，愿意做、善于做思政教育工作的人员来做思政教育工作。

对不具备资格或不符合从业条件者，一律不准进入高校思政教育队伍，避免什么人都可以做思政教育工作的泛专业和泛职业的倾向，严禁杜绝不讲专业和职业要求随进随出的现象。坚持入口的高标准，才能保证队伍的高水平。如果降低准入标准，只会造成思政教育队伍的恶性循环，不可能适应新时代高校思政教育工作的需要。

第二，坚持标准，公开选聘。高校思政教育工作人员的选聘，要在明确思政教育的岗位数量和岗位职责的基础上，通过选拔、引进、外聘等渠道，采取公开招聘等方式，经过笔试、面试和综合考核等过程，坚持条件，严把标准，实行竞争上岗，择优聘用，严把"入口"关，确保思政教育队伍的质量。严禁随意降低要求，更不能通过非正常程序，将不合格的人员安排进高校思政教育队伍。

第三，解放思想，扩大队伍来源。只有队伍来源广了，选择面宽了，才能"优中选优"，才能选准配强高校思政教育队伍。根据高校的实践经验，选拔人才、充实高校思政教育队伍，可以通过以下途径：一是从校内外选拔那些年富力强，具有坚定的共产主义信念，一贯坚持党的基本路线，坚定不移地走社会主义道路，具有较丰富的专业知识，热心于思政教育，敢于创新的干部，提拔到思政教育的领导岗位上来，并依靠他们加强思政教育队伍的建设。二是从校内外业务工作第一线的先进分子中选拔，这是充实基层思政教育干部的主要渠道。三是从大专院校相关专业（比如思政教育、教育学、管理学、心理学、社会学等专业）且符合条件的优秀毕业生中选拔人才，充实高校思政教育队伍。要做好这项工作，高校党委既要解放思想，大胆发现人才，又要严格把关，按组织程序，严格考核录用。

三、强化成长意识，加强培养培训，提高队伍综合素质

高校思政教育队伍，是培养人和塑造人的主体力量，其素质状况直接决定着思政教育的效果。学生中出现的某些问题，有多种原因，有社会原因、家庭原因，其中也有与教师不善于教学生、带学生有关。如果教育者本人的品德、才能不如大学生，或者不足以成为他们的表率，那他的教育效果就可想而知了。思政教育工作者需要成长，其素质与能力的提升单靠自我学习、自我修养显然不够，需要更多的关心与爱护。加强对高校思政教育队伍的培养培训，既是时代发展的需要，也是思政教育队伍自身状况决定的。

首先，随着时代的发展和社会的进步，对思政教育工作者的素质要求也越来越高。一是经过多年的改革开放，中国特色社会主义进入新时代，思政教育无论面对的对象、所处

的环境还是所承担的任务都发生了深刻变化，现实生活中出现了许多新情况、新问题，一些问题又比较复杂，单靠思政教育工作者个人的力量，难以把握住问题的关键和实质，难以妥善地把问题回答好、处理好，这在客观上要求加强对思政教育工作者的教育培训，通过培训，用权威的声音解答思想政治工作中普遍性的困惑，让思政教育工作者在培训中增进学习和交流，在学习和交流中探索新的思路和方法。二是在信息化飞速发展的互联网时代，互联网已经成为社会生活的一部分，广大的高校大学生更是与互联网接触密切，从聊天工具到网页微博，从各种论坛到个人博客，网络已经成为大学生学习、生活中不可或缺的一部分。网络的迅速发展为高校思政教育工作提供了新的方式和契机，也提供了广阔和丰富的教育资源。互联网已经成为思想政治工作的一个新的重要阵地。

思政教育必须占领这个阵地，利用网络对大学生进行教育和引导，这就要求高校思政教育队伍必须掌握网络技术，要学会利用网络开展思政教育。

其次，高校思政教育队伍总体素质与新时代思政教育面临的形势和承担的任务还不相适应。高校思政教育队伍的大多数从业人员忠诚于党的教育事业，工作兢兢业业。

在实践中，思想政治工作者有了各种培训机会。比如高校思想政治理论课教师就有来自教育部、教育厅所定期组织的培训班、实践研修班，以及教育部所单独划定的进修指标等。思政教育工作者应当抓住这一大好时机，苦练内功，在各种进修、培训、交流中锻炼自我，提升自我。今后，中央和地方政府部门对思政教育工作人才的培养培训要继续加强。一是继续坚持完善分层次、分类别、多形式的培训模式；二是进一步扩大辅导员、思想政治理论课及哲学社会科学课骨干教师的培训面；三是培训内容要全面，既注重提高参加培训人员的业务能力，又注重对参培人员的职业道德、思想政治法律素养、心理素质等方面的教育。

与政府部门的定期、定人培训相比，高校是思政教育人才培养培训的主阵地。高校思政教育队伍的培养培训，应根据具体实际因地制宜地进行。思政教育工作者在工作一定时间后，要有计划分期分批送到其他层次比较高的学校脱产或半脱产进修学习，可以采用在职进修、专题学术研讨班、网上远程培训等学习方式；上岗前应结合他们工作特点进行岗前培训；要注意通过交流、党政轮岗和挂职锻炼等多种途径丰富思想政治工作者的阅历，提高他们的实际工作能力；经常组织他们外出考察学习，开阔视野，丰富知识。总之，通过举办形式多样的培养培训，促使这支队伍及时更新知识、交流经验、扩大视野、提高理论水平和工作能力，以适应不断变化的新形势。

由于思政教育工作者个体素质参差不齐，不同岗位的工作要求也不尽相同，要提倡根据自身的素质结构和工作的具体要求，有针对性地进行自学，就能较快地收到成效。特别是对于专业基础知识薄弱的人，更应抓紧时间学习，同时在工作实践中积累新知识，总结新经验，增长新本领。由于自学的制约条件较少，思政教育工作者既可以在工作中学习，也可以在闲余时间学习。因此，通过自学来提高思政教育工作者各方面的素质和能力，是加强高校思政教育队伍建设的一个行之有效的办法。

要引导和督促思政教育工作者积极实践，在实践中锻炼自己、总结经验、增长本领。"实践出真知"，理论从实践中来，科学的理论知识又反过来指导实践。理论和实践从来都应该紧密结合，不可分割。思政教育工作者学习专业知识、提高理论水平，这自然很重要，但将这些知识理论运用于实践，并在实践中探索新知识、总结新经验、增强本领更为重要。加强思政教育工作者对理论知识的学习，其直接目的就是为了更好地工作实践。当前高校思政教育面临许多新情况、新问题，许多问题的解决无经验可循，这就更需要思政教育工作者积极大胆投身实践，在实践中汲取新知识、总结新经验、提高工作能力。很多高校思政教育工作者都是通过"从家门到校门，从中学门到大学门"的途径成长起来的，基本上没有参加过社会实际工作，缺乏社会阅历和社会实践经验，缺乏对国情的了解，认识问题、思考问题、处理问题与大学生处于同一水平上，对各种西方思潮缺乏应有的辨别能力和剖析能力。由于缺乏社会实践的磨炼和严格的政治训练，有的不具备以身作则、严以律己、为人师表、爱岗敬业的优良作风，不能积极地引导和教育学生。因此，高校思政教育工作者要敢于实践、勇于实践、善于实践，从实践中总结经验、获取知识，提高自己的工作能力和工作效率。

总之，有计划、有组织、有步骤地开展思政教育队伍不间断的各种形式的培养培训，对于不断提高思政教育队伍的整体素质，落实党中央提出的加强和改进大学生思想政治工作，促进高校思想政治工作走向科学化和队伍建设走向专业化，具有重大意义。

四、强化创新意识，创新方式方法，提升队伍工作能力

思想政治工作要因事而化、因时而进、因势而新。随着中国特色社会主义进入新时代，思政教育的内容、目的和任务都相应发生了变化，对思政教育提出了新的更高要求。如果我们仍然运用过去那种比较单调的工作方法，不能掌握和运用适应新形势的工作方法，势必会形成思政教育与教育对象相脱离的被动局面，不能达到思政教育的预期效果。因此，做好新时代的思政教育工作，关键是与时俱进，坚持改革创新，不断探索新思路、新方法，实现自身的不断创新。

时代的发展日新月异，新科学、新技术、新知识不断涌现并逐渐支配着人类的生活。现在的大学生多为"00后"，他们朝气蓬勃、充满活力、积极自信，他们对新知识和新技术非常敏感且乐于接受，但知识体系建构尚未完成，世界观、人生观、价值观尚未完全成形，社会阅历尚不丰富，情感心理尚不成熟。对于伴随互联网成长起来的这代大学生，如果高校思政教育沿用老一套，还是老办法、老方式，拒绝互联网等新技术手段，就会处处被动，难求实效。

如何运用互联网等新媒体新技术加强和创新高校思政教育，使之富有时代活力、更好立德树人，这是高校思政教育工作面临的新课题。思想政治工作要因事而化、因时而进、因势而新，要遵循思想政治工作规律，遵循教书育人规律，遵循学生成长规律，不断提高工作能力。要求思政教育工作者把握教育规律，以教育对象为本，与时俱进，创新工作方法。

随着时代的发展，高校思政教育的环境、条件与对象都发生了巨大变化，创新是必然要求。可以说，高校思政教育比以往任何时候都更加需要创新。创新新时代高校思政教育，首先是思政教育工作者要有创新的意识和理念。思想是行动的先导，理念决定努力的方向。因此，思政教育工作者面对信息化、全球化的新时代要有思想的敏锐性和开放度，要及时发现社会生活与学生思想的新变化，把握时代发展的脉络，要有世界的眼光与开阔的胸怀，努力增强创新意识，敢于摆脱传统观念、思维定式和习惯做法的束缚，实现思政教育的手段方法创新，使高校思政教育"活"起来。

注重引导式教育。互联网是新形势下铸魂育人的重要阵地，占领它就意味着抢占了思政教育新高地。要充分发挥校园网的管理优势、力量优势和话语权优势，依托制度机制、宣教策略和技术手段，构筑生动活泼、富有传播力的舆论场。要着力强化互联网信息的权威性和可信度，坚持丰富经典原著、创新理论等教育资源，构建思政教育资料库，抢占网络思想教育信息传播的先机和制高点。

实行融合式教育。运用网络工作机制的多变性和网络信息形式多样性特征，以多种方法手段，将不同形式、不同内容的信息进行有序衔接传播，将教育由平面引向立体，由静态引向动态。研发大学生思想调查分析系统，开展网上问卷调查、大数据分析，全面快捷地了解、掌握大学生思想状况，提升思政教育的针对性和实效性。

深化互动式教育。与时俱进发展互动平台，紧跟互联网发展潮流，依托校园网开设形式活泼的交互平台，建好论坛、留言板等载体，引导大学生随时随地、不拘形式地发表个人体会感悟，相互交流、相互影响、相互启发，共同进步。精心设置互动话题，从大学生的身边事、困难和疑惑入手，把思政教育的目标和大学生的实际需要统一起来，把大学生的现实关切和校园生活融合起来，充分调动大学生参与的积极性。开设心理健康指导网站，普及心理健康常识，为大学生提供在线交流、倾诉心声的渠道，安排心理专家开展网上咨询服务，搞好心理疏导，提供心理辅助，及时解决大学生的心理问题。

必须要强调的是，创新思政教育的方式方法，并不是要否定所有的传统方法。守正创新，坚持好办法、改进老办法、探索新办法，才是正确的态度。在长期的思想政治工作实践中，中国共产党通过不断探索和总结，形成了许多行之有效的思想政治工作方式方法。这些好的方式方法是我们的宝贵财富，是必须继承和发扬的，是新时代思政教育方式方法创新的基础和前提。

五、强化考核意识，完善激励机制，调动队伍积极性

思政教育队伍是高校思政教育的组织者、实施者，思政教育队伍状况直接决定着高校思政教育的兴衰成败。利益是人们行动的基本动因，良好的利益激励机制是做好一切工作的助长剂。要增强高校思政教育的说服力和感染力，高校必须进一步建立健全科学的考核评价机制和配套的利益激励机制，对思政教育工作人员的工作实行从过程到结果的全方位、定性与定量相结合的全面、及时、科学的考核，并将考核结果与思政教育工作者的利益挂钩，切实体现干与不干不一样，干好干坏不一样，充分调动思政教育工作者的工作积极性。

第一，建立科学的考核评价体系。增强思政教育的实效性，应建立相应的考核评价体系，将这种体系形成长效机制。

完善考核评价指标体系，提高考核评价的科学性。考核评价指标的确定关系着如何来判定高校思政教育工作者的工作表现。确定合理的考核标准，既可以让被评价者有一个努力的方向和标准，又是考核高校思政教育工作者的公开、公平的依据。对高校思政教育工作者考核，一般包括德、能、勤、绩、廉等几个指标。

第二，建立完善的激励机制。激励是以外部刺激的方式对人的行为起着加速或抑制作用的一种激发或鼓励，是激发人的行为动机的心理过程。激励分为正向激励（奖励）和负向激励（惩罚）。通过奖励机制，对在高校思政教育工作中业绩突出、认真负责的思政教育个人或集体给予精神或物质的嘉奖，既可以满足其成就感的心理需要，激发其继续努力，也可以对其他相关人员起到某种示范和引导作用；通过适当的惩罚机制，对因个人或单位的主观原因，在高校思政教育工作中存在严重懈怠或出现严重失误，造成不良后果的

个人或集体进行必要的惩戒，可以阻止其继续犯错，激励其努力向上，对其他相关人员或集体也能够起到一定的警示作用。

建立完善的奖励机制。奖励具有鼓励和导向的功能，是高校思政教育队伍管理不可缺少的一个重要环节。对于高校思政教育工作者的奖励，要坚持如下几个原则：一是目标奖励与过程性奖励相结合的原则。所谓目标奖励，就是按照思政教育工作者的最终绩效考核结果与高校思政教育工作总体目标的契合程度实行不同等级的奖励；除了目标奖励外，高校还应关注思政教育个人的具体成长过程，对个人在工作中的工作态度、工作热情、工作责任等也要做出及时的评价，对于那些工作认真负责、工作热情高、责任心强的工作人员，要及时予以表扬或其他形式的肯定性评价，使思政教育工作者在成长过程中感到成长的快乐和成就感。二是物质奖励和精神奖励相配合的原则，既有薪酬奖励、职级奖励、物质奖励，又有名誉奖励、成就奖励和先进奖励。三是坚持集体奖励利和个体奖励相联系的原则。优异的个体离不开先进的集体，先进的集体必定会产生优秀的个体。四是奖励要实事求是，量力而行，要有所区别，拉开合理档次，不能吃大锅饭。五是奖励要公平，奖励的条件、标准要统一，不能因人而异。六是奖励办法和程序要事先公开公布，除非重大性业绩，尽量避免事后临时因人因事设奖。

建立必要的惩罚机制。惩罚和奖励都是组织管理的常设性机制，对于高校思政教育队伍的管理也是这样。奖励和惩罚相辅相成，二者结合使用，才能管理好思政教育队伍。惩罚机制虽说短期内给犯错者带来一定的负面影响，甚至使其直接利益受损，但惩罚机制如果合理且运用得当，也可以起到督促其吸取教训、改正错误、提高工作积极性和责任心、认真履行工作职责的作用。因此，建立完善惩罚机制，对于增强高校思政教育队伍建设实效，也是必要的。结合高校实际情况，高校在建立和执行惩罚机制时，要坚持以下几个原则：一是适度原则。一般来说，高校思政教育工作者在工作中出现的问题，属于人民内部矛盾，都是可教育可团结的范围。当前，高校思政教育面临许多新挑战、新问题，思政教育工作难度加大；另外，在一些高校，思政教育还没有被摆到应有的位置。这两种情况客观上会影响思政教育工作者的工作态度和工作热情。因此，高校在确定惩戒制度时，一定要慎重，要综合考虑造成高校思政教育者出现过失或违纪的主客观原因，坚持适度原则，确定惩罚的等级。二是重在教育原则。高校建立惩罚机制的根本目的不是惩戒，而是"惩前毖后、治病救人"，是为了促使被惩戒者自我反思、自我检讨，主动吸取教训，改正错误。因此，高校在惩戒时要细致地做好被惩戒者的思想工作，关注其可能出现的情绪波动和反常行为，并及时予以开导教育，不要使他们背上过重的包袱。三是公平公正原则。惩罚行为可能会给被惩戒者带来身心的伤害，高校在建立惩罚机制时一定要坚持公平公正原则，在客观公正做出考核结果的基础上，严格按照学校相关规章制度，对违纪者做出惩戒的决定，要公平地对待每一位思政教育工作者，依法办事。

参考文献

［1］李良庆. 高校思想政治教育工作创新研究［M］. 延吉：延边大学出版社，2022. 10.

［2］高瑛，丁虎生. 新时代高校思想政治教育工作体系研究［M］. 北京：光明日报出版社，2022. 08.

［3］张枫. 中华优秀传统文化与高校思想政治教育工作融合研究［M］. 太原：山西经济出版社，2022. 08.

［4］张伟. 高校思想政治教育建设与辅导员工作研究［M］. 延吉：延边大学出版社，2022. 03.

［5］王子蘅. 高校思想政治工作日常教育体系研究［M］. 天津出版传媒集团；天津：天津人民出版社，2022. 09.

［6］朱尉. 新时代高校思想政治教育研究丛书新时代青年工作理论与实践研究［M］. 西安：陕西师范大学出版总社，2022. 11.

［7］杨小岑. 高校思想政治教育工作创新实践［M］. 沈阳：辽宁人民出版社，2022. 11.

［8］胡甜. 新时代高校思想政治教育工作创新策略研究［M］. 兰州：兰州大学出版社，2022.

［9］刘艳，韩亮，宋娜. 高校思想政治工作与素质教育研究［M］. 北京：北京燕山出版社，2022.

［10］王慧娟. 青年思想政治教育我国高校团学工作中的第二课堂建设研究［M］. 北京：经济日报出版社，2022. 05.

［11］冯刚，王振. 高校思想政治教育治理研究丛书高校思想政治教育治理引论［M］. 北京：团结出版社，2022. 09.

［12］刘洪超. 新时代高校思想政治教育研究丛书新时代高校辅导员职业能力建设研究［M］. 西安：陕西师范大学出版总社，2022. 11.

［13］张婷婷，黄家福，李珊珊. 大数据时代背景下高校思想政治教育创新［M］. 北京：北京燕山出版社，2022. 08.

[14] 钟媛媛. 守正与创新高校思想政治教育理论与实践 [M]. 北京：中国传媒大学出版社，2022. 08.

[15] 王秀阁. 新时代大学生思想政治教育研究丛书新时代大学生思想政治教育新任务新策略研究 [M]. 天津：天津人民出版社，2022. 07.

[16] 杨化. 新时代大学生思想政治教育理论与实践研究 [M]. 长春：吉林大学出版社，2022. 03.

[17] 刘淑娟. 高校思想政治理论课混合式教学研究 [M]. 北京：九州出版社，2022. 01.

[18] 董康成，顾丹华. 新时期大学生思想政治教育实践路径研究 [M]. 长春：吉林大学出版社，2022. 05.

[19] 金永宪. 当代大学生思想政治教育创新研究 [M]. 延吉：延边大学出版社，2022. 07.

[20] 权麟春. 新时代高校思想政治教育工作质量评价研究 [M]. 北京：中国社会科学出版社，2021. 03.

[21] 李金平. 高校思想政治教育与学生管理工作融合发展研究 [M]. 北京：北京工业大学出版社，2021.

[22] 张姝. 高校大学生素养与思想政治教育工作创新研究 [M]. 北京：中国华侨出版社，2021. 07.

[23] 赵金莎. 思想政治教育话语研究：军地高校思想政治教育话语比较 [M]. 西安：陕西人民出版社，2021. 07.

[24] 马雷，王歆. 新时代高校思想政治工作研究 [M]. 天津：天津人民出版社，2021. 12.

[25] 韩冰，李轩航. 高校网络思想政治教育研究 [M]. 哈尔滨：哈尔滨工程大学出版社，2021. 06.

[26] 李昌锋. 高校辅导员思想政治教育工作的守正与创新 [M]. 北京：北京理工大学出版社，2020. 08.

[27] 钟亮. 高校思想政治教育工作探索与实践 [M]. 长春：吉林出版集团股份有限公司，2020. 10.

[28] 张旭. 高校思想政治教育工作新视域 [M]. 西安：陕西旅游出版社，2020. 08.

[29] 裴立媛. 高校思想政治教育工作理论与实践 [M]. 秦皇岛：燕山大学出版社，2020. 07.

［30］ 周驰. 高校思想政治教育工作"十大育人"体系理论与实践探索 ［M］. 沈阳：辽宁
大学出版社，2020. 09.

［31］ 李才，朱俊义."三全育人"视阈下高校思想政治教育工作研究 ［M］. 长春：吉林
大学出版社，2020.

［32］ 陶陶. 高校日常思想政治教育工作实用手册 ［M］. 北京：经济管理出版社，2020.
01.